梁書

四部備要

史部

上海中華書局據武英殿本校刊

桐鄉陸費逵總勘
杭縣高時顯
杭縣吳汝霖輯校
杭縣丁輔之監造

梁書卷三十

唐　散　騎　常　侍　姚　思　廉　撰

列傳第二十四

裴子野　顧協　徐摛　鮑泉

裴子野字幾原河東聞喜人晉太子左率康八世孫兄黎弟楷綽並有盛名所謂四裴也曾祖松之宋太中大夫祖駰南中郎外兵參軍父昭明通直散騎常侍子野生而偏孤爲祖母所養年九歲祖母亡泣血哀慟家人異之少好學善屬文起家齊武陵王國左常侍右軍江夏王參軍遭父憂去職居喪盡禮每之墓所哭泣處草爲之枯有白兔馴擾其側天監初尚書僕射范雲嘉其行將表奏之會雲卒不果樂安任昉有盛名爲後進所慕遊其門者昉必相薦達子野於昉爲從中表獨不至昉亦恨焉久之除右軍安成王參軍俄遷兼廷尉正時三官通署獄牒子野嘗不在同僚輒署其名奏有不允子野從坐免職或勸言諸有司可得無咎子野笑而答曰雖慚柳季之道豈因訟以受服自此免黜久

之終無恨意二年吳平侯蕭景爲南兗州刺史引爲冠軍錄事府遷職解時中
書范縝與子野未遇聞其行業而善焉會遷國子博士乃上表讓之曰伏見前
冠軍府錄事參軍河東裴子野年四十字幾原幼稟至人之行長厲國士之風
居喪有禮毀瘠幾滅免憂之外蔬水不進棲遲下位身賤名微而性不憚憚情
無汲汲是以有識嗟推州閭歎服且家傳素業世習儒史苑囿經籍遊息文藝
著宋略二十卷彌綸首尾勒成一代屬辭比事有足觀者且章句洽悉訓故可
傳脫置之膠庠以弘獎後進庶一夔之辯可尋三豕之疑無謬矣伏惟皇家淳
耀多士盈庭官人邁乎有嬀棫樸越於姬氏茍片善宜錄無論厚薄一介可求
不由等級臣歷觀古今人君欽賢好善未有聖朝孜孜若是之至也敢緣斯義
輕陳愚瞽乞以臣斯忝回授子野如此則賢否之宜各全其所訊之物議誰曰
不允臣與子野雖未嘗銜杯訪之邑里差非虛謬不勝慺慺微見冒昧陳聞伏
願陛下哀憐悾款鑒其愚實干犯之譽乞垂赦宥有司以資歷非次弗爲通尋
除尚書比部郎仁威記室參軍出爲諸暨令在縣不行鞭罰民有爭者示之以

理百姓稱悅合境無訟初子野曾祖松之宋元嘉中受詔續修何承天宋史未及成而卒子野常欲繼成先業及齊永明末沈約所撰宋書既行子野更刪撰爲宋略二十卷其敘事評論多善約見而歎曰吾弗逮也蘭陵蕭琛北地傅昭汝南周捨咸稱重之至是吏部尙書徐勉言之於高祖以爲著作郎掌國史及起居注頃之兼中書通事舍人尋除通直正員郎著作舍人如故又敕掌中書詔誥是時西北徼外有白題及滑國遣使由岷山道入貢此二國歷代弗賓莫知所出子野曰漢頴陰侯斬胡白題將一人服虔注云白題胡名也又漢定遠侯擊虜入滑從之此其後乎時人服其博識敕仍使撰方國使圖廣述懷來之盛自要服至于海表凡二十國子野與沛國劉顯南陽劉之遴陳郡殷芸陳留阮孝緒吳郡顧協京兆韋棱皆博極羣書深相賞好顯尤推重之時吳平侯蕭勵范陽張纘每討論墳籍咸折中於子野焉普通七年王師北伐敕子野爲喻魏文受詔立成高祖以其事體大召尙書僕射徐勉太子詹事周捨鴻臚卿劉之遴中書侍郎朱异集壽光殿以觀之時並歎服高祖目子野而言曰其形雖

弱其文甚壯俄又敕爲書喻魏相元叉其夜受旨子野謂可待旦方奏未之爲也及五鼓敕催令開齋速上子野徐起操筆昧爽便就既奏高祖深嘉焉自是凡諸符檄皆令草創子野爲文典而速不尚麗靡之詞其制作多法古與今文體異當時或有詆訶者及其末皆翕然重之或問其爲文速者子野答云人皆成於手我獨成於心雖有見否之異其於刊改一也俄遷中書侍郎餘如故大通元年轉鴻臚卿尋領步兵校尉子野在禁省十餘年靜默自守未嘗有所請謁外家及中表貧乏所得俸悉分給之無宅借官地二畝起茅屋數間妻子恆苦飢寒唯以教誨爲本子姪祗畏若奉嚴君末年深信釋氏持其教戒終身飯麥食蔬中大通二年卒官年六十二先是子野自剋死期不過庚戌歲是年自省移病謂同官劉之亨曰吾其逝矣遺命儉約務在節制高祖悼惜爲之流涕詔曰鴻臚卿領步兵校尉知著作郎兼中書通事舍人裴子野文史足用廉白自居劬勞通事多歷年所奄致喪逝惻愴空懷可贈散騎常侍賻錢五萬布五十匹卽日舉哀謚曰貞子子野少時集注喪服續裴氏家傳各二卷抄合後漢

事四十餘卷又敕撰衆僧傳二十卷百官九品二卷附益謚法一卷方國使圖一卷文集二十卷並行於世又欲撰齊梁春秋始草創未就而卒子譽官至通直郎

顧協字正禮吳郡吳人也晉司空和七世孫協幼孤隨母養於外氏外從祖宋右光祿張永嘗攜內外孫姪遊虎丘山協年數歲永撫之曰兒欲何戲協對曰兒正欲枕石漱流永歎息曰顧氏興於此子既長好學以精力稱外氏諸張多賢達有識鑒從內弟率尤推重焉起家揚州議曹從事史兼太學博士舉秀才尚書令沈約覽其策而歎曰江左以來未有此作遷安成王國左常侍兼廷尉正太尉臨川王聞其名召掌書記仍侍西豐侯正德讀正德爲巴西梓潼郡協除所部安都令未至縣遭母憂服闋出補西陽郡丞還除北中郎行參軍復兼廷尉正久之出爲廬陵郡丞未拜會西豐侯正德爲吳郡除中軍參軍領郡五官遷輕車湘東王參軍事兼記室普通六年正德受詔北討引爲府錄事參軍掌書記軍還會有詔舉士湘東王表薦協曰臣聞貢玉之士歸之潤山論珠之

人出於枯岸是以芻蕘之言擇於廊廟者也臣府兼記室參軍吳郡顧協行稱鄉閭學兼文武服膺道素雅量邃遠安貧守靜奉公抗直傍闕知己志不自營年方六十室無妻子臣欲言於官人申其屈滯協必苦執貞退立志難奪可謂東南之遺寶矣伏惟陛下未明求衣思賢如渴爰發明詔各舉所知臣識非許郭雖無知人之鑒若守固無言懼貽蔽賢之咎昔孔愉表韓績之才庾亮薦翟湯之德臣雖未齒二臣協實無慚兩士即召拜通直散騎侍郎兼中書通事舍人累遷步兵校尉守鴻臚卿員外散騎常侍卿舍人並如故大同八年卒時年七十三高祖悼惜之手詔曰員外散騎常侍鴻臚卿兼中書通事舍人顧協廉潔自居白首不衰久在省闥內外稱善奄然殞喪惻怛之懷不能已已傍無近親彌足哀者大殮既畢即送其喪柩還鄉幷營冢槨並皆資給悉使周辦可贈散騎常侍令便舉哀謚曰温子協少清介有志操初為廷尉正冬服單薄寺卿蔡法度謂人曰我願解身上襦與顧郎恐顧郎難衣食者竟不敢以遺之及為舍人同官者皆潤屋協在省十六載器服飲食不改於常有門生始來事協知

其廉潔不敢厚餉止送錢二千協發怒杖二十因此事者絕於饋遺自丁艱憂遂終身布衣蔬食少時將娉舅息女未成婚而協母亡免喪後不復娶至六十餘此女猶未他適協義而迎之晚雖判合卒無胤嗣協博極羣書於文字及禽獸草木尤稱精詳撰異姓苑五卷瑣語十卷並行於世

徐摛字士秀東海郯人也祖憑道宋海陵太守父超之天監初仕至員外散騎常侍摛幼而好學及長遍覽經史屬文好爲新變不拘舊體起家太學博士遷左衞司馬會晉安王綱出戍石頭高祖謂周捨曰爲我求一人文學俱長兼有行者欲令與晉安遊處捨曰臣外弟徐摛形質陋小若不勝衣而堪此選高祖曰必有仲宣之才亦不簡其容貌以摛爲侍讀後王出鎮江州仍補雲麾府記室參軍又轉平西府中記室王移鎮京口復隨府轉爲安北中錄事參軍帶郯令以母憂去職王爲丹陽尹起摛爲秣陵令普通四年王出鎮襄陽摛固求隨府西上遷晉安王諮議參軍大通初王總戎北伐以摛兼寧蠻府長史參贊戎政教命軍書多自摛出王入爲皇太子轉家令兼掌管記尋帶領直摛文體既

別春坊盡學之宮體之號自斯而起高祖聞之怒召摛加讓及見應對明敏辭
義可觀高祖意釋因問五經大義次問歷代史及百家雜說末論釋教摛商較
縱橫應答如響高祖甚加歎異更被親狎寵遇日隆領軍朱异不說謂所親曰
徐叟出入兩宮漸來逼我須早爲之所遂承間白高祖曰摛年老又愛泉石意
在一郡以自怡養高祖謂摛欲之乃召摛曰新安大好山水任昉等並經爲之
卿爲我臥治此郡大通三年遂出爲新安太守至郡爲治清靜教民禮義勸課
農桑朞月之中風俗便改秩滿還爲中庶子加戎昭將軍是時臨城公納夫人
王氏卽太宗妃之姪女也晉宋已來初婚三日婦見舅姑衆賓皆列觀引春秋
義云丁丑夫人姜氏至戊寅公使大夫宗婦覿用幣戊寅丁丑之明日故禮官
據此皆云宜依舊貫太宗以問摛摛曰儀禮云質明贊見婦於舅姑雜記又云
婦見舅姑兄弟姊妹皆立于堂下政言婦是外宗未審嫺令所以停坐三朝觀
其七德舅延外客姑率內賓堂下之儀以備戚禮近代婦於舅姑本有戚屬不
相瞻看夫人乃妃姪女有異他姻覿見之儀謂應可略太宗從其議除太子左

衛率太清三年侯景攻陷臺城時太宗居永福省賊衆奔入舉兵上殿侍衞奔散莫有存者摛獨嶷然侍立不動徐謂景曰侯公當以禮見何得如此凶威遂折侯景乃拜由是常憚摛太宗嗣位進授左衞將軍固辭不拜太宗後被幽閉摛不獲朝謁因感氣疾而卒年七十八長子陵最知名

鮑泉字潤岳東海人也父機湘東王諮議參軍泉博涉史傳兼有文筆少事元帝早見擢任及元帝承制累遷至信州刺史太清三年元帝命泉征河東王譽於湘州泉至長沙作連城以逼之譽率衆攻泉泉據柵堅守譽不能克泉因其弊出擊之譽大敗盡俘其衆遂圍其城久未能拔世祖乃數泉罪遣平南將軍王僧辯代泉爲都督僧辯至泉愕然顧左右曰得王竟陵助我經略賊不足平矣僧辯既入乃背泉而坐曰鮑郎有罪令旨使我鎖卿卿勿以故意見期因出令示泉鎖之牀下泉曰稽緩王師甘罪是分但恐後人更思鮑泉之憒憒耳乃爲啓謝淹遲之罪世祖尋復其任令與僧辯等率舟師東逼邵陵王於郢州郢州平元帝以長子方諸爲刺史泉爲長史行府州事侯景密遣將宋子仙任約

率精騎襲之方諸與泉不恤軍政唯蒲酒自樂賊騎至百姓奔告方諸與泉方雙陸不信曰徐文盛大軍在東賊何由得至既而傳告者衆始令闔門賊縱火焚之莫有抗者賊騎遂入城乃陷執方諸及泉送之景所後景攻王僧辯於巴陵不克敗還乃殺泉於江夏沉其屍於黃鶴磯初泉之爲南討都督也其友人夢泉得罪於世祖覺而告之後未旬果見囚執頃之又夢泉着朱衣而行水上又告泉曰君勿憂尋得免矣因說其夢泉密記之俄而復見任皆如其夢泉於儀禮尤明撰新儀四十卷行於世

陳吏部尚書姚察曰阮孝緒常言仲尼論四科始乎德行終乎文學有行者多尚質朴有文者少蹈規矩故衞石靡餘論可傳屈賈無立德之譽若夫憲章游夏祖述回騫體兼文行於裴幾原見之矣

梁書卷三十考證

顧協傳協除所部安都令○安都南史作新安

鮑泉傳父機○機南史作幾

梁書卷三十考證

梁書卷三十一

唐　散　騎　常　侍　姚　思　廉　撰

列傳第二十五

袁昂子君正

袁昂字千里陳郡陽夏人祖詢宋征虜將軍吳郡太守父顗冠軍將軍雍州刺史泰始初舉兵奉尋陽王子勛事敗誅死昂時年五歲乳媼攜抱匿於廬山會赦得出猶徙晉安至元徽中聽還時年十五初顗敗傳首京師藏於武庫至是始還之昂號慟嘔血絕而復蘇從兄彖嘗撫視抑譬昂更制服廬于墓次後與彖同見從叔司徒粲粲謂彖曰其幼孤而能至此故知名器自有所在齊初起家冠軍安成王行參軍遷征虜主簿太子舍人王儉鎮軍府功曹史儉時爲京尹經於後堂獨引見昂指北堂謂昂曰卿必居此累還祕書丞黃門侍郎昂本名千里齊永明中武帝謂之曰昂昂千里之駒在卿有之今改卿名爲昂卽千里爲字出爲安南鄱陽王長史尋陽公相還爲太孫中庶子衞軍武陵王長史

丁內憂哀毀過禮服未除而從兄象卒昂幼孤爲象所養乃制期服人有怪而
問之者昂致書以喻之曰竊聞禮由恩斷服以情申故小功他邦加制一等同
爨有緦明之典籍孤子夙以不天幼傾乾廕資敬未奉過庭莫承藐藐沖人未
達朱紫從兄提養訓教示以義方每假其談價虛其聲譽得及人次實亦有由
兼開拓房宇處以華曠同財共有恣其取足爾來三十餘年憐愛之至無異於
己姊妹孤姪成就一時篤念之深在終彌固此恩此愛畢壤不追既情若同生
而服爲諸從言心即事實未忍安昔馬稜與弟毅同居毅亡稜爲心服三年由
也之不除喪亦緣情而致制雖識不及古誠懷感慕常願千秋之後從服期齊
不圖門衰禍集一旦草土殘息復罹今酷尋惟慟絕彌劇彌深今以餘喘欲遂
素志庶寄其罔慕之痛少申無已之情雖禮無明據乃事有先例率迷而至必
欲行之君問禮所歸謹以諮白臨紙號哽言不識次服闋除右軍邵陵王長史
俄遷御史中丞時尙書令王晏弟詡爲廣州多納賕貨昂依事劾奏不憚權豪
當時號爲正直出爲豫章內史丁所生母憂去職以喪還江路風浪暴駭昂乃

縛衣著柩誓同沉溺及風止餘船皆沒唯昂所乘船獲全咸謂精誠所致葬訖起爲建武將軍吳興太守永元末義師至京師州牧郡守皆望風降款昂獨拒境不受命高祖手書喻曰夫禍福無門興亡有數天之所棄人孰能匡機來不再圖之宜早頃藉聽道路承欲狼顧一隅既未悉雅懷聊申往意獨夫狂悖振古未聞窮凶極虐歲月滋甚天未絕齊聖明啓運兆民有賴百姓來蘇吾荷任前驅掃除京邑方撥亂反正伐罪弔民至止以來前無橫陣今皇威四臨長圍已合遐邇畢集人神同奮銳卒萬計鐵馬千羣以此攻戰何往不克況建業孤城人懷離阻面縛軍門日夕相繼屠潰之期勢不云遠兼熒惑出端門太白入氐室天文表於上人事符於下不謀同契實在茲辰且范岫申冑久薦誠款各率所由仍爲掎角沈法瑀孫肹朱端已先肅清吳會而足下欲以區區之郡禦堂堂之師根本既傾枝葉安附童兒牧豎咸謂其非求之明鑒實所未達今竭力昏主未足爲忠家門屠滅非所謂孝忠孝俱盡將欲何依豈若翻然改圖自招多福進則遠害全身退則長守祿位去就之宜幸加詳擇若執迷遂往同惡

不悛大軍一臨誅及三族雖貽後悔寧復云補欲布所懷故致今白昂答曰都史至辱誨承藉以衆論謂僕有勤王之舉兼蒙誚責獨無送款循復嚴旨若臨萬仞三吳內地非用兵之所況以偏隅一郡何能為役近奉敕以此境多虞見使安慰自承麾旆居止莫不膝袒軍門惟僕一人敢後至者政以內揆庸素文武無施直是東國賤男子耳雖欲獻心不增大師之勇置其愚默寧沮衆軍之威幸藉將軍含弘之大可得從容以禮竊以一飡微施尙復投殞況食人之祿而頓忘一旦非惟物議不可亦恐明公鄙之所以躊躇未遑薦璧遂以輕微爰降重命震灼于心忘其所厝誠推理鑒猶懼威臨建康城平昂束身詣闕高祖宥之不問也天監二年以為後軍臨川王參軍事昂奉啓謝曰恩降絕望之辰慶集寒心之日熖灰非喻蕢枯未擬摳衣聚足顛狽不勝臣遍歷三墳備詳六典巡校賞罰之科調檢生死之律莫不嚴五辟於明君之朝峻三章於聖人之世是以塗山始會致防風之誅酆邑方構有崇侯之伐未有緩憲於斮戮之人賒刑於耐罪之族出萬死入一生如臣者也推恩及罪在臣實大披心瀝血敢

乞言之臣東國賤人學行何取既殊鳴鴈直木故無結綬彈冠徒藉羽儀易農就仕往年濫職守秩東隅仰屬龔行風驅電掩當其時也負鼎圖者日至執玉帛者相望獨在愚臣頓昏大義殉鴻毛之輕忘同德之重但三吳險薄五湖交通屢起田儋之變每懼殷通之禍空慕君魚保境遂失師涓抱器後至者斬臣甘斯戮明刑殉衆誰曰不然幸約法之弘承解網之宥猶當降等薪粲遂乃頓釋鉗赭斂骨吹魂還編黔庶濯疵蕩穢入楚遊陳天波既洗雲油遽沐古人有言非死之難處死之難臣之所荷曠古不書臣之死所未知何地高祖答曰朕遺射鉤卿無自外俄除給事黃門侍郎其年遷侍中明年出爲尋陽太守行江州事六年徵爲吏部尚書累表陳讓徙爲左民尚書兼右僕射七年除國子祭酒兼僕射如故領豫州大中正八年出爲仁威將軍吳郡太守十一年入爲五兵尚書復兼右僕射未拜有詔即真封尋以本官領起部尚書加侍中十四年馬仙琕破魏軍於朐山詔權假昂節往勞軍十五年還右僕射尋爲尚書令宣惠將軍普通三年爲中書監丹陽尹其年進號中衞將軍復爲尚書令即本號

開府儀同三司給鼓吹未拜又領國子祭酒大通元年加中書監給親信三十人尋表解祭酒進號中撫軍大將軍遷司空侍中尚書令親信鼓吹並如故五年加特進左光祿大夫增親信爲八十人大同六年薨時年八十詔曰侍中特進左光祿大夫司空昂奄至薨逝惻怛于懷公器寓凝素志誠貞方端朝燮理嘉猷載緝追榮表德實惟令典可贈本官鼓吹一部給東園祕器朝服一具衣一襲錢二十萬絹布一百匹蠟二百斤即日舉哀初昂臨終遺疏不受贈謚敕諸子不得言上行狀及立誌銘凡有所須悉皆停省復曰吾釋褐從仕不期富貴但官序不失等倫衣食粗知榮辱以此闔棺無慚鄉里往忝吳興屬在昏明之際既闇於前覺無識於聖朝不知天命甘貽顯戮幸遇殊恩遂得全門戶自念罪私門階榮望絕保存性命以爲幸甚不謂叨竊寵靈一至於此常欲竭誠酬報申吾乃心所以朝廷每興師北伐吾輒啓求行誓之丹款實非矯言既庸懦無施皆不蒙許雖欲罄命其議莫從今日瞑目畢恨泉壤若魂而有知方期結草聖朝遵古知吾名品或有追遠之恩雖是經國恆典在吾無應致此脫有

贈官愼勿祇奉諸子累表陳奏詔不許冊謚曰穆正公

子君正美風儀善自居處以貴公子得當世名譽頃之兼吏部郎以母憂去職服闋爲邵陵王友北中郎長史東陽太守尋徵還都郡民徵士徐天祐等三百人詣闕乞留一年詔不許仍除豫章內史尋轉吳興太守侯景亂率數百人隨邵陵王赴援及京城陷還郡君正當官莅事有名稱而蓄聚財產服玩靡麗賊遣于子悅攻之新城戍主戴僧易勸令拒守吳陸映公等懼賊脫勝略其資產乃曰賊軍甚銳其鋒不可當今若拒之恐民心不從也君正性怯懦乃送米及牛酒郊迎子悅子悅既至掠奪其財物子女因是感疾卒

史臣曰夫天尊地卑以定君臣之位松筠等質無革歲寒之心袁千里命屬崩離身逢厄季雖獨夫喪德臣志不移及抗疏高祖無虧忠節斯亦存夷叔之風矣終爲梁室台鼎何其美焉

梁書卷三十一

梁書卷三十一考證

袁昂傳憐愛之至無異於己○無異於己南史作言無異色

且范岫申冑久篤誠款○申南本作甲訛

子君正傳賊遣于子悅攻之○于子悅南史作張君壓

吳陸映公等○監本缺陸映二字今從南史增入

梁書卷三十一考證

梁書卷三十二

唐　散　騎　常　侍　姚　思　廉　撰

列傳第二十六

陳慶之　蘭欽

陳慶之字子雲，義興國山人也。幼而隨從高祖。高祖性好棋，每從夜達旦不輟，等輩皆倦寐，惟慶之不寢，聞呼卽至，甚見親賞。從高祖東下平建鄴，稍爲主書，散財聚士，常思効用。除奉朝請。普通中，魏徐州刺史元法僧於彭城求入內附，以慶之爲武威將軍，與胡龍牙、成景儁率諸軍應接。還除宣猛將軍、文德主帥，仍率軍二千送豫章王綜入鎭徐州。魏遣安豐王元延明、臨淮王元彧率衆二萬來拒，屯據陟䟗。延明先遣其別將丘大千築壘潯梁，觀兵近境。慶之進薄其壘，一鼓便潰。後豫章王棄軍奔魏，衆皆潰散，諸將莫能制止。慶之乃斬關夜退，軍士得全。普通七年，安西將軍元樹出征壽春，除慶之假節、總知軍事。魏豫州刺史李憲遣其子長鈞別築兩城相拒，慶之攻之，憲力屈遂降。慶之入據其城，轉東宮直閤賜爵關中侯大通元年隸領軍曹仲宗伐渦陽魏遣征南將軍常山王元昭等率馬步十五萬來援前軍至駞澗去渦陽四十里慶之欲逆戰韋放以賊之前鋒必是輕銳與戰若捷不足爲功如其不利沮我軍勢兵法所謂以逸待勞不如勿擊慶之曰魏人遠來皆已疲倦去我既遠必不見疑及其未集須挫其氣出其不意必無不敗之理且聞虜所據營林木甚盛必不夜出諸君若疑惑慶之請獨取之於是與麾下二百騎奔擊破其前軍魏人震恐慶之乃還與諸將連營而進據渦陽城與魏軍相持自春至冬數十百戰師老氣衰魏之援兵復欲築壘於軍後仲宗等恐腹背受敵謀欲退師慶之杖節軍門曰共來至此涉歷一歲糜費糧仗其數極多諸軍並無鬭心皆謀退縮豈是欲立功名直聚爲抄暴耳吾聞置兵死地乃可求生須虜大合然後與戰審欲班師慶之別有密敕今日犯者便依明詔仲宗壯其計乃從之魏人掎角作十三城慶之銜枚夜出陷其四壘渦陽城主王緯乞降所餘九城兵甲猶盛乃陳其俘馘鼓噪而攻之遂大奔潰斬獲略盡渦水咽流降城中男女三萬餘口詔以渦

陽之地置西徐州衆軍乘勝前頓城父高祖嘉焉賜慶之手詔曰本非將種又非豪家觖望風雲以至於此可深思奇略善克令終開朱門而待賓揚聲名於竹帛豈非大丈夫哉大通初魏北海王元顥以本朝大亂自拔來降求立爲魏主高祖納之以慶之爲假節飆勇將軍送元顥還北顥於渙水即魏帝號授慶之使持節鎮北將軍護軍前軍大都督發自銍縣進拔滎城遂至睢陽魏將丘大千有衆七萬分築九城以相拒慶之攻之自旦至申陷其三壘大千乃降時魏征東將軍濟陰王元徽業率羽林庶子二萬人來救梁宋進屯考城城四面滎水守備嚴固慶之命浮水築壘攻陷其城生擒徽業獲租車七千八百輛仍趣大梁望旗歸款顥進慶之衞將軍徐州刺史武都公仍率衆而西魏左僕射楊昱西阿王元慶撫軍將軍元顯恭率御仗羽林宗子庶子衆凡七萬據滎陽拒顥兵既精強城又險固慶之攻未能拔魏將元天穆大軍復將至先遣其驃騎將軍尒朱吐沒兒領胡騎五千騎將魯安領夏州步騎九千援楊昱又遣右僕射尒朱隆西荊州刺史王羆騎一萬據虎牢天穆沒兒前後繼至旗鼓相望

時滎陽未拔士衆皆恐慶之乃解鞍秣馬宣喻衆曰吾至此以來屠城略地實
爲不少君等殺人父兄略人子女又爲無算天穆之衆並是仇讐我等纔有七
千虜衆三十餘萬今日之事義不圖存吾以虜騎不可爭力平原及未盡至前
須平其城壘諸君無假狐疑自貽屠膾一鼓悉使登城壯士東陽宋景休義興
魚天愍踰堞而入遂克之俄而魏陣外合慶之率騎三千背城逆戰大破之魯
安於陣乞降元天穆尒朱吐沒兒單騎獲免收滎陽儲實牛馬穀帛不可勝計
進赴虎牢尒朱隆棄城走魏主元子攸懼奔并州其臨淮王元彧安豐王元延
明率百僚封府庫備法駕奉迎顥入洛陽宮御前殿改元大赦顥以慶之爲侍
中車騎大將軍左光祿大夫增邑萬戶魏大將軍上黨王元天穆王老生李叔
仁又率衆四萬攻陷大梁分遣老生費穆兵二萬據虎牢刁宣刁雙入梁宋慶
之隨方掩襲並皆降款天穆與十餘騎北渡河高祖復賜手詔稱美焉慶之麾
下悉著白袍所向披靡先是洛陽童謠曰名師大將莫自牢千兵萬馬避白袍
自發銍縣至于洛陽十四旬平三十二城四十七戰所向無前初元子攸止單

騎奔走宮衛嬪侍無改於常顥既得志荒于酒色乃日夜宴樂不復視事與安豐臨淮共立姦計將背朝恩絕賓貢之禮直以時事未安且資慶之之力用外同內異言多忌刻慶之心知之亦密爲其計乃說顥曰今遠來至此未伏尚多若人知虛實方更連兵而安不忘危須預爲其策宜啓天子更請精兵幷勒諸州有南人沒此者悉須部送顥欲從之元延明說顥曰陳慶之兵不出數千已自難制今增其衆寧肯復爲用乎權柄一去動轉聽人魏之宗社於斯而滅顥由是致疑稍成疎貳慮慶之密啓乃表高祖曰河北河南一時已定唯尒朱榮尚敢跋扈臣與慶之自能擒討今州郡新服正須綏撫不宜更復加兵搖動百姓高祖遂詔衆軍皆停界首洛下南人不出一萬羌夷十倍軍副馬佛念言於慶之曰功高不賞震主身危二事既有將軍豈得無慮自古以來廢昏立明扶危定難鮮有得終今將軍威震中原聲動河塞屠顥據洛則千載一時也慶之不從顥前以慶之爲徐州刺史因固求之鎮顥心憚之遂不遣乃曰主上以洛陽之地全相任委忽聞捨此朝寄欲往彭城謂君遽取富貴不爲國計手敕頻

仍恐成僕責慶之不敢復言魏天柱將軍尒朱榮右僕射尒朱隆大都督元天穆驃騎將軍尒朱吐沒兒榮長史高歡鮮卑芮芮勒衆號百萬挾魏主元子攸來攻顥顥據洛陽六十五日凡所得城一時反叛慶之渡河守北中郎城三日中十有一戰傷殺甚衆榮將退時有劉助者善天文乃謂榮曰不出十日河南大定榮乃縛木爲筏濟自硤石與顥戰於河橋顥大敗走至臨頴遇賊被擒洛陽陷慶之馬步數千結陣東反榮親自來追值蒿高山水洪溢軍人死散慶之乃落鬚髮爲沙門間行至豫州豫州人程道雍等潛送出汝陰至都仍以功除右衛將軍封永興縣侯邑一千五百戶出爲持節都督緣淮諸軍事奮武將軍北兗州刺史會有妖賊沙門僧強自稱爲帝土豪蔡伯龍起兵應之僧強頗知幻術更相扇惑衆至三萬攻陷北徐州濟陰太守楊起文棄城走鍾離太守單希寶見害使慶之討焉車駕幸白下臨餞謂慶之曰江淮兵勁其鋒難當卿可以策制之不宜決戰慶之受命而行曾未浹辰斬伯龍僧強傳其首中大通二年除都督南北司西豫豫四州諸軍事南北司二州刺史餘並如故慶之至鎮

遂圍懸瓠破魏潁州刺史婁起揚州刺史是云寶於溱水又破行臺孫騰大都督侯進豫州刺史堯雄梁州刺史司馬恭於楚城罷義陽鎮兵停水陸轉運江湖諸州並得休息開田六千頃二年之後倉廩充實高祖每嘉勞之又表省南司州復安陸郡置上明郡大同二年魏遣將侯景率衆七萬寇楚州刺史桓和陷沒景仍進軍淮上貽慶之書使降敕遣湘潭侯退右衞夏侯夔等赴援軍至黎漿慶之已擊破景時大寒雪景棄輜重走慶之收之以歸進號仁威將軍是歲豫州饑慶之開倉賑給多所全濟州民李昇等八百人表請樹碑頌德詔許焉五年十月卒時年五十六贈散騎常侍左衞將軍鼓吹一部謚曰武敕義興郡發五百丁會喪慶之性祗慎衣不紈綺不好絲竹射不穿札馬非所便而善撫軍士能得其死力長子昭嗣第五子昕字君章七歲能騎射十二隨父入洛路遇疾還京師詣鴻臚卿朱异异訪北間形勢昕聚土畫地指麾分別异甚奇之大同四年爲邵陵王常侍文德主帥右衞仗主敕遣助防義陽魏豫州刺史堯雄北間驍將兄子寶樂特爲敢勇慶之圍懸瓠雄來赴其難寶樂求單騎校

戰昕躍馬直趣寶樂雄即散潰仍陷溱城六年除威遠將軍小峴城主以公事
免十年妖賊王勤宗起於巴山郡以昕爲宣猛將軍假節討焉勤宗平除陰陵
戍主北譙太守以疾不之官又除驃騎外兵俄爲臨川太守太清二年侯景圍
歷陽敕召昕還昕啓云采石急須重鎮王質水軍輕弱恐慮不濟乃板昕爲雲
騎將軍代質未及下渚景已渡江仍遣率所領遊防城外不得入守欲奔京口
乃爲景所擒景見昕殷勤因留極飲曰我至此得卿餘人無能爲也令昕收集
部曲將用之昕誓而不許景使其儀同范桃棒嚴禁之昕因說桃棒令率所領
歸降襲殺王偉宋子仙爲信桃棒許之遂盟約射啓城中遣昕夜縋而入高祖
大喜敕即受降太宗遲疑累日不決外事發洩昕弗之知猶依期而下景邀得
之乃逼昕令更射書城中云桃棒且輕將數十人先入景欲裹甲隨之昕既不
肯爲書期以必死遂爲景所害時年三十三
藺欽字休明中昌魏人也父子雲天監中軍功官至雲麾將軍冀州刺史欽幼
而果決趫捷過人隨父北征授東宮直閤大通元年攻魏蕭城拔之仍破彭城

別將郊仲進攻擬山城破其大都督劉屬衆二十萬進攻籠城獲馬千餘匹又破其大將柴集及襄城太守高宣別將范思念鄭承宗等仍攻厥固張龍子城未拔魏彭城守將楊目遣子孝邕率輕兵來援欽逆擊走之又破譙州刺史劉海游還拔厥固收其家口楊目又遣都督范思念別將曹龍牙數萬衆來援欽與戰於陣斬龍牙傳首京師又假欽節都督衡州三郡兵討桂陽陽山始興叛蠻至卽平破之封安懷縣男邑五百戶又破天漆蠻帥晚時得會衡州刺史元慶和爲桂陽人嚴容所圍遣使告急欽往應援破容羅溪於是長樂諸洞一時平蕩又密敕欽向魏興經南鄭屬魏將托跋勝寇襄陽仍敕赴援除持節督南梁南北秦沙四州諸軍事光烈將軍平西校尉梁南秦二州刺史增封五百戶進爵爲侯破通生擒行臺元子禮大將薛儁張菩薩魏梁州刺史元羅遂降梁漢底定進號智武將軍增封二千戶俄改授持節都督衡桂二州諸軍事衡州刺史未及赴職魏遣都督董紹張獻攻圍南鄭梁州刺史杜懷瑤請救欽率所領援之大破紹獻於高橋城斬首三千餘紹獻奔退追入斜谷斬獲略盡西魏

相宇文黑泰致馬二千匹請結隣好詔加散騎常侍進號仁威將軍增封五百戶仍令述職經廣州因破俚帥陳文徹兄弟並擒之至衡州進號平南將軍改封曲江縣公增邑五百戶在州有惠政吏民詣闕請立碑頌德詔許焉徵爲散騎常侍左衛將軍尋改授散騎常侍安南將軍廣州刺史旣至任所前刺史南安侯密遣廚人置藥於食欽中毒而卒時年四十二詔贈侍中中衛將軍鼓吹一部子夏禮侯景至歷陽率其部曲邀擊景兵敗死之

史臣曰陳慶之蘭欽俱有將略戰勝攻取蓋頗牧衛霍之亞歟慶之警悟早侍高祖旣預舊恩加之謹肅蟬冕組珮亦一世之榮矣

梁書卷三十二

梁書卷三十二考證

陳慶之傳屯據陟缺○南史刪此句故缺字不可考

破魏潁州刺史婁起揚州刺史是云寶於溱水○各本或作玄云寶或注一作是玄寶今從北史魏書及姓氏譜訂正

蘭欽傳前刺史安南侯密○安南一本作南安

梁書卷三十二考證

梁書卷三十三

唐　散　騎　常　侍　姚　思　廉　撰

列傳第二十七

王僧孺　張率　劉孝綽　王筠

王僧孺字僧孺東海郯人魏衛將軍肅八代孫曾祖雅晉左光祿大夫儀同三司祖准宋司徒左長史僧孺年五歲讀孝經問授者此書所載述曰論忠孝二事僧孺曰若爾常願讀之六歲能屬文既長好學家貧常傭書以養母所寫既畢諷誦亦通仕齊起家王國左常侍太學博士尚書僕射王晏深相賞好晏爲丹陽尹召補郡功曹使僧孺撰東宮新記遷大司馬豫章王行參軍又兼太學博士司徒竟陵王子良開西邸招文學僧孺亦遊焉文惠太子聞其名召入東宮直崇明殿欲擬爲宮僚文惠薨不果時王晏子得元出爲晉安郡以僧孺補郡丞除候官令建武初有詔舉士揚州刺史始安王遙光表薦祕書丞王暕及僧孺曰前候官令東海王僧孺年三十五理尚棲約思致恬敏既筆耕爲養亦

傭書成學至乃照螢映雪編蒲緝柳先言往行人物雅俗甘泉遺儀南宮故事畫地成圖抵掌可述豈直鼮鼠有必對之辯竹書無落簡之謬訪對不休質疑斯在除尚書儀曹郎遷治書侍御史出爲唐令初僧孺與樂安任昉遇竟陵王西邸以文學友會及是將之縣昉贈詩其略曰惟子見知惟余知子觀行視言要終猶始敬之重之如蘭如芷形應影隨曩行今止百行之首立人斯著子之有之誰毀誰譽修名既立老至何遽誰其執鞭吾爲子御劉略班藝虞志荀錄伊昔有懷交相欣勖下帷無倦升高有屬嘉爾晨燈惜余夜燭其爲士友推重如此天監初除臨川王後軍記室參軍待詔文德省尋出爲南海太守郡常有高涼生口及海舶每歲數至外國賈人以通貨易舊時州郡以半價就市又買而卽賣其利數倍歷政以爲常僧孺乃歎曰昔人爲蜀部長史終身無蜀物吾欲遺子孫者不在越裝並無所取視事期月有詔徵還郡民道俗六百人詣闕請留不許既至拜中書郎領著作復直文德省撰中表簿及起居注遷尚書左丞領著作如故俄除游擊將軍兼御史中丞僧孺幼貧其母鬻紗布以自業嘗

攜僧孺至市道遇中丞鹵簿驅迫溝中及是拜日引騶清道悲感不自勝詩以公事降爲雲騎將軍兼職如故頃之即真是時高祖製春景明志詩五百字敕在朝之人沈約已下同作高祖以僧孺詩爲工遷少府卿出監吳郡還除尚書吏部郎參大選請謁不行出爲仁威南康王長史行府州國事王典籤湯道愍暱於王用事府內僧孺每裁抑之道愍遂謗訟僧孺逮詣南司奉牋辭府曰下官不能避溺山隅而正冠李下既貽疵辱方致徽纆解籙收簪且歸初服竊以董生偉器止相驕王賈子上才爰傅卑土下官生年有值謬仰清塵假翼西雍竊步東閣多慙袪服取亂長裾高榻相望直居坐右長階如畫獨在僚端借其從容之詞假以寬和之色恩禮遠過申白榮望多廁應徐厚德難逢小人易說方謂離腸隕首不足以報一言露膽披誠何能以酬屢顧寧謂罻羅裁舉微禽先落閶闔始吹細草仍墜一辭九畹方去五雲縱天網是漏聖恩可恃亦復孰寄心骸何施眉目方當橫潭亂海就魚鼈而爲羣披榛捫樹從虺蜮而相伍豈復仰聽金聲式瞻玉色顧步高軒悲如霰委踟躕下席淚若綆縻僧孺坐免官

久之不調友人盧江何烱猶爲王府記室乃致書於烱以見其意曰近別之後將隔暄寒思子爲勞未能忘弭昔季叟入秦梁生適越猶懷悵恨且或吟謠況岐路之日將離嚴綱辭無可憐罪有不測蓋畫地刻木昔人所惡叢棘既累於何可聞所以握手戀戀離別珍重弟愛同鄒季淫淫承睫吾猶復抗手分背羞學婦人素鍾肇節金飇戒序起居無恙動靜履宜子雲筆札元瑜書記信用既然可樂爲甚且使目明能袪首疾甚善甚善吾無昔人之才而有其病癲眩屢動消渴頻增委化任期故不復呼醫飲藥但恨一旦離大辱蹈明科去皎皎而非自汙抱鬱結而無誰告丁年蓄積與此銷亡徒切高價厚名橫叨公器人爵智能無所報筋力未之酬所以悲至撫膺泣盡而繼之以血顧惟不肖文質無所底蓋困於衣食迫於飢寒依隱易農所志不過鍾庾久爲尺板斗食之吏以從皁衣黑綬之役非有奇才絕學雄略高謨吐一言可以匡俗振民動一議可以固邦興國全璧歸趙飛矢救燕偃息藩魏甘臥安郢腦日逐髓月支擁十萬而橫行提五千而深入將能執圭裂壤功勒景鍾錦繡爲衣朱丹被轂斯大丈

夫之志非吾曹之所能及已直以章句小才蟲篆末藝含吐緗縹之上翩躚罇俎之側委曲同之鍼縷繁碎譬之米鹽孰致顯榮何能至到加性疎澁拙於進取未嘗去來許史遨遊梁竇俛首脅肩先意承旨是以三葉靡違不與運并十年未徙孰非能薄及除舊布新清晷方旦抱樂衘圖訟謳有主而猶限一吏於岑石隔千里於泉亭不得奉板中涓預衣裳之會提戈後勁廁龍豹之謀及其投劾歸來恩均舊隸升文石登玉陛一見而降顏色再覩而接話言非藉左右之容無勞羣公之助又非同席共研之夙逢筍餌卮酒之早識一旦陪武帳仰文陛備聃佚之柱下充嚴朱之席上入班九棘出專千里據操撮之雄官參人倫之顯職雖古之爵人不次取士無名未有躡景追風奔驟之若此者也蓋基薄牆高塗遙力躓傾蹶必然顛匐可俟竟以福過災生人指鬼瞰將均宥器有驗傾卮是以不能早從曲影遂乃取疑邪徑故司隸懍懍思得應弦譬縣廚之獸如離繳之鳥將充庖鼎以餌鷹鸇雖事異鑽皮文非刺骨猶復因茲舌杪成此筆端上可以投畀北方次可以論輸左校變爲丹赭充彼舂薪幸聖王留善

貸之德紆好生之施解網祝禽下車泣罪愍茲恚詬憐其觳觫加肉朽胔布葉枯株輟薪止火得不銷爛所謂還魂斗極追氣泰山止復除名爲民幅巾家巷此五十年之後人君之賜焉木石感陰陽犬馬識厚薄員首方足孰不戴天而竊自有悲者蓋士無賢不肖在朝見嫉女無美惡入宮見妬家貧無苞苴可以事朋類惡其鄉原恥彼戚施何以從人何以徇物外無奔走之友內乏強近之親是以構市之徒隨相媒蘖及一朝捐棄以快怨者之心呼悲可矣蓋先貴後賤古富今貧季倫所以發此哀音雍門所以和其悲曲又迫以嚴秋殺氣具物多悲長夜展轉百憂俱至況復霜銷草色風搖樹影寒蟲夕叫合輕重而同悲秋葉晚傷雜黃紫而俱墜蜘蛛絡幕熠燿爭飛故無車轍馬聲何聞鳴雞吠犬俛眉事妻子舉手謝賓遊方與飛走爲鄰永用蓬蒿自沒愾其長息忽不覺生之爲重素無一廛之田而有數口之累豈曰匏而不食方當長爲傭保糊口寄身溘死溝渠以實螻蟻悲夫豈復得與二三士友抱接膝之歡履足差肩擒綺縠之清文談希微之道德唯吳馮之遇夏馥范彧之值孔嵩愍其留賃憐此行

乞耳儻不以垢累時存寸札則雖先犬馬猶松喬焉去矣何生高樹芳烈裁書代面筆淚俱下久之起爲安西安成王參軍累遷鎮右始興王中記室比中郎南康王諮議參軍入直西省知撰譜事普通三年卒時年五十八僧孺好墳籍聚書至萬餘卷率多異本與沈約任昉家書相埒少篤志精力於書無所不覩其文麗逸多用新事人所未見者世重其富僧孺集十八州譜七百一十卷百家譜集十五卷東南譜集抄十卷文集三十卷兩臺彈事不入集內爲五卷及東宮新記並行於世

張率字士簡吳郡吳人祖永宋右光祿大夫父瓌齊世顯貴歸老鄉邑天監初授右光祿加給事中率年十二能屬文常日限爲詩一篇稍進作賦頌至年十六向二千許首齊始安王蕭遙光爲揚州召迎主簿不就起家著作佐郎建武三年舉秀才除太子舍人與同郡陸倕幼相友狎常同載詣左衞將軍沈約適值任昉在焉約乃謂昉曰此二子後進才秀皆南金也卿可與定交由此與昉友善遷尚書殿中郎出爲西中郎南康王功曹史以疾不就久之除太子洗馬

高祖霸府建引爲相國主簿天監初臨川王已下並置友學以率爲鄱陽王友遷司徒謝朏掾直文德待詔省敕使抄乙部書又使撰婦人事二十餘條勒成百卷使工書人琅邪王深吳郡范懷約褚洵等繕寫以給後宮率又爲待詔賦奏之甚見稱賞手敕答曰省賦殊佳相如工而不敏枚皐速而不工卿可謂兼二子於金馬矣又侍宴賦詩高祖乃別賜率詩曰東南有才子故能服官政余雖慚古昔得人今爲盛率奏詩往返數首其年遷祕書丞引見玉衡殿高祖曰祕書丞天下清官東南胄望未有爲之者今以相處足爲卿譽其恩遇如此四年三月禊飲華光殿其日河南國獻舞馬詔率賦之曰臣聞天用莫如龍地用莫如馬故禮稱驪騵詩誦騯駱先景遺風之美世所得聞吐圖騰光之異有時而出洎我大梁光有區夏廣運自中員照無外日入之所浮琛委贄風被之域越險効珍軨服烏號之駿騊駼豢龍之名而河南又獻赤龍駒有奇貌絕足能拜善舞天子異之使臣作賦曰維梁受命四載玄符既臻協律之事具舉膠庠之教必陳檀輿之用已偃玉輅之御方巡考帝文而率通披皇圖以大觀慶惟

道而必先靈匪聖其誰贊見河龍之瑞唐矚天馬之禎漢既叶符而比德且同條而共貫詢國美於斯今邁皇王於曩昔散大明以燭幽揚義聲而遠斥固施之於不窮諒無所乎朝夕並承流以請吏咸向風而率職納奇貢於絕區致龍媒於殊域伊況古而赤文爰在茲而朱翼既劾德於炎運亦表祥於尙色資皎月而載生祖河房而挺授種北唐之絕類嗣西宛之鴻冑稟妙足而逸倫有殊姿而特茂善環旋於薺夏知蹈躡於今奏超六種於周閑踰八品於漢廄伊自然之有質寧改觀於肥瘦豈徒服皁而養安與進駕以馳驟爾其挾尺縣鑿之辨附蟬伏兔之別十形五觀之姿三毛八肉之勢臣何得而稱焉固已詳於前製徒觀其神爽視其豪異軼跨野而忽踰輪齊秀騏而並末駟貶代盤而陋小華越定單而少天驥信無等於漏面孰有取於決鼻可以迹章亥之所未遊踰禹益之所未至將不得而屈指亦何暇以理轡若跡遍而忘反非我皇之所事方潤色於前古邈深文而儲思既而機事多暇青春未移時惟上巳美景在斯遵鎬飲之故實陳洛禊之舊儀漕伊川而分派引激水以回池集國良於民儁

列樹茂於皇枝紛高冠以連衽鏘鳴玉而肩隨清輦道於上林肅華臺之金座望發色於綠苞佇流芬於紫裏聽磬鎛之畢舉聆韶夏之咸播承六奏之既闋及九變之已成均儀禽於唐序同舞獸於虞庭懷夏后之九代想陳王之紫騂乃命涓人効良駿經周衞入鉤陳言右牽之已來寧執朴而後進既傾首於律同又蹀足於鼓振擢龍首回鹿軀睨兩鏡蹙雙鳧既就場而雅拜時赴曲而徐趨敏躁中於促節捷繁外於驚桴騏行驥動虎發龍驤雀躍鷰集鵠引鳧翔姸七盤之綽約陵九劍之抑揚豈借儀於褕袂寧假器於髦皇婉脊投頌俛膺合雅露沫歕紅沾汗流赭乃却走於集靈馴惠養於豐夏鬱風雷之壯心思展足於南野若彼符瑞之富可以臻介丘而昭卒業搢紳羣后誠希末光天子深穆爲度未之訪也何則進讓殊事豈非帝者之彌文哉今四衞外封五岳內郡宜弘下禪之規增上封之訓背清都而日行指云郊而玄運將絕塵而弭轍類飛鳥與駏驉總三才而驅騖按五御而超攄騁卿雲於華蓋翼條風於屬車無逸御於玉軫不泛駕於金輿飾中岳之絕軌營奉高之舊墟訓厚況於人神弘施

育於黎獻垂景炎於長世集繁祉於斯萬在庸臣之方剛有從軍之大願必自
茲而展采將同畀於庖煇悼長卿之遺書憫周南之留恨時與到洽周興嗣同
奉詔爲賦高祖以率及興嗣爲工其年父憂去職其父侍妓數十人善謳者有
色貌邑子儀曹郎顧玩之求娉焉謳者不願遂出家爲尼嘗因齋會率宅玩之
乃飛書言與率姦南司以事奏聞高祖惜其才寢其奏然猶致世論焉服闋後
久之不仕七年敕召出除中權建安王中記室參軍預長名問訊不限日俄有
敕直壽光省治丙丁部書抄八年晉安王戍石頭以率爲雲麾中記室王遷南
兗州轉宣毅諮議參軍並兼記室王還都率除中書侍郎十三年王爲荊州復
以率爲宣惠諮議領江陵令府還江州以諮議領記室出監豫章臨川郡率在
府十年恩禮甚篤還除太子僕累遷招遠將軍司徒右長史揚州別駕率雖歷
居職務未嘗留心簿領及爲別駕奏事高祖覽牒問之並無對但奉答云事在
牒中高祖不悅俄還太子家令與中庶子陸倕僕射劉孝綽對掌東宮管記遷
黃門侍郎出爲新安太守秩滿還都未至丁所生母憂大通元年服未闋卒時

年五十三昭明太子遣使贈賻與晉安王綱令曰近張新安又致故其人才筆弘雅亦足嗟惜隨弟府朝東西日久尤當傷懷也比人物零落特可潸慨屬有今信乃復及之率嗜酒事事寬恕於家務尤忘懷在新安遣家僮載米三千石還吳宅既至遂耗太半率問其故答曰雀鼠耗也率笑而言曰壯哉雀鼠竟不研問少好屬文而七略及藝文志所載詩賦今亡其文者並補作之所著文衡十五卷文集三十卷行於世子長公嗣

劉孝綽字孝綽彭城人本名冉祖勔宋司空忠昭公父繪齊大司馬霸府從事中郎孝綽幼聰敏七歲能屬文舅齊中書郎王融深賞異之常與同載適親友號曰神童融每言曰天下文章若無我當歸阿士阿士孝綽小字也繪齊世掌詔誥孝綽年未志學繪常使代草之父黨沈約任昉范雲等聞其名並命駕先造焉昉尤相賞好范雲年長繪十餘歲其子季才與孝綽年並十四五及雲遇孝綽便申伯季乃命季才拜之天監初起家著作佐郎爲歸沐詩以贈任昉昉報章曰彼美洛陽子投我懷秋作詎慰耋嗟人徒深老夫託直史兼褒貶轄司

專疾惡九折多美疹匪報庶良藥子其崇鋒穎春耕勵秋穫其爲名流所重如此遷太子舍人俄以本官兼尚書水部郎奉啓陳謝手敕答曰美錦未可便製簿領亦宜稍習頃之即真高祖雅好蟲篆時因宴幸命沈約任昉等言志賦詩孝綽亦見引嘗侍宴於坐爲詩七首高祖覽其文篇篇嗟賞由是朝野改觀焉尋有敕知青北徐南徐三州事出爲平南安成王記室隨府之鎮尋補太子洗馬遷尚書金部侍郎復爲太子洗馬掌東宮管記出爲上虞令還除祕書丞高祖謂舍人周捨曰第一官當用第一人故以孝綽居此職公事免尋復除祕書丞出爲鎮南安成王諮議入以事免起爲安西記室累遷安西驃騎諮議參軍敕權知司徒右長史事遷太府卿太子僕復掌東宮管記時昭明太子好士愛文孝綽與陳郡殷芸吳郡陸倕琅邪王筠彭城到洽等同見賓禮太子起樂賢堂乃使畫工先圖孝綽焉太子文章繁富羣才咸欲撰錄太子獨使孝綽集而序之遷員外散騎常侍兼廷尉卿頃之即真初孝綽與到洽友善同遊東宮孝綽自以才優於洽每於宴坐嗤鄙其文洽銜之及孝綽爲廷尉正攜妾入官府

其母猶停私宅洽尋爲御史中丞遣令史案其事遂劾奏之云攜少妹於華省棄老母於下宅高祖爲隱其惡改妹爲姝坐免官孝綽諸弟時隨藩皆在荆雍乃與書論共洽不平者十事其辭皆鄙到氏又寫別本封呈東宮昭明太子命焚之不開視也時世祖出爲荆州至鎮與孝綽書曰君屏居多暇差得肆意典墳吟詠情性比復稀數古人不以委約而能不伎癢且虞卿史遷由斯而作想摛屬之興益當不少洛地紙貴京師名動彼此一時何其盛也近在道務閑微得點翰雖無紀行之作頗有懷舊之篇至此已來衆諸屑役小生之詆恐取辱於廬江遮道之姦慮興謀於從事方且褰帷自厲求瘼不休筆墨之功曾何暇豫至於心乎愛矣未嘗有歇思樂惠音清風靡聞譬夫夢想溫玉飢渴明珠雖愧卞隨猶爲好事新有所製想能示之勿等清慮徒虛其請無由賞悉遣此代懷數路計行遲還芳札孝綽答曰伏承自辭皇邑爰至荆臺未勞刺舉且摛高麗近雖預觀尺錦而不覩全玉昔臨淄詞賦悉與楊脩未殫寶笥顧慙先哲渚宮舊俗朝衣多故李固之薦二邦徐珍之奏七邑威懷之道兼而有之當欲使

金石流功耿用翰墨垂迹雖乖知二偶達聖心爰自退居素里却掃窮閈比楊倫之不出譬張摯之杜門昔趙卿窮愁肆言得失漢臣鬱志廣敘盛衰彼此一時擬非其匹竊以文豹何辜以文爲罪由此而談又何容易故韜翰吮墨多歷寒暑既闕子幼南山之歌又微敬通渭水之賦無以自同獻笑少酬褒誘且才乖體物不擬作於玄根事殊宿諾寧貽懼於朱亥顧己反躬載懷累息但瞻言漢廣邈若天涯區區一心分宵九逝殿下降情白屋存問相尋食椹懷音矧伊人矣孝綽免職後高祖數使僕射徐勉宣旨慰撫之每朝宴常引與焉及高祖爲籍田詩又使勉先示孝綽時奉詔作者數十人高祖以孝綽尤工卽日有敕起爲西中郎湘東王諮議啓謝曰臣不能銜珠避顛傾柯衞足以玆疎倖與物多忤兼逢匿怨之友遂居司隸之官交構是非用成萋斐日月昭回俯明枉直獄書每御輒鑒蔣濟之寃炙髮見明非關陳正之辯遂漏斯密網免彼嚴棘得使還同士伍比屋唐民生死肉骨豈侔其施臣誠無識孰不戴天踈遠畝隴絕望高闕而降其接引優以旨喻於臣微物足爲榮隕況剛條落葉忽沾雲露周

行所寘復齒感流但雕朽污糞徒成延獎捕影繫風終無効答又啓謝東宮曰
臣聞之先聖以衆惡之必監焉衆好之必監焉豈非孤特則積毀所歸比周則
積譽斯信知好惡之間必待明鑒故晏嬰再爲阿宰而前毀後譽後譽出於阿
意前毀由於直道是以一犬所噬旨酒貨其甘酸一手所搖嘉樹變其生死又
鄒陽有言士無賢愚入朝見嫉至若臧文之下展季靳尚之放靈均絳侯之排
賈生平津之陷主父自茲厥後其徒實繁曲筆短辭不暇殫述寸管所窺常由
切齒殿下誨道觀書俯同好學前載枉直備該神覽臣昔因立侍親承緒言飄
風貝錦譬彼讒慝聖旨殷勤深以爲歎臣資愚履直不能杜漸防微曾未幾何
逢訧罹難雖吹毛洗垢在朝而同嗟而嚴文峻法肆姦其必奏不顧賣友志欲
要君自非上帝運超己之光昭陵陽之虐舞文虛謗不取信於宸明在縲嬰纆
幸得蠲於庸暗裁下免黜之書仍頒朝會之旨小人未識通方縶馬懸車息絕
朝覲方願滅影銷聲遂移林谷不悟天聽罔已造次必彰不以距違見疵復使
引籍雲陛降寬和之色垂布帛之言形之千載所蒙已厚況乃恩等特召榮同

起家望古自惟彌覺多忝但未渝丹石永藏輪軌相彼工言構茲媒孽且款冬而生已凋柯葉空延德澤無謝陽春後爲太子僕母憂去職服闋除安西湘東王諮議參軍遷黃門侍郎尚書吏部郎坐受人絹一束爲餉者所訟左遷信威臨賀王長史頃之遷祕書監大同五年卒官時年五十九孝綽少有盛名而仗氣負才多所陵忽有不合意極言詆訾領軍臧盾太府卿沈僧杲等並被時遇孝綽尤輕之每於朝集會同處公卿閒無所與語反呼騶卒訪道途閒事由此多忤於物孝綽辭藻爲後進所宗世重其文每作一篇朝成暮遍好事者咸諷誦傳寫流聞絶域文集數十萬言行於世孝綽兄弟及羣從諸子姪當時有七十人並能屬文近古未之有也其三妹適琅邪王叔英吳郡張嵊東海徐悱並有才學悱妻文尤清拔悱僕射徐勉子爲晉安郡卒喪還京師妻爲祭文辭甚悽愴勉本欲爲哀文既覩此文於是閣筆孝綽子諒字有信少好學有文才尤博悉晉代故事時人號曰皮裹晉書歷官著作佐郎太子舍人王府主簿功曹史中城王記室參軍

王筠字元禮一字德柔琅邪臨沂人祖僧虔齊司空簡穆公父楫太中大夫筠幼警寤七歲能屬文年十六爲芍藥賦甚美及長清靜好學與從兄泰齊名陳郡謝覽覽弟舉亦有重譽時人爲之語曰謝有覽舉王有養炬炬是泰養即筠並小字也起家中軍臨川王行參軍遷太子舍人除尚書殿中郎王氏過江以來未有居郎署者或勸逡巡不就筠曰陸平原東南之秀王文度獨步江東吾得比蹤昔人何所多恨乃欣然就職尚書令沈約當世辭宗每見筠文咨嗟吟詠以爲不逮也嘗謂筠昔蔡伯喈見王仲宣稱曰王公之孫也吾家書籍悉當相與僕雖不敏請附斯言自謝朓諸賢零落已後平生意好殆將都絕不謂疲暮復逢於君約於郊居宅造閣齋筠爲草木十詠書之於壁皆直寫文詞不加篇題約謂人云此詩指物呈形無假題署約製郊居賦構思積時猶未都畢乃要筠示其草筠讀至雌霓五激反連蜷約撫掌欣抃曰僕嘗恐人呼爲霓五鷄反次至墜石磓星及冰懸埳而帶坻筠皆擊節稱贊約曰知音者希真賞殆絕所以相要政在此數句耳筠又嘗爲詩呈約即報書云覽所示詩實爲麗則聲和被

紙光影盈字夔牙接響顧有餘慙孔翠羣翔豈不多愧古情拙目每佇新奇爛然總至權輿已盡會昌昭發蘭揮玉振克諧之義寧比笙簧思力所該一至乎此歎服吟研周流忘念昔時幼壯頗愛斯文含咀之間倏焉疲暮不及後進誠非一人擅美推能實歸吾子遲此閑日清覯乃申筠爲文能壓強韻每公宴並作辭必姸美約常從容啓高祖曰晚來名家唯見王筠獨步累遷太子洗馬中舍人並掌東宮管記昭明太子愛文學士常與筠及劉孝綽陸倕到洽殷芸等遊宴玄圃太子獨執筠袖撫孝綽肩而言曰所謂左把浮丘袖右拍洪崖肩其見重如此筠又與殷芸以方雅見禮焉出爲丹陽尹丞北中郎諮議參軍遷中書郎奉敕製開善寺寶誌大師碑文詞甚麗逸又敕撰中書表奏三十卷及所上賦頌都爲一集俄兼寧遠湘東王長史行府國郡事除太子家令復掌管記普通元年以母憂去職筠有孝性毀瘠過禮服闋後疾廢久之六年除尚書吏部郎遷太子中庶子領羽林監又改領步兵中大通二年遷司徒左長史三年昭明太子薨敕爲哀策文復見嗟賞尋出爲貞威將軍臨海太守在郡被訟不

調累年大同初起爲雲麾豫章王長史遷祕書監五年除太府卿明年遷度支尙書中大同元年出爲明威將軍永嘉太守以疾固辭徙爲光祿大夫俄遷雲騎將軍司徒左長史太清二年侯景寇逼筠時不入城明年太宗卽位爲太子詹事筠舊宅先爲賊所焚乃寓居國子祭酒蕭子雲宅夜忽有盜攻之驚懼墜井卒時年六十九家人十餘人同遇害筠狀貌寢小長不滿六尺性弘厚不以藝能高人而少擅才名與劉孝綽見重當世其自序曰余少好書老而彌篤雖遇見瞥觀皆卽疏記後重省覽懽興彌深習與性成不覺筆倦自年十三四齊建武二年乙亥至梁大同六年四十載矣幼年讀五經皆七八十遍愛左氏春秋吟諷常爲口實廣略去取凡三過五抄餘經及周官儀禮國語爾雅山海經本草並再抄子史諸集皆一遍未嘗倩人假手並躬自抄錄大小百餘卷不足傳之好事蓋以備遺忘而已又與諸兒書論家世集云史傳稱安平崔氏及汝南應氏並累世有文才所以范蔚宗世擅雕龍然不過父子兩三世耳非有七葉之中名德重光爵位相繼人人有集如吾門世者也沈少傅約語人云吾少

好百家之言身爲四代之史自開闢已來未有爵位蟬聯文才相繼如王氏之盛者也汝等仰觀堂構思各努力錡自撰其文章以一官爲一集自洗馬中書中庶子吏部佐臨海太府各十卷尚書三十卷凡一百卷行於世

史臣陳吏部尚書姚察曰王僧孺之巨學劉孝綽之詞藻主非不好也才非不用也其拾青紫取極貴何難哉而孝綽不拘言行自蹈身名徒鬱抑當年非不遇也

梁書卷三十三

梁書卷三十三考證

張率傳率奏詩往返數首○奏詩南本作奉詔

劉孝綽傳先聖以衆惡之必監焉衆好之必監焉○顧炎武日知錄察作監者

梁宣帝諱詧故改之蓋襄陽以來國史之原文也

王筠傳史臣陳吏部尚書姚察○本書史臣論或稱史臣或稱陳吏部尚書姚

察此則稱史臣陳吏部尚書姚察前後卷總不畫一

梁書卷三十三考證

唐　散　騎　常　侍　姚　思　廉　撰

列傳第二十八

張緬 弟纘 綰

張緬字元長車騎將軍弘策子也年數歲外祖中山劉仲德異之嘗曰此兒非常器爲張氏寶也齊永元末義師起弘策從高祖入伐留緬襄陽年始十歲每聞軍有勝負憂喜形於顏色天監元年弘策任衞尉卿爲妖賊所害緬痛父之酷喪過於禮高祖遣戒喻之服闋襲洮陽縣侯召補國子生起家祕書郎出爲淮南太守時年十八高祖疑其年少未閑吏事乃遣主書封取郡曹文案見其斷決允愜甚稱賞之還除太子舍人雲麾外兵參軍緬少勤學自課讀書手不輟卷尤明後漢及晉代衆家客有執卷質緬者隨問便對略無遺失殿中郎缺高祖謂徐勉曰此曹舊用文學且居鵷行之首宜詳擇其人勉舉緬充選頃之出爲武陵太守還拜太子洗馬中舍人緬母劉氏以父沒家貧葬禮有闕遂終

身不居正室不隨子入官府緬在郡所得祿俸不敢用乃至妻子不易衣裳及
還都並供其母賑贍親屬雖累載所畜一朝隨盡緬私室常閴然如貧素者累
遷北中郎諮議參軍寧遠長史出爲豫章內史緬爲政任恩惠不設鉤距吏人
化其德亦不敢欺故老咸云數十年未之有也大通元年徵爲司徒左長史以
疾不拜改爲太子中庶子領羽林監俄遷御史中丞坐收捕人與外國使鬬左
降黃門郎兼領先職俄復爲真緬居憲司推繩無所顧望號爲勁直高祖乃遣
畫工圖其形於臺省以勵當官中大通三年遷侍中未拜卒時年四十二詔贈
侍中加貞威將軍侯如故賻錢五萬布五十匹高祖舉哀昭明太子亦往臨哭
與緬弟纘書曰賢兄學業該通莅事明敏雖倚相之讀墳典郄縠之敦詩書惟
今望古蔑以斯過自列宮朝二紀將及義惟僚屬情實親友文筵講席朝遊夕
宴何曾不同茲勝賞共此言寄如何長謝奄然不追且年甫強仕方申才力摧
苗落穎彌可傷惋念天倫素睦一旦相失如何可言言及增哽揮筆無次緬性
愛墳籍聚書至萬餘卷抄後漢晉書衆家異同爲後漢紀四十卷晉抄三十卷

又抄江左集未及成文集五卷子傅嗣
纘字伯緒緬第三弟也出後從伯弘籍弘籍高祖舅也梁初贈廷尉卿纘年十一尙高祖第四女富陽公主拜駙馬都尉封利亭侯召補國子生起家祕書郎時年十七身長七尺四寸眉目疎朗神彩爽發高祖異之嘗曰張壯武云後八葉有逮吾者其此子乎纘好學兄緬有書萬餘卷晝夜披讀殆不輟手祕書郎有四員宋齊以來爲甲族起家之選待次入補其居職例數十百日便遷任纘固求不徙欲遍觀閣內圖籍嘗執四部書目曰若讀此畢乃可言優仕矣如此數載方遷太子舍人轉洗馬中舍人並掌管記纘與琅邪王錫齊名普通初魏遣彭城人劉善明詣京師請和求識纘纘時年二十三善明見而嗟服累遷太尉諮議參軍尙書吏部郎俄爲長史兼侍中時人以爲早達河東裴子野曰張吏部在喉舌之任已恨其晚矣子野性曠達自云年出三十不復詣人初未與纘遇便虛相推重因爲忘年之交大通元年出爲寧遠華容公長史行琅邪彭城二郡國事二年仍遷華容公北中郎長史南蘭陵太守加貞威將軍行府州

事三年入爲度支尚書母憂去職服闋出爲吳興太守纘治郡省煩苛務清靜民吏便之大同二年徵爲吏部尚書纘居選其後門寒素有一介皆見引拔不爲貴要屈意人士翕然稱之五年高祖手詔曰纘外氏英華朝中領袖司空以後名冠范陽可尚書僕射初纘與參掌何敬容意趣不協敬容居權軸賓客輻湊有過詣纘者輒距不前曰吾不能對何敬容殘客及是遷爲表曰自出守股肱入尸衡尺可以仰首伸眉論列是非者矣而寸衿所滯近蔽耳目深淺清濁豈有能預加以矯心飾貌酷非所閑不喜俗人與之共事此言以指敬容也纘在職議南郊御乘素輦適古今之衷又議印綬官備朝服宜並著綬時並施行九年遷宣惠將軍丹陽尹未拜改爲使持節都督湘桂東寧三州諸軍事湘州刺史述職經途乃作南征賦其詞曰歲次娵訾月惟中呂余謁帝於承明將述職於南楚忽中川而反顧懷舊鄉而延佇路漫漫以無端情容容而莫與乃弭節歎曰人之寓於宇宙也何異夫栖蝸之爭戰附蝸之遊禽而盈虛倚伏俯仰浮沉矜榮華於尺景總萬慮於寸陰彼忘機於粹日乃聖達之明箴妙品物於

貞觀曾何足而繫心撫余躬之末迹屬與王之盛世蒙三變之休寵荷通家之渥惠登石渠之三閣典校文乎六藝振長纓於承華眷儲皇之上叡居銜觴而接席出方舟以同濟彼華坊與禁苑常宵盤而晝憩恩德音其在耳若清塵之未逝經二紀以及茲悲明離之永翳惟平生之褊能實有志於棲息慙滅沒之千里謝韓哀於八極如蓑裘之代用譬輪轅之曲直愧周任之清規諒無取於陳力逢濯纓之嘉運遇井汲之明時懷君恩而未答顧靈瑣而依遲總端揆以居副長庶僚而稱師猶深泉之短綆若高墉而無基伊吾人之罪薄豈斯滿之能持奉皇命以奏舉方驅傳於衡疑遵夕宿以言邁戒晨裝而永辭行搖搖於南逝心眷眷而西悲爾乃横濟牽牛傍瞻雉庫前觀隱賑却視雲布追晉氏之啓戎覆中州之鼎祚鞠三川於茂草罄兩京於朝露故黃旗紫蓋運在震方金陵之兆允符厥祥及歸命之銜璧爰獻璽於武王啓中興之英主宣十世而重光觀其内招人望外攘干紀草創江南締構基址豈徒能布其德主晉有祀雲漢作詩斯干見美而已哉乃得正朔相承于茲四代多歷年所二百餘載割疆

場於華戎拯生靈於宇內不被髮而左衽緊明德其是賚次臨滄之層巘尋叔
寶之舊埏蘊珠玉之餘潤昭羅綺之遺姸懷若人之遠理豈喜慍其能遷雖䰟
埋於百世猶映澈於九泉經法王之梵宇覩因時之或躍從四海之宅心故取
亂而誅虐在蒼精之將季翦洪柯以銷落既觀蝎而逞刑又施獸而爲謔候高
燧以巧笑俟長星而懽噱何慄慄之黔首思假命其無託信人欲而天從爰物
覩而聖作我皇帝膺籙受圖聰明神武乘豐而運席卷三楚師克在和仁義必
取形猶積決應若飈舉於是殪桑林之封豨繳青丘之大風戢干戈以耀德肆
時夏而成功放流聲於鄭衛屏豔質於傾宮配軒皇以邁迹豈商周之比隆化
致升平于茲四紀六夷膜拜八蠻同軌教穆於上庠寃申於大理顯三光之照
燭降五靈之休祉諒殊功於百王固無得而稱矣泝金牛之迅渚覩靈山之雄
壯實江南之丘墟平雲霄而竦狀摽素嶺乎青壁葺赬文於翠嶂跳巨石以驚
湍批衝巖而駭浪鏟千尋之峭岸漴萬流之大壑隱日月以蔽虧摶風煙而回
薄崖映川而晃朗水騰光而倏爍積霜霰之往還鼓波濤之前却下流沫以洊

險上岑崟而將落聞知命之是虞故違風而靡託訊會骸之詭狀云怒特之來奔及漁人之垂餌沉潛鎖於洪源鑒幽塗於忠武馳四馬之高軒不語神以徵怪情存之而勿論矖姑熟之舊朔訪遺迹兮宣武挾仲謀之雄氣朝委裘而作輔歷祖宗之明君猶負芒於威主勢傾河以覆岱威回天而震宇雖明允之篤誠在伊稷而未舉矧有功而無志豈季葉其能處懼貽笑於文景憂象賢之覆餗雖苞蘖以代興終夷宗而殄族彼儋石之贏儲尙邀之而僥福況神明之大寶乃闇干於天祿造扃鍵之候司發傳書於關尉據轘轅乎伊洛守衡津於河渭無矯且以招賓闕捐繻而待賁實祗敬於王典懷鞠躬而屏氣惟函谷之襟帶疑武庫之精兵採風謠於往昔聞乳虎於甯成在當今而簡易止譏鑒其姦情陋文仲之廢職鄙彭門之食征於是近睇赭岑遙瞻鵲岸島嶼蒼茫風雲蕭散屬時雨之新晴觀百川之浩浙水泓澄以闇夕山參差而辨旦忽臨睨於故鄉眇江天其無畔遡洄流而右阻遵長薄而左貫獨向風以舒情搴芳洲其誰翫息銅山而繫纜訪叔文之靈宇得舊名而猶存皆攢蕪而積楚想夫君之令

問實有聲於前古拯巴漢之廢業爰配名於鄒魯辨山精以息訟對祠星而竊
主每撫事以懷人非末學其能覩嘉梅根之孝女倘乘肥於滕姬嗟吳人之重
辟憂峻網於將貽彼沉瓜而顯義指滄波而爲期此浮履以明節赴丹燗其何
疑信禮感而情悼實悽悵於余悲空沉吟以遐想愧邯鄲之妙詞望南陵以寓
目美牙門之守志當晉師之席卷豈藩籬而不庇攜老弱於窮城猶區區乎一
簣雖挈瓶之小善寔君子之所識闕一句是謂事人之禮入雷池之長浦想恭
岱之芳塵臨魚官以輟膳踐寒蒲之抽筠又有生爲令德沒爲明神或捐家事
主攜手拜親或正身殉義哀感市人所以家稱純孝國號能臣揚清徽於上列
並異世而爲鄰發曉渚而遡風苦神吳之難習岸曜舟而不進水騰沙以驚急
天曀曀其垂陰雨霏霏而來集愍征夫之勞瘁每搴帷而佇立由江淹之派別
望彭匯之通津塗未中乎及絳日已盈於浹旬於是千流共歸萬嶺分狀倒景
懸高浮天瀉壯清江洗滌平湖夷暢飆光轉彩出沒搖漾岷山嶓冢悠遠寂寥
青溢赤岸控汐引潮望歸雲之蓊蓊揚清風之飄飄界飛流於翠薄耿長虹於

青霄若夫灌莽川涯層潭水府游泳之所往還喧鳴之所攢聚羣飛沙漲掩薄草渚奇甲異鱗雕文綷羽聽寡鶴之偏鳴聞孤鴻之慕侶在客行而多思獨傷魂而悽楚矣中流之衝要因習坎以守固旣因之而設險又居之而務德南通珠崖夜郎西款玉津華墨莫不內清姦宄外弭苛慝籬屏京師事有均於齊德也眄匡嶺以躊躇想霞裳於雲仞流姮娥之逸響發王子之清韻若夜光而可投豈榮華之難擯羨還丹其何術佇一丸於來信徑遵途乎鄂渚迹孫氏之霸基陳利兵而蓄粟抗十倍之銳師在賢才之必用寧推誠而忍欺圖富強以法立屬貞臣而日嬉識徐基於江畔云釣臺之舊址方戰國之多虞猶從容而宴喜欽輔吳之忠諒歎仲謀之虛己處君臣而並得良致霸其有以伊文侯之雅望誠一代之偉人禰觀書以心服玉比德而譽均遘時雄之應運方協義以經綸名既逼而愈賞言雖聞而彌親惜勤王於延獻俾漢京之惟新何天命其弗與悲感業之未申汎蘆洲以延佇聞伍員之所濟出懷珠而免讐歸投金以答惠彼無求於萬鍾唯長歌而鼓枻慨斯誠之未感乃沉軀以明誓空負恨其何

追徒臨滄而先祭及旋師於鄭國美邀福於來裔入郢都而抵掌壯天險之難窺允分荊之勝略成百代之良規賈生方於指大應侯譬之木披所以居宗振末強本弱枝聞古今之通制歷盛衰而不移可不謂然與美經國之遠體也酌忠言於城郢播終古之芳猷志我躬之匪閔顧社稷而懷憂服莊王之高義乃徵名於夏州恥蹊田之過罰納申叔之嘉謀觀巫臣之獻箴鑒周書以明喻何自謀其多僻要桑中而遠赴若葆申之誅丹實匡君以成務在兩臣而優劣居二主其並裕臨赤崖而慷慨摧雄圖於魏武乘戰勝以長驅志吞吳而并楚總八州之毅卒期姑蘇而振旅時有便乎建瓴事無留於蕭斧霸孫赫其霆奮杖萬俗之英輔裂宇宙而三分誠決機乎一舉嗟玄德之矯矯思興復於舊京招臥龍於當世配管仲而稱英收散亡之餘弱結與國而連橫延五紀乎岷漢紹四百於炎精望巴丘以邅回遵洞庭而敞怳沉輕舟而不繫何靈胥之浩蕩眺君褊之雙峯徒臨風以增想償瑤觴而一酌駕彩蜺而獨往爾乃南奠衡霍北距沮漳包括沅澧汲引瀟湘滮滮長邁漫漫回翔蕩雲沃日吐霞含光青碧潭

嶼萬頃澄澈綺蘭從風素沙被雪雜雲霞以舒卷閱河洲而斷絕回曉仄於中川起長飆而半滅稅遺構之舊浦瞻汨羅以隕泗豈懷寶而迷邦猶殷勤而一致蘊芳華以驥積非黨人之所媚合小雅之怨辭兼國風之美志譬彈冠而振衣猶自別於泥滓且殺身以成義寧露才而揚己悲先生之不辰逢椒蘭之妬美有驊騮而不馭焉遑遑於千里既踐境以思人彌流連其無已脩行潦之薄薦敢憑誠於沼沚謁黃陵而展敬奠瑤席乎川湄具蘭香以膏沐懷椒糈而要之延帝子于三后降夔龍於九疑騰河靈之水駕下太一之靈旗撫安歌以會舞疏緩節而依遲日徘徊以將暮情眇默而無辭愠秦皇之川幸尤土壤以加戮昧天道之無親勤望祀以祈福將人怨而神怒故飛川而蕩谷推冥理以歸譽遂刊山而赭木於是下車入部班條理務砥課庸薄夕惕兢懼存問長老隱恤坻庶奉宣皇恩寬徭省賦遠哉邈乎斯邦之舊也有虞巡方以託終夏后開圖而疏決太伯讓嗣以來遊闕臣祈仙而齊潔固是明王之塵軌聖賢之蹤轍也若夫屈平懷沙之賦賈子遊湘之篇史遷摛文以投弔揚雄反騷而沉川其

風謠雅什又是詞人之所流連也亦有仲寧咸德仍世相繼父子三台緇衣改
轍古初抱於烈火劉先高而忤世蔣公琰之弘通桓伯緒之匡濟鄧兗時之絶
述谷恩恭之藻麗寳川嶽之精靈常閟出而無替也至於殊庭之客帝鄉之賢
神奔鬼化吐吸雲煙玉笥登之而却老金人植杖以尊泉蘇生騎龍而出入處
靜駕鹿以周旋配北燭之神女偶南榮之偓佺時髣髴其遥見亦往往而有焉
爾乃歷省府庭周行街術山川遠覽邑居近悉剖黔中以置守獻青陽而背質
郟生所謂還舟楚王於焉乘馹巡高山之累仞褰吳文之爲宰彼非劉而入王
皆國士而身醢在長沙而著令經五葉其未改知天道之福謙勝一時之經始
尋太傅之故宅今築室以安禪邑無改於舊井尙開流而冽泉懷伊管之政術
遇庸臣而見遷終被知於時主嗟漢宗之得賢受齊居之遠託豈理謝而生全
哀懷王之不秀遂抱恨而傷年倐定祀于北郭對林野而幽藹庶無吐於馨香
祀瓊茅而沃酹景十三以啓國惟君王其能大迫炎正之中微實斯藩而是賴
顧四阜之紆餘乍升高以遊目審山川之面帶將取名於衡麓下彌漫以爽塏

上欽虧而重複風瑟瑟以鳴松水琤琤而響谷低四照於若華竦千尋於建木冀嚣塵之可屏登巖阿而寤宿捨域中之常戀慕遊仙之靈族是時涼風暮節萬實西成華池迥遠飛閣淒明嘉南州之炎德愛蘭蕙之秋榮下名柑於曲榭採芳菊於高城樹羅軒而並列竹被嶺而叢生託棲禽之夕返送旅鴈之晨征悲去鄉而遠客寄覽物而娛情惟傳車之所騖實鷹揚其是掌或解組以立威乍露服而加賞遵聖主之恩刑荷天地之厚德沾河潤於九里澤自家而刑國闕小道之可觀寧畏塗其易克眄高衢而願騁憂取累於長纏閩困石之非據承烟戒乎明則愧壽陵之餘子學邯鄲而匍匐也纘至州停遣十郡尉勞解放老疾吏役及關市戍邏先所防人一皆省併州界零陵衡陽等郡有莫徭蠻者依山險爲居歷政不賓服因此向化益陽縣人作田二頃皆異畝同穎纘在政四年流人自歸戶口增益十餘萬州境大安太清二年徵爲領軍俄改授使持節都督雍梁北秦東益郢州之竟陵司州之隨郡諸軍事平北將軍寧蠻校尉纘初聞邵陵王綸當代己爲湘州其後更用河東王譽纘素輕少王州府候迎

及資待甚薄譽深銜之及至州遂託疾不見纘仍檢括州府庶事留纘不遣會聞侯景寇京師譽飾裝當下援時荆州刺史湘東王赴援軍次郢州武城纘馳信報曰河東已豎檣上水將襲荆州王信之便回軍鎮荆湘因構嫌隙尋棄其部伍單舸赴江陵王即遣使責讓譽索纘部下既至仍遣纘向襄陽前刺史岳陽王詧推遷未去鎮但以城西白馬寺處之會聞賊陷京師詧因不受代州助防杜岸紿纘曰觀岳陽殿下必不容使君使君素得物情若走入西山招聚義衆遠近必當投集又帥部下繼至以此義舉無往不克纘信之與結盟約因夜遁入山岸反以告詧仍遣岸帥軍追纘纘衆望岸軍大喜謂是赴期既至即執纘并其衆並俘送之始被囚縶尋又逼纘剃髮爲道人其年詧舉兵襲江陵常載纘隨後及軍退敗行至湕水南防守纘者慮追兵至遂害之棄屍而去時年五十一元帝承制贈纘侍中中衛將軍開府儀同三司諡簡憲公纘有識鑒自見元帝便推誠委結及元帝即位追思之嘗爲詩其序曰簡憲之爲人也不事王侯負才任氣見余則申旦達夕不能已已懷夫人之德何日忘之纘著鴻寶

一百卷文集二十卷次子希字子顏早知名選尚太宗第九女海鹽公主承聖初官至黃門侍郎

綰字孝卿纘第四弟也初爲國子生射策高第起家長兼祕書郎遷太子舍人洗馬中舍人並掌管記累遷中書郎國子博士出爲北中郎長史蘭陵太守還除員外散騎常侍時丹陽尹西昌侯蕭淵藻以久疾未拜敕綰權知尹事遷中軍宣城王長史俄徙御史中丞高祖遣其弟中書舍人絢宣旨曰爲國之急惟在執憲直繩用人本不限升降晉宋之世周閔蔡廓並以侍中爲之卿勿疑是左遷也時宣城王府望重故有此旨焉大同四年元日舊制僕射中丞坐位東西相當時綰兄纘爲僕射及百司就列兄弟導騶分趨兩陛前代未有也時人榮之歲餘出爲豫章內史綰在郡述制旨禮記正言義四姓衣冠士子聽者常數百人八年安成人劉敬宮挾祅道遂聚黨攻郡內史蕭侻棄城走賊轉寇南康廬陵屠破縣邑有衆數萬人進寇豫章新淦縣南中久不習兵革吏民恇擾奔散或勸綰宜避其鋒綰不從仍修城隍設戰備募召敢勇得萬餘人刺史湘

東王遣司馬王僧辯帥兵討賊受綰節度旬月閒賊黨悉平十年復爲御史中
丞加通直散騎常侍綰再爲憲司彈糾無所回避豪右憚之是時城西開士林
館聚學者綰與右衞朱异太府卿賀琛遞述制旨禮記中庸義太清二年遷左
衞將軍會侯景寇至入守東掖門三年遷吏部尚書宮城陷綰出奔外轉至江
陵湘東王承制授侍中左衞將軍相國長史侍中如故出爲持節雲麾將軍湘
東內史承聖二年徵爲尚書右僕射尋加侍中明年江陵陷朝士皆俘入關綰
以疾免後卒於江陵時年六十三次子交字少游頗涉文學選尚太宗第十一
女安陽公主承聖二年官至太子洗馬祕書丞掌東宮管記
陳吏部尚書姚察曰太清版蕩親屬離貳纘不能叶和藩岳成溫陶之舉苟懷
私怨構隙瀟湘遂及禍於身非由忠節繼以江陵淪覆實萌於此以纘之風格
卒爲梁之亂階惜矣哉

梁書卷三十四考證

張緬傳此兒非常器爲張氏寶也○南史作非止爲張氏寶方爲海內令名也

綰傳南中久不習兵革○監本缺兵字今從各本增入

梁書卷三十四考證

梁書卷三十五

唐　散　騎　常　侍　姚　思　廉　撰

列傳第二十九

蕭子恪弟子範　子顯　子雲　子暉

蕭子恪字景沖蘭陵人齊豫章文獻王嶷第二子也永明中以王子封南康縣侯年十二和從兄司徒竟陵王高松賦衞軍王儉見而奇之初爲寧朔將軍淮陵太守建武中遷輔國將軍吳郡太守及司馬王敬則於會稽舉兵反以奉子恪爲名明帝悉召子恪兄弟親從七十餘人入西省至夜當害之會子恪棄郡奔歸是日亦至明帝乃止以子恪爲太子中庶子東昏卽位遷祕書監領右軍將軍俄爲侍中中興二年遷輔國諮議參軍天監元年降爵爲子除散騎常侍領步兵校尉以疾不拜徙爲光祿大夫俄爲司徒左長史子恪與弟子範等嘗因事入謝高祖在文德殿引見之從容謂曰我欲與卿兄弟有言夫天下之寶本是公器非可力得苟無期運雖有項籍之力終亦敗亡所以班彪王命論云

所求不過一金然終轉死溝壑卿不應不讀此書宋孝武爲性猜忌兄弟粗有令名者無不因事鴆毒所遺唯有景和至於朝臣之中或疑有天命而致害者枉濫相繼然而或疑有天命而不能害者或不知有天命而不疑者于時雖疑卿祖而無如之何此是疑而不得又有不疑者如宋明帝本爲庸常被免豈疑而得全又復我于時已年二歲彼豈知我應有今日當知有天命者非人所害害亦不能得我初平建康城朝廷內外皆勸我云時代革異物心須一宜行處分我于時依此而行誰謂不可我政言江左以來代謝必相誅戮此是傷於和氣所以國祚例不靈長所謂殷鑒不遠在夏后之代此是一義二者齊梁雖曰革代義異往時我與卿兄弟雖復絕服二世宗屬未遠卿勿言兄弟是親人家兄弟自有周旋者有不周旋者況五服之屬邪齊業之初亦是甘苦共嘗腹心在我卿兄弟年少理當不悉我與卿兄弟便是情同一家豈當都不念此作行路事此是二義我有今日非是本意所求且建武屠滅卿門致卿兄弟塗炭我起義兵非惟自雪門恥亦是爲卿兄弟報仇卿若能在建武永元之世撥亂反

正我雖起樊鄧豈得不釋戈推奉其雖欲不已亦是師出無名我今爲卿報仇
且時代革異望卿兄弟盡節報我耳且我自藉喪亂代明帝家天下耳不取卿
家天下昔劉子輿自稱成帝子光武言假使成帝更生天下亦不復可得況子
輿乎梁初人勸我相誅滅者我答之猶如向孝武時事彼若苟有天命非我所
能殺若其無期運何忽行此政足示無度量曹志親是魏武帝孫陳思之子事
晉武能爲晉室忠臣此即卿事例卿是宗室情義異佗方坦然相期卿無復懷
自外之意小待自當知我寸心又文獻王時內齋直帳閹人趙叔祖天監初入
爲臺齋帥在壽光省高祖呼叔祖曰我本識汝在北第以汝舊人故每驅使汝
比見北第諸郎不叔祖奉答云比多在直出外甚踈假使蹔出亦不能得往高
祖曰若見北第諸郎道我此意我今日雖是革代情同一家但今磐石未立所
以未得用諸郎者非惟在我未宜亦是欲使諸郎得安耳但閉門高枕後自當
見我心叔祖即出外具宣敕語子恪尋出爲永嘉太守還除光祿卿祕書監出
爲明威將軍零陵太守十七年入爲散騎常侍輔國將軍普通元年還宗正卿

三年遷都官尚書四年轉吏部六年遷太子詹事大通二年出爲寧遠將軍吳郡太守三年卒于郡舍時年五十二詔贈侍中中書令諡曰恭子恪兄弟十六人並仕梁有文學者子恪子質子顯子雲子暉五人子恪嘗謂所親曰文史之事諸弟備之矣不煩吾復牽率但退食自公無過足矣子恪少亦涉學頗屬文隨棄其本故不傳文集子瑳亦知名太清中官至吏部郎避亂東陽後爲盜所害

子範字景則子恪第六弟也齊永明十年封祁陽縣侯拜太子洗馬天監初降爵爲子除後軍記室參軍復爲太子洗馬俄遷司徒主簿丁所生母憂去職子範有孝性居喪以毀聞服闋又爲司徒主簿累遷丹陽尹丞太子中舍人出爲建安太守還除大司馬南平王戶曹屬從事中郎王愛文學士子範偏被恩遇嘗曰此宗室奇才也使製千字文其辭甚美王命記室蔡薳注釋之自是府中文筆皆使草之王薨子範還宣惠諮議參軍護軍臨賀王正德長史正德爲丹陽尹復爲正德信威長史領尹丞歷官十餘年不出藩府常以自慨而諸弟並

登顯列意不能平及是為到府牋曰上藩首佐於茲再忝河南雌伏自此重昇以老少異時盛衰殊日雖佩恩寵還羞年鬢子範少與弟子顯子雲才名略相比而風采容止不逮故官途有優劣每讀漢書杜緩兄弟五人至大官唯中弟欽官不至而最知名常吟諷之以況己也尋復為宣惠武陵王司馬不就仍除中散大夫還光祿廷尉卿出為戎昭將軍始興內史還除太中大夫遷祕書監太宗即位召為光祿大夫加金章紫綬以逼賊不拜其年葬簡皇后使與張纘俱製哀策文太宗覽讀之曰今葬禮雖闕此文猶不減於舊尋遇疾卒時年六十四賊平後世祖追贈金紫光祿大夫諡曰文前後文集三十卷二子滂確並少有文章太宗東宮時嘗與邵陵王數諸蕭文士滂確亦預焉滂官至尚書殿中郎中軍宣城王記室先子範卒確太清中歷官宣城王友司徒右長史賊平後赴江陵因沒關西

子顯字景陽子恪第八弟也幼聰慧文獻王異之愛過諸子七歲封寧都縣侯永元末以王子例拜給事中天監初降爵為子累遷安西外兵仁威記室參軍

司徒主簿太尉錄事子顯偉容貌身長八尺好學工屬文嘗著鴻序賦尚書令沈約見而稱曰可謂得明道之高致蓋幽通之流也又採衆家後漢考正同異爲一家之書又啓撰齊史書成表奏之詔付祕閣累遷太子中舍人建康令邵陵王友丹陽尹丞中書郎守宗正卿出爲臨川內史還除黃門郎中大通二年遷長兼侍中高祖雅愛子顯才又嘉其容止吐納每御筵侍坐偏顧訪焉嘗從容謂子顯曰我造通史此書若成衆史可廢子顯對曰仲尼讚易道黜八索述職方除九丘聖製符同復在茲日時以爲名對三年以本官領國子博士高祖所製經義未列學官子顯在職表置助教一人生十人又啓撰高祖集并普通北伐記其年遷國子祭酒又加侍中於學遞述高祖五經義五年遷吏部尚書侍中如故子顯性凝簡頗負其才氣及掌選見九流賓客不與交言但舉扇一撝而已衣冠竊恨之然太宗素重其爲人在東宮時每引與促宴子顯嘗起更衣太宗謂坐客曰嘗聞異人間出今日始知是蕭尚書其見重如此大同三年出爲仁威將軍吳興太守至郡未幾卒時年四十九詔曰仁威將軍吳興太守

子顯神韻峻舉宗中佳器分竹未久奄到喪殞惻愴于懷可贈侍中中書令今
便舉哀及葬請謚手詔特才傲物宜謚曰驕子顯嘗爲自序其略云余爲邵陵
王友忝還京師遠思前比即楚之唐宋梁之嚴鄒追尋平生頗好辭藻雖在名
無成求心已足若乃登高目極臨水送歸風動春朝月明秋夜早鴈初鶯開花
落葉有來斯應每不能已也前世賈傅崔馬邯鄲繆路之徒並以文章顯所以
屢上歌頌自比古人天監十六年始預九日朝宴稠人廣坐獨受旨云今雲物
甚美卿得不斐然賦詩詩既成又降帝旨曰可謂才子余退謂人曰一顧之恩
非望而至遂方賈誼何如哉未易當也每有製作特寡思功須其自來不以力
構少來所爲詩賦則鴻序一作體兼衆製文備多方頗爲好事所傳故虛聲易
遠子顯所著後漢書一百卷齊書六十卷普通北伐記五卷貴儉傳三十卷文
集二十卷二子序愷並少知名序太清中歷官太子家令中庶子並掌管記及
亂於城內卒愷初爲國子生對策高第州又舉秀才起家祕書郎遷太子中舍
人王府主簿太子洗馬父憂去職服闋復除太子洗馬遷中舍人並掌管記累

遷宣城王文學中書郎太子家令又掌管記愷才學譽望時論以方其父太宗在東宮早引接之時中庶子謝嘏出守建安於宣猷堂宴餞並召時才賦詩同用十五劇韻愷詩先就其辭又美太宗與湘東王令曰王筠本自舊手後進有蕭愷可稱信爲才子先是時太學博士顧野王奉令撰玉篇太宗嫌其書詳略未當以愷博學於文字尤善使更與學士刪改遷中庶子未拜徙爲吏部郎太清二年遷御史中丞頃之侯景寇亂愷於城內遷侍中尋卒官時年四十四文集並亡逸

子雲字景喬子恪第九弟也年十二齊建武四年封新浦縣侯自製拜章便有文彩天監初降爵爲子既長勤學以晉代竟無全書弱冠便留心撰著至年二十六書成表奏之詔付祕閣子雲性沉靜不樂仕進年三十方起家爲祕書郎遷太子舍人撰東宮新記奏之勅賜束帛累遷北中郎外兵參軍晉安王文學司徒主簿丹陽尹丞時湘東王爲京尹深相賞好如布衣之交遷北中郎廬陵王諮議參軍兼尚書左丞大通元年除黃門郎俄遷輕車將軍兼司徒左長史

二年入爲吏部三年遷長兼侍中中大通元年轉太府卿三年出爲貞威將軍臨川內史在郡以和理稱民吏悅之還除散騎常侍俄復爲侍中大同二年遷員外散騎常侍國子祭酒領南徐州大中正頃之復爲侍中祭酒中正如故梁初郊廟未革牲牷樂辭皆沈約撰至是承用子雲始建言宜改啓曰伏惟聖敬率由尊嚴郊廟得西隣之心知周孔之迹載革牢俎德通神明黍稷蘋藻竭誠嚴配經國制度方懸日月垂訓百王於是乎在臣比兼職齊官見伶人所歌猶用未革牲前曲圜丘眂燎尙言式備牲牷北郊諴雅亦奏牲云孔備清廟登歌而稱我牲以潔三朝食舉猶詠朱尾碧鱗聲被鼓鍾未符盛制臣職司儒訓意以爲疑未審應改定樂辭以不敕答曰此是主者守株宜急改也仍使子雲撰定敕曰郊廟歌辭應須典誥大語不得雜用子史文章淺言而沈約所撰亦多舛謬子雲答敕曰殷薦朝饗樂以雅名理應正採五經聖人成教而漢來此製不全用經典約之所撰彌復淺雜臣前所易約十曲惟知牲牷既革宜改歌辭而猶承例不嫌流俗乖體既奉令旨始得發矇臣夙本庸滯昭然忽朗謹依成

旨悉改約制惟用五經爲本其次爾雅周易尙書大戴禮卽是經誥之流愚意亦取兼用臣又尋唐虞諸書殷頌周雅稱美是一而復各述時事大梁革服偃武脩文制禮作樂義高三正而約撰歌辭惟浸稱聖德之美了不序皇朝制作事雅頌前例於體爲違伏以聖旨所定樂論鍾律緯緒文思深微命世一出方懸日月不刊之典禮樂之教致治所成謹一二採綴各隨事顯義以明制作之美覃思累日今始克就謹以上呈勑並施用子雲善草隸書爲世楷法自云善效鍾元常王逸少而微變字體答勑云臣昔不能拔賞隨世所貴規摹子敬多歷年所年二十六著晉史至二王列傳欲作論草隸法言不盡意遂不能成略指論飛白一勢而已十許年來始見勑旨論書一卷商略筆勢洞澈字體又以逸少之不及元常猶子敬之不及逸少自此研思方悟隸式始變子敬全範元常逮爾以來自覺功進其書迹雅爲高祖所重嘗論子雲書曰筆力勁駿心手相應巧踰杜度美過崔寔當與元常並驅爭先其見賞如此七年出爲仁威將軍東陽太守中大同元年還拜宗正卿太清元年復爲侍中國子祭酒領南徐

州大中正二年侯景寇逼子雲逃民間三年三月宮城失守東奔晉陵餒卒于顯靈寺僧房年六十二所著晉書一百一十卷東宮新記二十卷第二子特字世達早知名亦善草隸高祖嘗謂子雲曰子敬之書不及逸少近見特迹遂逼於卿歷官著作佐郎太子舍人宣惠主簿中軍記室出爲海鹽令坐事免年二十五先子雲卒

子暉字景光子雲弟也少涉書史亦有文才起家員外散騎侍郎遷南中郎記室出爲臨安令性恬靜寡嗜好嘗預重雲殿聽制講三慧經退爲講賦奏之甚見稱賞遷安西武陵王諮議帶新繁令隨府轉儀同從事中騎長史卒

陳吏部尚書姚察曰昔魏藉兵威而革漢運晉因宰輔乃移魏曆異乎古之禪授以德相傳故抑前代宗枝用絕民望然劉曄曹志猶顯於朝及宋遂爲廢姓而齊代宋之戚屬一皆殲焉其祚不長抑亦由此有梁革命弗取前規故子恪兄弟及羣從並隨才任職通貴滿朝不失於舊豈惟魏與晉顯而已哉君子以是知高祖之弘量度越前代矣

梁書卷三十五

梁書卷三十五考證

蕭子恪傳明帝悉召子恪兄弟親從七十餘人入西省○西省南史作永福省

子範傳王命記室蔡薳注釋之○顧炎武日知錄隋書經籍志千字文一卷梁國子祭酒蕭子雲注子雲乃子範之弟與本傳謂子範作之而蔡薳爲之注釋者又異矣

子雲傳三年遷長兼侍中中大通元年○監本脫中字

子暉傳隨府轉儀同從事中騎長史卒○中南本作驃

梁書卷三十五考證

梁書卷三十六

唐 散 騎 常 侍 姚 思 廉 撰

列傳第三十

孔休源 江革

孔休源字慶緒會稽山陰人也晉丹陽太守沖之八世孫曾祖遙之宋尙書水部郎父珮齊廬陵王記室參軍早卒休源年十一而孤居喪盡禮每見父手所寫書必哀慟流涕不能自勝見者莫不爲之垂泣後就吳興沈驎士受經略通大義建武四年州舉秀才太尉徐孝嗣省其策深善之謂同坐曰董仲舒華令思何以尙此可謂後生之准也觀其此對足稱王佐之才琅邪王融雅相友善乃薦之於司徒竟陵王爲西邸學士梁臺建與南陽劉之遴同爲太學博士當時以爲美選休源初到京寓於宗人少府卿孔登宅曾以祠事入廟侍中范雲一與相遇深加褒賞曰不期忽覯清顏頓祛鄙吝觀天披霧驗之今日後雲命駕到少府門登便拂筵整帶謂當詣己既而獨造休源高談盡日同載還家登

深以爲愧尙書令沈約當朝貴顯軒蓋盈門休源或時後來必虛襟引接處之
坐右商略文義其爲通人所推如此俄除臨川王府行參軍高祖嘗問吏部尙
書徐勉曰今帝業初基須一人有學藝解朝儀者爲尙書儀曹郎爲朕思之誰
堪其選勉對曰孔休源識具清通諳練故實自晉宋起居注誦略上口高祖亦
素聞之卽日除兼尙書儀曹郎中是時多所改作每逮訪前事休源卽以所誦
記隨機斷決曾無疑滯吏部郎任昉常謂之爲孔獨誦遷建康獄正及辨訟折
獄時罕寃人後有選人爲獄司者高祖尙引休源以勵之除中書舍人司徒臨
川王府記室參軍遷尙書左丞彈肅禮闈雅允朝望時太子詹事周捨撰禮疑
義自漢魏至于齊梁並皆搜採休源所有奏議咸預編錄除給事黃門侍郎遷
長兼御史中丞正色直繩無所回避百寮莫不憚之除少府卿又兼行丹陽尹
事出爲宣惠晉安王府長史南郡太守行荆州府州事高祖謂之曰荆州總上
流衝要義高分陝今以十歲兒委卿善匡翼之勿憚周昌之舉也對曰臣以庸
鄙曲荷恩遇方揣丹誠効其一割上善其對乃敕晉安王曰孔休源人倫儀表

汝年尚幼當每事師之尋而始興王憺代鎮荆州復爲憺府長史南郡太守行府州事如故在州累政甚有治績平心決斷請託不行高祖深嘉之除通直散騎常侍領羽林監轉祕書監遷明威將軍復爲晉安王府長史南蘭陵太守別敕專行南徐州事休源累佐名藩甚得民譽王深相倚仗軍民機務動止詢謀常於中齋別施一榻云此是孔長史坐人莫得預焉其見敬如此徵爲太府卿俄授都官尚書頃之領太子中庶子普通七年揚州刺史臨川王宏薨高祖與羣臣議王代居州任者久之于時貴戚王公咸望遷授高祖曰朕已得人孔休源才識通敏實應此選乃授宣惠將軍監揚州休源初爲臨川王行佐及王薨而管州任時論榮之而神州都會簿領殷繁休源剸斷如流傍無私謁中大通二年加授金紫光祿大夫監揚州如故累表陳讓優詔不許在州晝決辭訟夜覽墳籍每車駕巡幸常以軍國事委之昭明太子薨有敕夜召休源入宴居殿與羣公參定謀議立晉安王綱爲皇太子四年遘疾高祖遣中使候問幷給醫藥日有十數其年五月卒時年六十四遺令薄葬節朔薦蔬菲而已高祖爲之

流涕顧謂謝舉曰孔休源奉職清忠當官正直方欲共康治道以隆王化奄至
殞歿朕甚痛之舉曰此人清介彊直當今罕有微臣竊爲陛下惜之詔曰慎終
追遠歷代通規褒德疇庸先王令典宣惠將軍金紫光祿大夫監揚州孔休源
風業貞正雅量沖邈升榮建禮譽重搢紳理務神州化覃歌詠方與仁壽穆是
彝倫奄然永逝倍用悲惻可贈散騎常侍金紫光祿大夫賻第一材一具布五
十匹錢五萬蠟二百斤剋日舉哀喪事所須隨便資給謚曰貞子皇太子手令
曰金紫光祿大夫孔休源立身中正行己清恪昔歲西浮渚宮東泊枌壤毗佐
蕃政實盡厥誠安國之詳審公儀之廉白無以過之奄至殞喪情用惻怛今須
舉哀外可備禮休源少孤立志操風範彊正明練治體持身儉約學窮文藝當
官理務不憚彊禦常以天下爲己任高祖深委仗之累居顯職纖毫無犯性慎
密寡嗜好出入帷幄未嘗言禁中事世以此重之聚書盈七千卷手自校治凡
奏議彈文勒成十五卷長子雲章頗有父風而篤信佛理遍持經戒官至岳陽
王府諮議東揚州別駕少子宗軌聰敏有識度歷尚書都官郎司徒左西掾中

書郎
江革字休映濟陽考城人也祖齊之宋尚書金部郎父柔之齊尚書倉部郎有孝行以母憂毀卒革幼而聰敏早有才思六歲便解屬文柔之深加賞器曰此兒必興吾門九歲丁父艱與弟觀同生孤貧傍無師友兄弟自相訓勗讀書精力不倦十六喪母以孝聞服闋與觀俱詣太學補國子生舉高第齊中書郎王融吏部謝朓雅相欽重朓嘗宿衞還過候革時大雪見革弊絮單席而耽學不倦嗟嘆久之乃脫所著襦幷手割半氈與革充臥具而去司徒竟陵王聞其名引爲西邸學士弱冠舉南徐州秀才時豫章胡諧之行州事王融與諧之書令薦革諧之方貢琅邪王汎便以革代之解褐奉朝請僕射江祏深相引接祏爲太子詹事啓革爲府丞祏時權傾朝右以革才堪經國令參掌機務詔誥文檄皆委以具革防杜形迹外人不知祏誅賓客皆罹其罪革獨以智免除尚書駕部郎中興元年高祖入石頭時吳興太守袁昂據郡距義師迺使革製書與昂於坐立成辭義典雅高祖深賞歎之因令與徐勉同掌書記建安王爲雍州刺

史表求管記以革爲征北記室參軍帶中廬令與弟觀少長共居不忍離別苦
求同行乃以觀爲征北行參軍兼記室時吳興沈約樂安任昉並相賞重昉與
革書云此段雍府妙選英才文房之職總卿昆季可謂馭二龍於長途騁騏驥
於千里途次江夏觀遇疾卒革時在雍爲府王所禮款若布衣王被徵爲丹陽
尹以革爲記室領五官掾除通直散騎常侍建康正頻遷秣陵建康令爲治明
肅豪彊憚之入爲中書舍人尚書左丞司農卿復出爲雲麾晉安王長史尋陽
太守行江州府事徙仁威廬陵王長史太守行事如故以清嚴爲百城所憚時
少王行事多傾意於籤帥革以正直自居不與籤帥等同坐俄還左光祿大夫
南平王長史御史中丞彈奏豪權一無所避除少府卿出爲貞威將軍北中郎
南康王長史廣陵太守改授鎮北豫章王長史將軍太守如故時魏徐州刺史
元法僧降附革被敕隨府王鎮彭城城既失守革素不便馬乃泛舟而還途經
下邳遂爲魏人所執魏徐州刺史元延明聞革才名厚加接待革稱患脚不拜
延明將加害焉見革辭色嚴正更相敬重時祖暅同被拘執延明使暅作欹器

漏刻銘革罵𧉮曰卿荷國厚恩已無報答今乃爲虜立銘孤負朝廷延明聞之
乃令革作丈八寺碑幷祭彭祖文革辭以因執既久無復心思延明逼之逾苦
將加箠撲革厲色而言曰江革行年六十不能殺身報主今日得死爲幸誓不
爲人執筆延明知不可屈乃止日給脫粟三升僅餘性命值魏主討中山王元
略反北乃放革及祖𧉮還朝詔曰前貞威將軍鎮北長史廣陵太守江革才思
通贍出內有聞在朝正色臨危不撓首佐台鉉實允僉諧可太尉臨川王長史
時高祖盛於佛教朝賢多啓求受戒革精信因果而高祖未知謂革不奉佛教
乃賜革覺意詩五百字云惟當勤精進自彊行勝修豈可作底突如彼必死囚
以此告江革幷及諸貴遊又手敕云世間果報不可不信豈得底突如對元延
明邪革因啓乞受菩薩戒重除少府卿長史校尉時武陵王在東州頗自驕縱
上詔革面敕曰武陵王年少臧盾性弱不能匡正欲以卿代爲行事非卿不可
不得有辭乃除折衝將軍東中郎武陵王長史會稽郡丞行府州事革門生故
吏家多在東州聞革應至並齎持緣道迎候革曰我通不受餉不容獨當故人

筐篚至鎮惟資公俸食不兼味郡境殷廣辭訟日數百革分判辨析曾無疑滯
功必賞過必罰民安吏畏百城震恐琅邪王鶱爲山陰令贓貨狼籍望風自解
府王憚之遂雅相欽重每至侍宴言論必以詩書王因此耽學好文典籤沈熾
文以王所製詩呈高祖高祖謂僕射徐勉曰江革果能稱職乃除都官尚書將
還民皆戀惜之贈遺無所受送故依舊訂舫革並不納惟乘臺所給一舸舸艚
偏欹不得安臥或謂革曰船既不平濟江甚險當移徙重物以迮輕艚革既無
物乃於西陵岸取石十餘片以實之其清貧如此尋監吳郡于時境內荒儉劫
盜公行革至郡惟有公給仗身二十人百姓皆懼不能靜寇反省遊軍尉民下
逾恐革乃廣施恩撫明行制令盜賊靜息民吏安之武陵王出鎮江州乃曰我
得江革文華清麗豈能一日忘之當與其同飽乃表革同行又除明威將軍南
中郎長史尋陽太守徵入爲度支尚書好獎進閭閻爲後生延譽由是衣冠士
子翕然歸之時尚書令何敬容掌選序用多非其人革性彊直每至朝宴恆有
褒貶以此爲權勢所疾乃謝病還家除光祿大夫領步兵校尉南北兗二州大

中正優遊閑放以文酒自娛大同元年二月卒謚曰殭子有集二十卷行於世
華歷官八府長史四王行事二爲二千石傍無姬侍家徒壁立世以此高之長
子行敏好學有才俊官至通直郎早卒有集五卷次子從簡少有文性年十七
作採荷詞以刺敬容爲當時所賞歷官司徒從事中郎侯景亂爲任約所害子
兼叩頭流血乞代父命以身蔽刃遂俱見殺天下莫不痛之
史臣曰高祖留心政道孔休源以識治見知旣遇其時斯爲幸矣江革聰敏亮
直亦一代之盛名歟

梁書卷三十六

梁書卷三十六考證

孔休源傳父珮齊廬陵王記室參軍○南史作父佩齊通直郎

長子雲章頗有父風○章南史作童

少子宗軌○軌南史作範

江革傳此段薙府妙選英才○此段南史作比閒

長子行敏○南史無行字

梁書卷三十六考證

梁書卷三十七

唐 散 騎 常 侍 姚 思 廉 撰

列傳第三十一

謝舉 何敬容

謝舉字言揚中書令覽之弟也幼好學能清言與覽齊名舉年十四嘗贈沈約五言詩爲約稱賞世人爲之語曰王有養炬謝有覽舉養炬王筠王泰小字也起家祕書郎遷太子舍人輕車功曹史祕書丞司空從事中郎太子庶子家令掌東宮管記深爲昭明太子賞接祕書監任昉出爲新安郡別舉詩云詎念耋嗟人方深老夫託其屬意如此嘗侍宴華林園高祖訪舉於覽覽對曰識藝過臣甚遠惟飲酒不及於臣高祖大悅轉太子中庶子猶掌管記天監十一年遷侍中十四年出爲寧遠將軍豫章內史爲政和理甚得民心十八年復入爲侍中領步兵校尉普通元年出爲貞毅將軍太尉臨川王長史四年入爲左民尚書其年遷掌吏部尋以公事免五年起爲太子中庶子領右軍將軍六年復爲

左民尚書領步兵校尉俄徙爲吏部尚書尋加侍中出爲仁威將軍晉陵太守
在郡清靜百姓化其德境內肅然罷郡還吏民詣闕請立碑詔許之大通二年
入爲侍中五兵尚書未拜還掌吏部侍中如故舉祖莊宋世再典選至舉又三
爲此職前代未有也舉少博涉多通尤長玄理及釋氏義爲晉陵郡時常與義
僧遞講經論徵士何胤自虎丘山赴之其盛如此先是北渡人盧廣有儒術爲
國子博士於學發講僕射徐勉以下畢至舉造坐屢折廣辭理通邁廣深歎服
仍以所執麈尾薦之以況重席焉四年加侍中五年還尚書右僕射侍中如故
大同三年以疾陳解徙爲右光祿大夫給親信二十人其年出爲雲麾將軍吳
郡太守先是何敬容居郡有美績世稱爲何吳郡及舉爲政聲跡略相比六年
入爲侍中中書監未拜還太子詹事翊左將軍侍中如故舉父瀹齊世終此官
累表乞改授敕不許久之方就職九年還尚書僕射侍中將軍如故舉雖居端
揆未嘗肯預時務多因疾陳解敕輒賜假并手敕處方加給上藥其恩遇如此
其年以本官參掌選事太清二年遷尚書令侍中將軍如故是歲侯景寇京師

舉卒于圍內詔贈侍中中衞將軍開府儀同三司侍中尚書令如故文集亂中
並亡逸二子禧嘏並少知名嘏太清中歷太子中庶子出爲建安太守
何敬容字國禮廬江人也祖攸之宋太常卿父昌㝢齊吏部尚書並有名前代
敬容以名家子弱冠選尚齊武帝女長城公主拜駙馬都尉天監初爲祕書郎
歷太子舍人尚書殿中郎太子洗馬中書舍人祕書丞遷揚州治中出爲建安
內史清公有美績民吏稱之還除黃門郎累遷太子中庶子散騎常侍侍中司
徒左長史普通二年復爲侍中領羽林監俄又領本州大中正頃之守吏部尚
書銓序明審號爲稱職四年出爲招遠將軍吳郡太守爲政勤恤民隱辨訟如
神視事四年治爲天下第一吏民詣闕請樹碑詔許之大通二年徵爲中書令
未拜復爲吏部尚書領右軍將軍俄加侍中中大通元年改太子中庶子敬容
身長八尺白皙美鬚眉性矜莊衣冠尤事鮮麗每公庭就列容止出人三年遷
尚書右僕射參掌選事侍中如故時僕射徐勉參掌機密以疾陳解因舉敬容
自代故有此授焉五年遷左僕射加宣惠將軍置佐史侍中參掌如故大同三

年正月朱雀門災高祖謂羣臣曰此門制卑狹我始欲構遂遭天火並相顧未有答敬容獨曰此所謂陛下先天而天不違時以爲名對俄遷中權將軍丹陽尹侍中參掌佐史如故五年入爲尚書令侍中將軍參掌佐史如故敬容久處臺閣詳悉舊事且聰明識治勤於簿領詰朝理事日旰不休自晉宋以來宰相皆文義自逸敬容獨勤庶務爲世所嗤鄙時蕭琛子巡者頗有輕薄才因制卦名離合等詩以嘲之敬容處之如初亦不屑也十一年坐妾弟費慧明爲導倉丞夜盜官米爲禁司所執送領軍府時河東王譽爲領軍將軍敬容以書解慧明譽卽封書以奏高祖大怒付南司推劾御史中丞張綰奏敬容挾私罔上合棄市刑詔特免職初天監中有沙門釋寶誌者嘗遇敬容謂曰君後必貴然終是何敗何耳及敬容爲宰相謂何姓當爲其禍故抑沒宗族無仕進者至是竟爲河東所敗中大同元年三月高祖幸同泰寺講金字三惠經敬容請預聽敕許之又有敕聽朔望問訊尋起爲金紫光祿大夫未拜又加侍中敬容舊時賓客門生諠譁如昔冀其復用會稽謝郁致書戒之曰草萊之人聞諸道路君侯

已得瞻望朝夕出入禁門醉尉將不敢呵灰然不無其漸甚休甚休敢賀於前又將弔也昔流言裁作公旦東奔燕書始來子孟不入夫聖賢被虛過以自斥未有嬰時釁而求親者也且曝鰓之鱗不念杯勺之水雲霄之翼豈顧籠樊之糧何者所託已盛也昔君侯納言加首鳴玉在要回豐貂以步文昌聳高蟬而趨武帳可謂盛矣不以此時薦才拔士少報聖主之恩今卒如爰絲之說受責見過方復欲更窺朝廷觖望萬分竊不爲左右取也昔竇嬰楊惲亦得罪明時不能謝絕賓客猶交黨援卒無後福終益前禍僕之所弔實在於斯人人所以頗猶有踵君侯之門者未必皆感惠懷仁有灌夫任安之義乃戒翟公之大署冀君侯之復用也夫在思過之日而挾復用之意未可爲智者說矣君侯宜杜門念失無有所通築茅茨於鍾阜聊優游以卒歲見可憐之意著待終之情復仲尼能改之言惟子貢更也之譬少戢言於衆口微自救於竹帛所謂失之東隅收之桑榆如此令明主聞知尚有冀也僕東皋鄙人入穴幸無銜寠恥天下之士不爲執事道之故披肝膽示情素君侯豈能鑒焉太清元年遷太子詹事

侍中如故二年侯景襲京師敬容自府移家臺內初景於渦陽退敗未得審實傳者乃云其將暴顯反景身與衆並沒朝廷以爲憂敬容尋見東宮太宗謂曰淮北始更有信侯景定得身免不如所傳敬容對曰得景遂死深是朝廷之福太宗失色問其故敬容曰景翻覆叛臣終當亂國是年太宗頻於玄圃自講老莊二書學士吳孜時寄詹事府每日入聽敬容謂孜曰昔晉代喪亂頗由祖尚玄虛胡賊殄覆中夏今東宮復襲此殆非人事其將爲戎乎俄而侯景難作其言有徵也三年正月敬容卒于圍內詔贈仁威將軍本官並如故何氏自晉司空充宋司空尚之世奉佛法並建立塔寺至敬容又捨宅東爲伽藍趨勢者因助財造構敬容並不拒故此寺堂宇校飾頗爲宏麗時輕薄者因呼爲衆造寺焉及敬容免職出宅止有常用器物及囊衣而已竟無餘財貨時亦以此稱之子彀祕書丞早卒

陳吏部尚書姚察曰魏正始及晉之中朝時俗尚於玄虛貴爲放誕尚書丞郎以上簿領文案不復經懷皆成於令史逮乎江左此道彌扇惟卞壼以臺閣之

務頗欲綜理阮孚謂之曰卿常無閑暇不乃勞乎宋世王敬弘身居端右未嘗
省牒風流相尚其流遂遠望白署空是稱清貴恪勤匪懈終滯鄙俗是使朝經
廢於上職事隳於下小人道長抑此之由嗚呼傷風敗俗曾莫之悟永嘉不競
戎馬生郊宜其然矣何國禮之識治見譏薄俗惜哉

梁書卷三十七

唐散騎常侍姚思廉撰

列傳第三十二

朱异 賀琛

朱异字彥和吳郡錢唐人也父巽以義烈知名官至齊江夏王參軍吳平令异年數歲外祖顧歡撫之謂异祖昭之曰此兒非常器當成卿門戶年十餘歲好羣聚蒱博頗爲鄉黨所患既長乃折節從師遍治五經尤明禮易涉獵文史兼通雜藝博奕書算皆其所長年二十詣都尚書令沈約面試之因戲异曰卿年少何乃不廉异逡巡未達其旨約乃曰天下唯有文義棋書卿一時將去可謂不廉也其年上書言建康宜置獄司比廷尉敕付尚書議詳從之舊制年二十五方得釋褐時异適二十一特敕擢爲揚州議曹從事史尋有詔求異能之士五經博士明山賓表薦异曰竊見錢唐朱异年時尚少德備老成在獨無散逸之想處闇有對賓之色器宇弘深神表峯峻金山萬丈緣陟未登玉海千尋窺

映不測加以珪璋新琢錦組初構觸響鏗鏘值采便發觀其信行非惟十室所稀若使負重遙途必有千里之用高祖召見使說孝經周易義甚悅之謂左右曰朱异實異後見明山賓謂曰卿所舉殊得其人仍召异直西省俄兼太學博士其年高祖自講孝經使异執讀遷尚書儀曹郎入兼中書通事舍人累遷鴻臚卿太子右衛率尋加員外常侍普通五年大舉北伐魏徐州刺史元法僧遣使請舉地內屬詔有司議其虛實异曰自王師北討剋獲相繼徐州地轉削弱咸願歸罪法僧法僧懼禍之至其降必非僞也高祖仍遣异報法僧并敕衆軍應接受异節度既至法僧遵承朝旨如异策焉中大通元年遷散騎常侍自周捨卒後异代掌機謀方鎮改換朝儀國典詔誥敕書並兼掌之每四方表疏當局簿領諮詢詳斷填委於前异屬辭落紙覽事下議從橫敏贍不暫停筆頃刻之間諸事便了大同四年遷右衛將軍六年异啓於儀賢堂奉述高祖老子義敕許之及就講朝士及道俗聽者千餘人爲一時之盛時城西又開士林館以延學士异與左丞賀琛遞日述高祖禮記中庸義皇太子又召异於玄圃講易

八年改加侍中太清元年遷左衞將軍領步兵二年遷中領軍舍人如故高祖夢中原平舉朝稱慶旦以語异异對曰此宇內方一之徵及侯景歸降敕召羣臣議尙書僕射謝舉等以爲不可高祖欲納之未決嘗夙興至武德閤自言我國家承平若此今便受地詎是事宜脫致紛紜悔無所及异探高祖微旨應聲答曰聖明御宇上應蒼玄北土遺黎誰不慕仰爲無機會未達其心今侯景分魏國大半輸誠送款遠歸聖朝豈非天誘其衷人奬其計原心審事殊有可嘉今若不容恐絕後來之望此誠易見願陛下無疑高祖深納异言又感前夢遂納之及貞陽敗沒自魏遣使還述魏相高澄欲更申和睦敕有司定議异又以和爲允高祖果從之其年六月遣建康令謝挺通直郎徐陵使北通好是時侯景鎭壽春累啓絕和及請追使又致書與异辭意甚切异但述敕旨以報之八月景遂舉兵反以討异爲名募兵得三千人及景至仍以其衆守大司馬門初景謀反合州刺史鄱陽王範司州刺史羊鴉仁並累有啓聞异以景孤立寄命必不應爾乃謂使者鄱陽王遂不許國家有一客並抑而不奏故朝廷不爲之

備及寇至城內文武咸尤之皇太子又製圍城賦其末章云彼高冠及厚履並鼎食而乘肥升紫霄之丹地排玉殿之金扉陳謀謨之啓沃宣政刑之福威四郊以之多壘萬邦以之未綏問豺狼其何者訪虺蜴之爲誰蓋以指异异因慚憤發病卒時年六十七詔曰故中領軍异器宇弘通才力優贍諮謀帷幄多歷年所方贊朝經永申寄任奄先物化惻悼兼懷可贈侍中尚書右僕射給祕器一具凶事所須隨由資辦舊尚書官不以爲贈及异卒高祖惜之方議贈事左右有善异者乃啓曰异忝歷雖多然平生所懷願得執法高祖因其宿志特有此贈焉异居權要三十餘年善窺人主意曲能阿諛以承上旨故特被寵任歷官自員外常侍至侍中四官皆珥貂自右衞率至領軍四職並驅鹵簿近代未之有也异及諸子自潮溝列宅至青溪其中有臺池翫好每暇日與賓客遊焉四方所饋財貨充積性慳嗇未嘗有散施廚下珍羞腐爛每月常棄十數車雖諸子別房亦不分贍所撰禮易講疏及儀注文集百餘篇亂中多亡逸長子肅官至國子博士次子閏司徒掾並遇亂卒

賀琛字國寶會稽山陰人也伯父瑒步兵校尉爲世碩儒琛幼瑒授其經業一聞便通義理瑒異之常曰此兒當以明經致貴瑒卒後琛家貧常往還諸暨販粟以自給閑則習業尤精三禮初瑒於鄉里聚徒教授至是又依琛焉普通中刺史臨川王辟爲祭酒從事史琛始出都高祖聞其學術召見文德殿與語悅之謂僕射徐勉曰琛殊有世業仍補王國侍郎俄兼太學博士稍遷中衞參軍事尚書通事舍人參禮儀事累遷通直正員郎舍人如故又征西鄱陽王中錄事兼尚書左丞滿歲爲真詔琛撰新謚法至今施用時皇太子議大功之末可以冠子嫁女琛駮之曰令旨以大功之末可得冠子嫁女不得自冠自嫁推以記文竊猶致惑案嫁冠之禮本是父之所成無父之人乃可自冠故稱大功小功並以冠子嫁子爲文非關惟得爲子己身不得也小功之末既得自嫁娶而亦云冠子娶婦其義益明故先列二服每明冠子嫁子結於後句方顯自娶之義既明小功自娶即知大功自冠矣蓋是約言而見旨若謂緣父服大功子服小功小功服輕故得爲子冠嫁大功服重故不得自嫁自冠者則小功之末非

明父子服殊不應復云冠子嫁子也若謂小功之文言己可娶大功之文不言
己冠故知身有大功不得自行嘉禮但得爲子冠嫁竊謂有服不行嘉禮本爲
吉凶不可相干子雖小功之末可得行冠嫁猶應須父得爲其嫁冠若父於大
功之末可以冠子嫁子是於吉凶禮無礙吉凶禮無礙豈不得自冠自嫁若自
冠自嫁於事有礙則冠子嫁子寧獨可通今許其冠子而塞其自冠是琛之所
惑也又令旨推下殤小功不可娶婦則降服大功亦不得爲子冠嫁伏尋此旨
若謂降服大功不可冠子嫁子則降服小功亦不可自冠自娶是爲凡厥降服
大功小功皆不得冠娶矣記文應云降服則不可寧得惟稱下殤今不言降服
的舉下殤實有其義夫出嫁出後或有再降出後之身於本姊妹降爲大功若
是大夫服士又以尊降則成小功其於冠嫁義無以異所以然者出嫁則有受
我出後則有傳重並欲薄於此而厚於彼此服雖降彼服則隆昔實朞親雖再
降猶依小功之禮可冠可嫁若夫朞降大功大功降爲小功止是一等降殺有
倫服末嫁冠故無有異惟下殤之服特明不娶之義者蓋緣以幼稚之故夭喪

情深既無受厚佗姓又異傳重彼宗嫌其年稚服輕頓成殺略故特明不娶以示本重之恩是以凡厥降服冠嫁不殊惟在下殤乃明不娶其義若此則不得言大功之降服皆不可冠嫁也且記云下殤小功言下殤則不得通於中上語小功則不得兼於大功若實大小功降服皆不冠嫁上中二殤亦不嫁冠者記不得直云下殤小功則不可恐非文意此又琛之所疑也遂從琛議遷員外散騎常侍舊尚書南坐無貂貂自琛始也頃之遷御史中丞參禮儀事如先琛家產既豐買主第爲宅爲有司所奏坐免官俄復爲尚書左丞遷給事黃門侍郎兼國子博士未拜改爲通直散騎常侍領尚書左丞並參禮儀事琛前後居職凡郊廟諸儀多所創定每見高祖與語常移晷刻故省中爲之語曰上殿不下有賀雅琛容止都雅故時人呼之還散騎常侍參禮儀如故是時高祖任職者皆緣飾姦諂深害時政琛遂啓陳事條封奏曰臣荷拔擢之恩曾不能効一職居獻納之任又不能薦一言竊聞慈父不愛無益之子明君不畜無益之臣臣所以當食廢飡中宵而歎息也輒言時事列之於後非謂謀猷寧云啓沃獨緘

胸臆不語妻子辭無粉飾削稿則焚脫得聽覽試加省鑒如不允合亮其贛愚

其一事曰今北邊稽服戈甲解息政是生聚教訓之時而天下戶口減落誠當今之急務雖是處彫流而關外彌甚郡不堪州之控總縣不堪郡之裒削更相呼擾莫得治其政術惟以應赴徵斂爲事百姓不能堪命各事流移或依於大姓或聚於屯封蓋不獲已而竄亡非樂之也國家於關外賦稅蓋微乃至年常租課動致逋積而民失安居寧非牧守之過東境戶口空虛皆由使命繁數夫犬不夜吠故民得安居今大邦大縣舟舸銜命者非惟十數復窮幽之鄉極遠之邑亦皆必至每有一使屬所搔擾況復煩擾積理深爲民害驚困邑宰則拱手聽其漁獵桀黠長吏又因之而爲貪殘縱有廉平郡猶掣肘故邑宰懷印類無考績細民棄業流冗者多雖年降復業之詔屢下蠲賦之恩而終不得反其居也其二事曰聖主恤隱之心納隍之念聞之遐邇至於翾飛蠕動猶且度脫況在兆庶而州郡無恤民之志故天下顒顒惟注仰於一人誠所謂愛之如父母仰之如日月敬之如鬼神畏之如雷霆苟須應痛逗藥豈可不治之哉今天

下宰守所以皆尚貪殘罕有廉白者良由風俗侈靡使之然也淫奢之弊其事多端粗舉二條言其尤者夫食方丈於前所甘一味今之燕喜相競誇豪積果如山岳列肴同綺繡露臺之產不周一燕之資而賓主之間裁取滿腹未及下堂已同臭腐又歌姬儛女本有品制二八之錫良待和戎今言妓之夫無有等秩雖復庶賤微人皆盛姬姜務在貪污爭飾羅綺故為吏牧民者競為剝削雖致貲巨億罷歸之日不支數年便已消散蓋由宴醑所費既破數家之產歌謠之具必俟千金之資所費事等丘山為歡止在俄頃乃更追恨向所取之少今所費之多如復傳翼增其搏噬一何悖哉其餘淫侈著之凡百習以成俗日見滋甚欲使人守廉隅吏尚清白安可得邪今誠宜嚴為禁制道之以節儉貶黜雕飾糾奏浮華使眾皆知變其耳目改其好惡夫失節之嗟亦民所自患正恥不及羣故勉彊而為之苟力所不至還受其弊矣今若釐其風而正其失易於反掌夫論至治者必以淳素為先正雕流之弊莫有過儉樸者也其三事曰聖躬荷負蒼生以為任弘濟四海以為心不憚胼胝之勞不辭癯瘦之苦豈止日

仄忘飢夜分廢寢至於百司莫不奏事上息責下之嫌下無逼上之咎斯實道邁百王事超千載但斗筲之人藻梲之子既得伏奏帷扆便欲詭競求進不說國之大體不知當一官處一職貴使理其紊亂匡其不及心在明恕事乃平章但務吹毛求疵擘肌分理運挈缾之智徼分外之求以深刻爲能以繩逐爲務迹雖似於奉公事更成其威福犯罪者多巧避滋甚曠官廢職長弊增姦寔由於此今誠願責其公平之效黜其讒愚之心則下安上謐無徼倖之患矣四事曰自征伐北境帑藏空虛今天下無事而猶日不暇給者良有以也夫國弊則省其事而息其費事省則養民費息則財聚止五年之中尚於無事必能使國豐民阜若積以歲月斯乃范蠡滅吳之行管仲霸齊之由今應內省職掌各檢其所部凡京師治署邸肆應所爲或十條宜省其五或三條宜除其一及國容戎備在昔應多在今宜少雖於後應多即事未須皆悉減省應四方屯傳邸治或舊有或無益或妨民有所宜除除之有所宜減減之凡厥興造凡厥費財有非急者有役民者又凡厥討召凡厥徵求雖關國計權其事宜皆須息費休民

不息費則無以聚財不休民則無以聚力故蓄其財者所以大用之也息其民者所以大役之也若言小事不足害財則終年不息矣以小役不足妨民則終年不止矣擾其民而欲求生聚殷阜不可得矣耗其財而務賦斂繁興則姦詐盜竊彌生是弊不息而其民不可使也則難可以語富彊而圖遠大矣自普通以來二十餘年刑役荐起民力彫流今魏氏和親疆埸無警若不及於此時大息四民使之生聚減省國費令府庫蓄積一旦異境有虞關河可掃則國弊民疲安能振其遠略事至方圖知不及矣言奏高祖大怒召主書於前口授敕責琛曰謇謇有聞殊稱所期但朕有天下四十餘年公車讜言見聞聽覽所陳之事與卿不異常欲承用無替懷抱每苦倥傯更增惽惑卿珥貂紆組博問洽聞不宜同於闒茸止取名字宣之行路言我能上事明言得失恨朝廷之不能用或誦離騷蕩蕩其無人遂不御乎千里或誦老子知我者希則我貴矣如是獻替莫不能言正旦獸鐏皆其人也卿可分別言事啓乃心沃朕心卿云今北邊稽服政是生聚教訓之時而民失安居牧守之過朕無則哲之知觸向多弊四

聽不開四明不達內省責躬無處逃咎堯爲聖主四凶在朝況乎朕也能無惡人但大澤之中有龍有蛇縱不盡善不容皆惡卿可分明顯出某刺史横暴某太守貪殘某官長凶虐尚書蘭臺主書舍人某人姦猾某人取與明言其事得以黜陟向令舜但聽公車上書四凶終自不知堯亦永爲闇主卿又云東境戶口空虛良由使命繁多但未知此是何使卿云驚困邑宰則拱手聽其漁獵桀黠長吏又因之而爲貪殘並何姓名廉平摯肘復是何人朝廷思賢有如饑渴廉平摯肘實爲異事宜速條聞當更擢用凡所遣使多由民訟或復軍糧諸所颷急蓋不獲已而遣之若不遣使天下枉直云何綜理事實云何濟辦惡人日滋善人日蔽欲求安臥其可得乎不遣使而得事理此乃佳事無足而行無翼而飛能到在所不威而伏豈不幸甚卿既言之應有深見宜陳祕術不可懷寶迷邦卿又云守宰貪殘皆由滋味過度貪殘糜費已如前答漢文雖愛露臺之產鄧通之錢布於天下以此而治朕無愧焉若以下民飲食過差亦復不然天監之初思之已甚其勤力營產則無不富饒惰遊緩事則家業貧窶勤脩產業

以營盤案自己營之自己食之何損於天下無賴子弟惰營產業致於貧窶無
可施設此何益於天下且又意雖曰同富富有不同慳而富者終不能設奢而
富者於事何損若使朝廷緩其刑此事終不可斷若急其制則曲屋密房之中
云何可知若家家搜檢其細已甚欲使吏不呼門其可得乎更相恐脅以求財
帛足長禍萌無益治道若以此指朝廷我無此事昔之牲牢久不宰殺朝中會
同菜蔬而已意粗得奢約之節若復減此必有蟋蟀之譏若以為功德事者皆
是園中之所產育功德之事亦無多費變一瓜為數十種食一菜為數十味不
變瓜菜亦無多種以變故多何損於事亦豪芥不關國家如得財如法而用此
不愧乎人我自除公宴不食國家之食多歷年稔乃至宮人亦不食國家之食
積累歲月凡所營造不關材官及以國匠皆資雇借以成其事近之得財頗有
方便民得其利國得其利我得其利營諸功德或以卿之心度我之心故不能
得知所得財用暴於天下不得曲辭辯論卿又云女妓越濫此有司之責雖然
亦有不同貴者多畜妓樂至於勳附若兩掖亦復不聞家有二八多畜女妓者

此並宜具言其人當令有司振其霜豪卿又云乃追恨所取爲少如復傅翼增
其搏噬一何悖哉勇怯不同貪廉各用勇者可使進取怯者可使守城貪者可
使捍禦廉者可使牧民向使叔齊守於西河豈能濟事吳起育民必無成功若
使吳起而不重用則西河之功廢今之文武亦復如此取其搏噬之用不能得
不重更任彼亦非爲朝廷爲之傅翼卿以朝廷爲悖乃自甘之當思致悖所以
卿云宜導之以節儉又云至治者必以淳素爲先此言大善夫子言其身正不
令而行其身不正雖令不從朕絶房室三十餘年無有淫佚朕頗自計不與女
人同屋而寢亦三十餘年至於居處不過一牀之地雕飾之物不入於宮此亦
人所共知受生不飲酒受生不好音聲所以朝中曲宴未嘗奏樂此羣賢之所
覩見朕三更出理事隨事多少事少或中前得竟或事多至日昃方得就食日
常一食若晝若夜無有定時疾苦之日或亦再食昔要腹過於十圍今之瘦削
裁二尺餘舊帶猶存非爲妄說爲誰爲之救物故也書曰股肱惟人良臣惟聖
向使朕有股肱可得中主今乃不免居九品之下不令而行徒虛言耳卿今慊

言便罔知所答卿又云百司莫不奏事詭競求進此又是誰何者復是詭事今不使外人呈事於義可否無人廢職職可廢乎職廢則人亂人亂則國安乎以咽廢飱此之謂也若斷呈事誰尸其任專委之人云何可得是故古人云專聽生姦獨任成亂猶二世之委趙高元后之付王莽呼鹿爲馬卒有閻樂望夷之禍王莽亦終移漢鼎卿云吹毛求疵復是何人所吹之疵擘肌分理復是何人乎事及深刻繩逐並復是誰又云治署邸肆何者宜除何者宜省國容戎備何者宜省何者未須四方屯傳何者無益何者妨民何處興造而是役民何處費財而是非急若爲討召若爲徵賦朝廷從來無有此事靜息之方復何者宜各出其事具以奏聞卿云若不及於時大息其民事至方圖知無及也如卿此言卽時便是大役其民是何處所卿云國弊民疲誠如卿言終須出其事不得空作漫語夫能言之必能行之富國彊兵之術急民省役之宜號令遠近之法並宜具列若不具列則是欺罔朝廷空示頰舌凡人有爲先須內省惟無瑕者可以戮人卿不得歷詆內外而不極言其事佇聞重奏當後省覽付之尚書班下

海內庶亂羊永除害馬長息惟新之美復見今日琛奉勑但謝過而已不敢復有指斥久之遷太府卿太清二年遷雲騎將軍中軍宣城王長史侯景舉兵襲京師王移入臺內留琛與司馬楊皦守東府賊尋攻陷城放兵殺害琛被槍未至死賊求得之轝至闕下求見僕射王克領軍朱异勸開城納賊克等讓之涕泣而止賊復轝送莊嚴寺療治之明年臺城不守琛逃歸鄉里其年冬賊進寇會稽復執琛送出都以爲金紫光祿大夫後遇疾卒年六十九琛所撰三禮講疏五經滯義及諸儀法凡百餘篇子詡太清初自儀同西昌侯掾出爲巴山太守在郡遇亂卒

陳吏部尚書姚察云夏侯勝有言曰士患不明經術經術明取青紫如拾地芥耳朱异賀琛並起微賤以經術逢時致於貴顯符其言矣而异遂徼寵幸任事居權不能以道佐君苟取容媚及延寇敗國實异之由禍難既彰不明其罪至於身死寵贈猶殊罰既弗加賞亦斯濫失於勸沮何以爲國君子是以知太清之亂能無及是乎

梁書卷三十八

一珍做宋版印

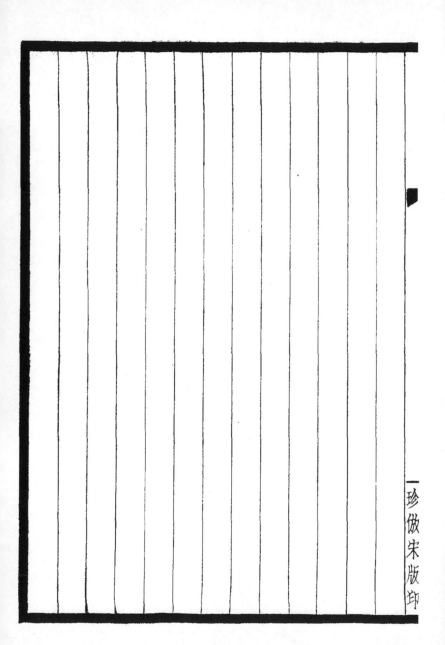

梁書卷三十八考證

朱异傳父巽以義烈知名○巽南史作巽之

梁書卷三十八考證

梁書卷三十九

唐　散　騎　常　侍　姚　思　廉　撰

列傳第三十三

元法僧　元樹　元願達　王神念楊華　羊侃子鵾　羊鴉仁

元法僧魏氏之支屬也其始祖道武帝父鍾葵江陽王法僧仕魏歷光祿大夫後爲使持節都督徐州諸軍事徐州刺史鎭彭城普通五年魏室大亂法僧遂據鎭稱帝誅鋤異己立諸子爲王部署將帥欲議匡復既而魏亂稍定將討法僧法僧懼乃遣使歸款請爲附庸高祖許焉授侍中司空封始安郡公邑五千戶及魏軍既逼法僧請還朝高祖遣中書舍人朱异迎之既至甚加優寵時方事招攜撫悅降附賜法僧甲第女樂及金帛前後不可勝數法僧以在魏之日久處疆埸之任每因寇掠殺戮甚多求兵自衞詔給甲仗百人出入禁闥大通二年加冠軍將軍中大通元年轉車騎將軍四年進太尉領金紫光祿其年立爲東魏王不行仍授使持節散騎常侍驃騎大將軍開府同三司之儀郢州刺

史大同二年徵爲侍中太尉領軍師將軍薨時年八十三二子景隆景仲普通中隨法僧入朝景隆封沌陽縣公邑千戶出爲持節都督廣越交桂等十三州諸軍事平南將軍平越中郎將廣州刺史中大通三年徵侍中安右將軍四年爲征北將軍徐州刺史封彭城王不行俄除侍中度支尚書太淸初又爲使持節都督廣越交桂等十三州諸軍事征南將軍平越中郎將廣州刺史行至雷首遇疾卒時年五十八景仲封枝江縣公邑千戶拜侍中右衞將軍大通三年增封幷前爲二千戶仍賜女樂一部出爲持節都督廣越等十三州諸軍事宣惠將軍平越中郎將廣州刺史大同中徵侍中左衞將軍見景隆後爲廣州刺史侯景作亂以景仲元氏之族遣信誘之許奉爲主景仲乃舉兵將下應景會西江督護陳霸先與成州刺史王懷明等起兵攻之霸先徇其衆曰朝廷以元景仲與賊連從謀危社稷今使曲江公勃爲刺史鎭撫此州衆聞之皆棄甲而散景仲乃自縊而死

元樹字君立亦魏之近屬也祖獻文帝父僖咸陽王樹仕魏爲宗正卿屬介朱

榮亂以天監八年歸國封爲鄴王邑二千戶拜散騎常侍普通六年應接元法僧還朝遷使持節督郢司霍三州諸軍事雲麾將軍郢州刺史增封并前爲三千戶討南蠻賊平之加散騎常侍安西將軍又增邑五百戶中大通二年徵侍中鎮右將軍四年爲使持節鎮北將軍都督北討諸軍事加鼓吹一部以伐魏攻魏譙城拔之會魏將獨孤如願來援遂圍樹城陷被執發憤卒於魏時年四十八子貞大同中求隨魏使崔長謙至鄴葬父還拜太子舍人太清初侯景降請元氏戚屬願奉爲主詔封貞爲咸陽王以天子之禮遣還北會景敗而返

元願達亦魏之支庶也祖明元帝父樂平王願達仕魏爲中書令司州刺史普通中大軍北伐攻義陽願達舉州獻款詔封樂平公邑千戶賜甲第女樂仍出爲使持節散騎常侍都督湘州諸軍事平南將軍湘州刺史中大通二年徵侍中太中大夫翊左將軍大同三年卒時年五十七

王神念太原祁人也少好儒術尤明內典仕魏起家州主簿稍遷潁川太守遂據郡歸款魏軍至與家屬渡江封南城縣侯邑五百戶頃之除安成內史又歷

武陽宣城內史皆著治績還除太僕卿出爲持節都督青冀二州諸軍事信武將軍青冀二州刺史神念性剛正所更州郡必禁止淫祠時青冀州東北有石鹿山臨海先有神廟妖巫欺惑百姓遠近祈禱糜費極多及神念至便令毀撤風俗遂改普通中大舉北伐徵爲右衛將軍六年遷使持節散騎常侍爪牙將軍右衞如故遘疾卒時年七十五詔贈本官衡州刺史兼給鼓吹一部謚曰壯神念少善騎射既老不衰嘗於高祖前手執二刀楯左右交度馳馬往來冠絶羣伍時復有楊華者能作驚軍騎並一時妙捷高祖深歎賞之子尊業仕至太僕卿卒贈信威將軍青冀二州刺史鼓吹一部次子僧辯別有傳

楊華武都仇池人也父大眼爲魏名將華少有勇力容貌雄偉魏胡太后逼通之華懼及禍乃率其部曲來降胡太后追思之不能已爲作楊白華歌辭使宮人晝夜連臂蹋足歌之辭甚悽惋焉華後累征伐有戰功歷官太僕卿太子左衞率封益陽縣侯太清中侯景亂華欲立志節妻子爲賊所擒遂降之卒於賊

羊侃字祖忻泰山梁甫人漢南陽太守續之裔也祖規宋武帝之臨徐州辟祭

酒從事大中正會薛安都舉彭城降北規由是陷魏魏授衞將軍營州刺史父祉魏侍中金紫光祿大夫侃少而瑰偉身長七尺八寸雅愛文史博涉書記尤好左氏春秋及孫吳兵法弱冠隨父在梁州立功魏正光中稍爲別將時秦州羌有莫遮念生者據州反稱帝仍遣其弟天生率衆攻陷岐州遂寇雍州侃爲偏將隸蕭寶夤往討之潛身巡塹伺射天生應弦卽倒其衆遂潰以功遷使持節征東大將軍東道行臺領太山太守進爵鉅平侯初其父每有南歸之志常謂諸子曰人生安可久淹異域汝等可歸奉東朝侃至是將舉河濟以成先志兗州刺史羊敦侃從兄也密知之據州拒侃侃乃率精兵三萬襲之弗剋仍築十餘城以守之朝廷賞授一與元法僧同遣羊鴉仁王弁率軍應接李元履運給糧仗魏帝聞之使授侃驃騎大將軍司徒太山郡公長爲兗州刺史侃斬其使者以徇魏人大駭令僕射于暉率衆數十萬及高歡尒朱陽都等相繼而至圍侃十餘重傷殺甚衆柵中矢盡南軍不進乃夜潰圍而出且戰且行一日一夜乃出魏境至渣口衆尙萬餘人馬二千匹將入南士卒並竟夜悲歌侃乃謝

曰卿等懷土理不能見隨幸適去留於此別異因各拜辭而去侃以大通三年至京師詔授使持節散騎常侍都督瑕丘征討諸軍事安北將軍徐州刺史弁其兄默及三弟忱給元皆拜爲刺史尋以侃爲都督北討諸軍事出頓日城會陳慶之失律停進其年詔以爲持節雲麾將軍青冀二州刺史中大通四年詔爲使持節都督瑕丘諸軍事安北將軍兗州刺史隨太尉元法僧北討法僧先啓云與侃有舊願得同行高祖乃召侃問方略侃具陳進取之計高祖因曰知卿願與太尉同行侃曰臣拔迹還朝常思効命然實未曾願與法僧同行北人雖謂臣爲吳南人已呼臣爲虜今與法僧同行還是羣類相逐非止有乖素心亦使匈奴輕漢高祖曰朝廷今者要須卿行乃詔以爲大軍司馬高祖謂侃曰軍司馬廢來已久此段爲卿置之行次官竹元樹又於譙城喪師軍罷入爲侍中五年封高昌縣侯邑千戶六年出爲雲麾將軍晉安太守閩越俗好反亂前後太守莫能止息侃至討擊斬其渠帥陳稱吳滿等於是郡內肅清莫敢犯者頃之徵太子左衛率大同三年車駕幸樂遊苑侃預宴時少府奏新造兩刃矟

成長丈四尺圍一尺三寸高祖因賜侃馬令試之侃執矟上馬左右擊刺特盡
其妙高祖善之又製武宴詩三十韻以示侃侃卽席應詔高祖覽曰吾聞仁者
有勇今見勇者有仁可謂鄒魯遺風英賢不絕六年遷司徒左長史八年遷都
官尙書時尙書令何敬容用事與之並省未嘗遊造有宦者張僧胤候侃侃曰
我牀非閹人所坐竟不前之時論美其貞正九年出爲使持節壯武將軍衡州
刺史太清元年徵爲侍中會大舉北伐仍以侃爲持節冠軍監作韓山堰事兩
旬堰立侃勸元帥貞陽侯乘水攻彭城不納旣而魏援大至侃頻勸乘其遠來
可擊旦日又勸出戰並不從侃乃率所領出頓堰上及衆軍敗侃結陣徐還二
年復爲都官尙書侯景反攻陷歷陽高祖問侃討景之策侃曰景反迹久見或
容豕突宜急據采石令邵陵王襲取壽春景進不得前退失巢窟烏合之衆自
然瓦解議者謂景未敢便逼京師遂寢其策令侃率千餘騎頓望國門景至新
林追侃入副宣城王都督城內諸軍事時景旣卒至百姓競入公私混亂無復
次第侃乃區分防擬皆以宗室間之軍人爭入武庫自取器甲所司不能禁侃

命斬數人方得止及賊逼城衆皆恟懼侃僞稱得射書云邵陵王西昌侯已至近路衆乃少安賊攻東掖門縱火甚盛侃親自距抗以水沃火火滅引弓射殺數人賊乃退加侍中軍師將軍有詔送金五千兩銀萬兩絹萬匹以賜戰士侃辭不受部曲千餘人並私加賞賚賊爲尖頂木驢攻城矢石所不能制侃作雉尾炬施鐵鏃以油灌之擲驢上焚之俄盡賊又東西兩面起土山以臨城城中震駭侃命爲地道潛引其土山不能立賊又作登城樓車高十餘丈欲臨射城內侃曰車高塹虛彼來必倒可臥而觀之不勞設備及車動果倒衆皆服焉賊既頻攻不捷乃築長圍朱异張綰議欲出擊之高祖以問侃侃曰不可賊多日攻城既不能下故立長圍欲引城中降者耳今擊之出人若少不足破賊若多則一旦失利自相騰踐門隘橋小必大致挫衂此乃示弱非騁王威也不從遂使千餘人出戰未及交鋒望風退走果以爭橋赴水死者大半初侃長子鷟爲景所獲執來城下示侃侃謂曰我傾宗報主猶恨不足豈復計此一子幸汝早能殺之數日復持來侃謂鷟曰久以汝爲死猶復在邪吾以身許國誓死行陣

終不以爾而生進退因引弓射之賊感其忠義亦不之害也景遣儀同傅士哲呼侃與語曰侯王遠來問訊天子何爲閉距不時進納尚書國家大臣宜啓朝廷侃曰侯將軍奔亡之後歸命國家重鎮方城懸相任寄何所患苦忽致稱兵今驅烏合之卒至王城之下虜馬飲淮矢集帝室豈有人臣而至於此吾荷國重恩當稟承廟算以掃大逆耳不能妄受浮說開門揖盜幸謝侯王早自爲所士哲又曰侯王事君盡節不爲朝廷所知正欲面啓至尊以除姦佞既居戎旅故帶甲來朝何謂作逆侃曰聖上臨四海將五十年聰明叡哲無幽不照有何姦佞而得在朝欲飾其非寧無詭說且侯王親舉白刃以向城闕事君盡節正若是邪士哲無以應乃曰在北之日久挹風猷每恨平生未獲披敘願去戎服得一相見侃爲之免胄士哲瞻望久之而去其爲北人所欽慕如此後大雨城內土山崩賊乘之垂入苦戰不能禁侃乃令多擲火爲火城以斷其路徐於裏築城賊不能進十二月遘疾卒于臺內時年五十四詔給東園祕器布絹各五百匹錢三百萬贈侍中護軍將軍鼓吹一部侃少而雄勇旅力絕人所用弓至

十餘石嘗於兗州堯廟蹋壁直上至五尋橫行得七跡泗橋有數石人長八尺
大十圍侃執以相擊悉皆破碎侃性豪侈善音律自造採蓮棹歌兩曲甚有新
致姬妾侍列窮極奢靡有彈箏人陸太喜著鹿角爪長七寸儛人張淨琬腰圍
一尺六寸時人咸推能掌中儛又有孫荊玉能反腰帖地銜得席上玉簪敕賚
歌人王娥兒東宮亦賚歌者屈偶之並妙盡奇曲一時無對初赴衡州於兩艖
䑧起三間通梁水齋飾以珠玉加之錦繢盛設帷屏陳列女樂乘潮解纜臨波
置酒緣塘傍水觀者填咽大同中魏使陽斐與侃在北嘗同學有詔令侃延斐
同宴賓客三百餘人器皆金玉雜寶奏三部女樂至夕侍婢百餘人俱執金花
燭侃不能飲酒而好賓客交遊終日獻酬同其醉醒性寬厚有器局嘗南還至
漣口置酒有客張孺才者醉於船中失火延燒七十餘艘所燔金帛不可勝數
侃聞之都不挂意命酒不輟孺才慚懼自逃匿侃慰喻使還待之如舊第三子
鶤鶤字子鵬隨侃臺內城陷竄於陽平侯景呼還待之甚厚及景敗鶤密圖之
乃隨其東走景於松江戰敗惟餘三舸下海欲向蒙山會景倦晝寢鶤語海師

此中何處有蒙山汝但聽我處分遂直向京口至胡豆洲景覺大驚問岸上人云郭元建猶在廣陵景大喜將依之鵾拔刀叱海師使向京口景欲透水鵾抽刀斫之景乃走入船中以小刀抉船鵾以矟入刺殺之世祖以鵾爲持節通直散騎常侍都督青冀二州諸軍事明威將軍青州刺史封昌國縣公邑二千戶賜錢五百萬米五千石布絹各一千匹又領東陽太守征陸納加散騎常侍平峽中除西晉州刺史破郭元建於東關遷使持節信武將軍東晉州刺史承聖三年西魏圍江陵鵾赴援不及從王僧愔征蕭勃於嶺表聞太尉僧辯敗乃還爲侯瑱所破於豫章遇害時年二十八

羊鴉仁字孝穆太山鉅平人也少驍果有膽力仕郡爲主簿普通中率兄弟自魏歸國封廣晉縣侯征伐青齊閒累有功績稍遷員外散騎常侍歷陽太守中大通四年爲持節都督譙州諸軍事信威將軍譙州刺史大同七年除太子左衞率出爲持節都督南北司豫楚四州諸軍事輕車將軍北司州刺史侯景降詔鴉仁督土州刺史桓和之仁州刺史湛海珍等精兵三萬趨懸瓠應接景仍

爲都督豫司淮冀殷應西豫等七州諸軍事司豫二州刺史鎭懸瓠會侯景敗

於渦陽魏軍漸逼鵰仁恐糧運不繼遂還北司上表陳謝高祖大怒責之鵰仁

懼又頓軍於淮上及侯景反鵰仁率所部入援太清二年景既背盟鵰仁乃與

趙伯超及南康王會理共攻賊於東府城反爲賊所敗臺城陷鵰仁見景爲景

所留以爲五兵尚書鵰仁常思奮發謂所親曰吾以凡流受寵朝廷竟無報效

以答重恩社稷傾危身不能死偷生苟免以至于今若以此終沒有餘憤因遂

泣下見者傷焉三年出奔江陵其故部曲數百人迎之將赴江陵至東莞爲故

北徐州刺史荀伯道諸子所害

史臣曰高祖革命受終光期寶運威德所漸莫不懷來其皆徇難投身前後相

屬元法僧之徒入國並降恩遇位重任隆擊鍾鼎食美矣而羊侃鵰仁值太清

之難並竭忠奉國侃則臨危不撓鵰仁守義殞命可謂志等松筠心均鐵石古

之殉節斯其謂乎

梁書卷三十九

梁書卷三十九考證

元法僧傳大同中徵侍中左衛將軍見景隆後爲廣州刺史○見閣本作兄當改從之

王神念傳時青冀州東北有石鹿山臨海○南史無青字

羊侃傳監作韓山堰事○韓一本作塞

鵾傳從王僧悟征蕭穀於嶺表○穀南史作轂

羊鴉仁傳爲故北徐州刺史荀伯道諸子所害○諸子南史作子晷又載鴉仁兄子海珍報復事

梁書卷三十九考證

梁書卷四十

唐　散　騎　常　侍　姚　思　廉　撰

列傳第三十四

司馬褧　到溉　劉顯　劉之遴弟之亨　許懋

司馬褧字元素河內温人也曾祖純之晉大司農高密敬王祖讓之員外常侍父燮善三禮仕齊官至國子博士褧少傳家業強力專精手不釋卷其禮文所涉書略皆遍覩沛國劉瓛爲儒者宗嘉其學深相賞好少與樂安任昉善昉亦雅重焉初爲國子生起家奉朝請稍遷王府行參軍天監初詔通儒治五禮有司舉褧治嘉禮除尚書祠部郎中是時創定禮樂褧所議多見施行除步兵校尉兼中書通事舍人褧學尤精於事數國家吉凶禮當世名儒明山賓賀瑒等疑不能斷皆取決焉累遷正員郎鎮南諮議參軍兼舍人如故遷尚書右丞出爲仁威長史長沙內史還除雲騎將軍兼御史中丞頃之卽真十六年出爲宣毅南康王長史行府國幷石頭戍軍事褧雖居外官有敕預文德武德二殿長

名問訊不限日十七年遷明威將軍晉安王長史未幾卒王命記室庾肩吾集
其文爲十卷所撰嘉禮儀注一百一十二卷

到溉字茂灌彭城武原人曾祖彥之宋驃騎將軍祖仲度驃騎江夏王從事中郎父坦齊中書郎溉少孤貧與弟洽俱聰敏有才學早爲任昉所知由是聲名益廣起家王國左常侍轉後軍法曹行參軍歷殿中郎出爲建安內史還中書郎兼吏部太子中庶子湘東王繹爲會稽太守以溉爲輕車長史行府郡事高祖敕王曰到溉非直爲汝行事足爲汝師閑有進止每須詢訪遭母憂居喪盡禮朝廷嘉之服闋猶蔬食布衣者累載除通直散騎常侍御史中丞太府卿都官尚書郢州長史江夏太守加招遠將軍入爲左民尚書溉身長八尺美風儀善容止所莅以清白自修性又率儉不好聲色虛室單牀傍無姬侍自外車服不事鮮華冠履十年一易朝服或至穿補傳呼清路示有朝章而已頃之坐事左遷金紫光祿大夫俄授散騎常侍侍中國子祭酒溉素謹厚特被高祖賞接每與對棋從夕達旦溉第山池有奇石高祖戲與賭之并禮記一部溉並輸焉

未進高祖謂朱异曰卿謂到溉所輸可以送未溉斂板對曰臣既事君安敢失禮高祖大笑其見親愛如此後因疾失明詔以金紫光祿大夫散騎常侍就第養疾溉家門雍睦兄弟特相友愛初與弟洽常共居一齋洽卒後便捨爲寺因斷腥羶終身蔬食別營小室朝夕從僧徒禮誦高祖每月三致淨饌恩禮甚篤蔣山有延賢寺者溉家世創立故生平公俸咸以供焉略無所取性又不好交游惟與朱异劉之遴張綰同志友密及臥疾家園門可羅雀三君每歲時常鳴騶枉道以相存問置酒敘生平極歡而去臨終託張劉勒子孫以薄葬之禮卒時年七十二詔贈本官有集二十卷行於世時以溉洽兄弟比之二陸故世祖贈詩曰魏世重雙丁晉朝稱二陸何如今兩到復似凌寒竹子鏡字圓照安西湘東王法曹行參軍太子舍人早卒鏡子藎早聰慧起家著作佐郎歷太子舍人宣城王主簿太子洗馬尚書殿中郎嘗從高祖幸京口登北顧樓賦詩藎受詔便就上覽以示溉曰藎定是才子翻恐卿從來文章假手於藎因賜溉連珠曰硏磨墨以騰文筆飛毫以書信如飛蛾之赴火豈焚身之可吝必耄年其已

及可假之於少蓋其見知賞如此除丹陽尹丞太清亂赴江陵卒

劉顯字嗣芳沛國相人也父瓛晉安內史顯幼而聰敏當世號曰神童天監初舉秀才解褐中軍臨川王行參軍俄署法曹顯好學博涉多通任昉嘗得一篇缺簡書文字零落歷示諸人莫能識者顯云是古文尚書所刪逸篇昉檢周書果如其說昉因大相賞異丁母憂服闋尚書令沈約命駕造焉於坐策顯經史十事顯對其九約曰老夫昏忘不可受策雖然聊試數事不可至十也顯問其五約對其二陸倕聞之歎曰劉郎可謂差人雖吾家平原詣張壯武王粲謁伯喈必無此對其爲名流推賞如此及約爲太子少傅乃引爲五官掾俄兼廷尉正五兵尚書傅昭掌著作撰國史引顯爲佐九年始革尚書五都選顯以本官兼吏部郎又除司空臨川王外兵參軍遷尚書儀曹郎嘗爲上朝詩沈約見而美之時約郊居宅新成因命工書人題之於壁出爲臨川王記室參軍建康平復入爲尚書儀曹侍郎兼中書通事舍人出爲秣陵令又除驃騎鄱陽王記室兼中書舍人累遷步兵校尉中書侍郎舍人如故顯與河東裴子野南陽劉之

遴吳郡顧協連職禁中遞相師友時人莫不慕之顯博聞強記過於裴顧時魏
人獻古器有隱起字無能識者顯案文讀之無有滯礙考校年月一字不差高
祖甚嘉焉遷尚書左丞除國子博士出爲宣遠岳陽王長史行府國事未拜遷
雲麾邵陵王長史尋陽太守大同九年王遷鎭郢州除平西諮議參軍加戎昭
將軍其年卒時年六十三友人劉之遴啓皇太子曰之遴嘗聞夷叔柳惠不逢
仲尼一言則西山餓夫東國黜士名豈施於後世信哉生有七尺之形終爲一
棺之土不朽之事寄之題目懷珠抱玉有歿世而名不稱者可爲長太息孰過
於斯竊痛友人沛國劉顯韞櫝藝文研精覃奧聰明特達出類拔羣闔棺郢都
歸魂有日須鐫墓板之遴已略撰其事行今輒上呈伏願鴻慈降茲睿藻榮其
枯骴以慰幽魂冒昧塵聞戰慄無地乃蒙令爲誌銘曰繁弱挺質空桑吐聲分
器見重播樂傳名誰其均之美有髦士禮著幼年業明壯齒厭飫典墳研精名
理一見弗忘過目則記若訪賈逵如問伯始頛脫斯出學優而仕議獄既佐芸
蘭乃握摶鳳池水推羊太學內參禁中外相藩岳斜光已道殞彼西浮百川到

海還逐東流營營返魄汎汎虛舟白馬向郊丹旐背隴野埃與伏山雲輕重呂
掩書墳楊歸玄冢爾其戒行途窮士龍弱葛方施叢柯日拱墜柳黃春禽寒斂
毦長空常暗陰泉獨湧袝彼故塋流芬相踵顯有三子莠荏臻臻早著名
劉之遴字思貞南陽涅陽人也父虬齊國子博士諡文範先生之遴八歲能屬
文十五舉茂才對策沈約任昉見而異之起家寧朔主簿吏部尚書王瞻嘗候
任昉值之遴在坐昉謂瞻曰此南陽劉之遴學優未仕水鏡所宜甄擢瞻卽辟
爲太學博士時張稷新除尚書僕射託昉爲讓表昉令之遴代作操筆立成昉
曰荊南秀氣果有異才後仕必當過僕御史中丞樂藹卽之遴舅憲臺奏彈皆
之遴草焉還平南行參軍尚書起部郎延陵令荊州治中太宗臨荊州仍遷宣
惠記室之遴篤學明審博覽羣籍時劉顯韋稜並強記之遴每與討論咸不能
過也還除通直散騎侍郎兼中書通事舍人遷正員郎尚書右丞荊州大中正
累遷中書侍郎鴻臚卿復兼中書舍人出爲征西鄱陽王長史南郡太守高祖
謂曰卿母年德並高故令卿衣錦還鄉盡榮養之理後轉爲西中郎湘東王長

史太守如故初之遴在荊府嘗寄居南郡廨忽夢前太守袁彖謂曰卿後當爲折臂太守卽居此中之遴後果損臂遂臨此郡丁母憂服闋徵祕書監領步兵校尉出爲郢州行事之遴意不願出固辭高祖手敕曰朕聞妻子具孝衰於親爵祿具忠衰於君卿既內足理忘奉公之節遂爲有司所奏免久之爲太府卿都官尚書太常卿之遴好古愛奇在荊州聚古器數十百種有一器似甌可容一斛上有金錯字時人無能知者又獻古器四種於東宮其第一種鏤銅鴟夷榼二枚兩耳有銀鏤銘云建平二年造其第二種金銀錯鏤古罇二枚有篆銘云秦容成侯適楚之歲造其第三種外國澡灌一口銘云元封二年龜茲國獻其第四種古製澡盤一枚銘云初平二年造時鄱陽嗣王範得班固所上漢書真本獻之東宮皇太子令之遴與張纘到溉陸襄等參校異同之遴具異狀十事其大略曰案古本漢書稱永平十六年五月二十一日己酉郎班固上而今本無上書年月日字又案古本敍傳號爲中篇今本稱爲敍傳又今本敍傳載班彪事行而古本云稚生彪自有傳又今本紀及表志列傳不相合爲次而古

本相合爲次總成三十八卷又今本外戚在西域後古本外戚次帝紀下又今
本高五子文三王景十三王武五子宣元六王雜在諸傳秩中古本諸王悉次
外戚下在陳項傳前又今本韓彭英盧吳述云信惟餓隸布實黥徒越亦狗盜
芮尹江湖雲起龍驤化爲侯王古本述云淮陰毅毅杖劍周章邦之傑子實惟
彭英化爲侯王雲起龍驤又古本第三十七卷解音釋義以助雅詁而今本無
此卷之遴好屬文多學古體與河東裴子野沛國劉顯常共討論書籍因爲交
好是時周易尚書禮記毛詩並有高祖義疏惟左氏傳尚闕之遴乃著春秋大
意十科左氏十科三傳同異十科合三十事以上之高祖大悅詔答之曰省所
撰春秋義比事論書辭微旨遠編年之教言闡義繁丘明傳洙泗之風公羊稟
西河之學鐸椒之解不追瑕丘之說無取繼踵胡毋仲舒云盛因脩穀梁千秋
最篤張蒼之傳左氏賈誼之襲荀卿源本分鑣指歸殊致詳略紛然其來舊矣
昔在弱年乃經研味一從遺置迄將五紀兼晚冬晷促機事罕暇夜分求衣未
遑搜括須待夏景試取推尋若温故可求別酬所問也太清二年侯景亂之遴

避難還鄉未至卒於夏口時年七十二前後文集五十卷行於世
之亨字嘉會之遴弟也少有令名舉秀才拜太學博士稍遷兼中書通事舍人步兵校尉司農卿又代兄之遴爲安西湘東王長史南郡太守在郡有異績數年卒於官時年五十荊士至今懷之不忍斥其名號爲大南郡小南郡云

許懋字昭哲高陽新城人魏鎮北將軍允九世孫祖珪宋給事中著作郎桂陽太守父勇惠齊太子家令冗從僕射懋少孤性至孝居父憂執喪過禮篤志好學爲州黨所稱十四入太學受毛詩旦領師說晚而覆講座下聽者常數十百人因撰風雅比興義十五卷盛行於世尤曉故事稱爲儀注之學起家後軍豫章王行參軍轉法曹茂才還驃騎大將軍儀同中記室文惠太子聞而召之侍講于崇明殿除太子步兵校尉永元中轉散騎侍郎兼國子博士與司馬褧同志友善僕射江祏甚推重之號爲經史笥天監初吏部尚書范雲舉懋參詳五禮除征西鄱陽王諮議兼著作郎待詔文德省時有請封會稽禪國山者高祖雅好禮因集儒學之士草封禪儀將欲行焉懋以爲不可因建議曰臣案舜幸

岱宗是爲巡狩而鄭引孝經鉤命決云封于太山考績柴燎禪乎梁甫刻石紀號此緯書之曲說非正經之通義也依白虎通云封者言附廣也禪者言成功相傳也若以禪授爲義則禹不應傳啓至桀十七世也湯又不應傳外丙至紂三十七世也又禮記云三皇禪奕奕謂盛德也五帝禪亭亭特立獨起於身也三王禪梁甫連延不絕父沒子繼也若謂禪奕奕爲盛惪者古義以伏羲神農黃帝是爲三皇伏羲封太山禪云云黃帝封太山禪亭亭皆不禪奕奕而云盛惪則無所寄矣若謂五帝禪亭亭特立獨起於身者顓頊封泰山禪云云帝嚳封泰山禪云云堯封太山禪云云舜封太山禪云云亦不禪亭亭若合黃帝以爲五帝者少昊卽黃帝子又非獨立之義矣若謂三王禪梁甫連延不絕父沒子繼者禹封太山禪云云周成王封太山禪社首舊書如此異乎禮說皆道聽所得失其本文假使三王皆封太山禪梁甫者是爲封太山則有傳世之義禪梁甫則有揖讓之懷或欲禪位或欲傳子義既矛盾理必不然又七十二君夷吾所記此中世數裁可得二十餘主伏羲神農女媧大庭柏皇中央栗陸驪連

赫胥尊盧混沌昊英有巢朱襄葛天陰康無懷黄帝少昊顓頊高辛堯舜禹湯文武中間乃有共工霸有九州非帝之數云何得有七十二君封禪之事且燧人以前至周之世未有君臣人心淳朴不應金泥玉檢升中刻石燧人伏羲神農三皇結繩而治書契未作未應有鐫文告成且無懷氏伏羲後第十六主云何得在伏羲前封太山禪云云夷吾又曰惟受命之君然後得封禪周成王非受命君云何而得封太山禪社首神農與炎帝是一主而云神農封太山禪云云炎帝封太山禪云云分爲二人妄亦甚矣若是聖主不須封禪若是凡主不應封禪當是齊桓欲行此事管仲知其不可故舉怪物以屈之也秦始皇登太山中坂風雨暴至休松樹下封爲五大夫而事不遂漢武帝宗信方士廣召儒生皮弁搢紳射牛行事獨與霍嬗俱上既而子侯暴卒厥足用傷至魏明使高堂隆撰其禮儀聞隆没歎息曰天不欲成吾事高生捨我亡也晉武太始中欲封禪乃至太康議猶不定竟不果行孫皓遣兼司空董朝兼太常周處至陽羨封禪國山此朝君子有何功德不思古道而欲封禪皆是主好名於上臣阿旨

於下也夫封禪者不出正經惟左傳說禹會諸侯於塗山執玉帛者萬國亦不謂爲封禪鄭玄有參柴之風不能推尋正經專信緯候之書斯爲謬矣蓋禮云因天事天因地事地因名山升中于天因吉土享帝于郊燔柴岱宗即因山之謂矣故曲禮云天子祭天地是也又祈穀一報穀一禮乃不顯祈報地推文則有樂記云大樂與天地同和大禮與天地同節和故百物不失節故祀天祭地百物不失者天生之地養之故知地亦有祈報是則一年三郊天三祭地周官有員丘方澤者總爲三事郊祭天地故小宗伯云兆五帝於四郊此即月令迎氣之郊也舜典有歲二月東巡狩至於岱宗夏南秋西冬北五年一周若爲封禪何其數也此爲九郊亦皆正義至如大旅於南郊者非常祭也大宗伯國有大故則旅上帝月令云仲春玄鳥至祀於高禖亦非常祭故詩云克禋克祀以弗無子弃有雩禱亦非常祭禮云雩禜水旱也是爲合郊天地有三特郊天有九非常祀又有三孝經云宗祀文王於明堂以配上帝雩祭與明堂雖是祭天而不在郊是爲天祀有十六地祭有三惟大禘祀不在此數大傳云王者禘其

祖之所自出以其祖配之異於常祭以故云大於時祭案繫辭云易之爲書也廣大悉備有天道焉有地道焉有人道焉兼三才而兩之故六六者非佗三才之道也乾象云大哉乾元萬物資始乃統天雲行雨施品物流形大明終始六位時成此則應六年一祭坤元亦爾誠敬之道盡此而備至於封禪非所敢聞高祖嘉納之因推演懋議稱制旨以答請者由是遂停十年轉太子家令宋齊舊儀郊天祀帝皆用袞冕至天監七年懋始請造大裘至是有事于明堂儀注猶云服袞冕懋駁云禮云大裘而冕祀昊天上帝亦如之良由天神尊遠須貴誠質今泛祭五帝理不容文改服大裘自此始也又降敕問凡求陰陽應各從其類今雩祭燔柴以火祈水意以爲疑懋答曰雩祭燔柴經無其文良由先儒不思故也按周宣雲漢之詩曰上下奠瘞靡神不宗毛注云上祭天下祭地奠其幣瘞其物以此而言爲旱而祭天地並有瘞埋之文不見有燔柴之說若以祭五帝必應燔柴者今明堂之禮又無其事且禮又云埋少牢以祭時時之功是五帝此又是不用柴之證矣昔雩壇在南方正陽位有乖求神而已移於東

賓柴之禮猶未革請停用柴其牲牢等物悉從坎瘞以符周宣雲漢之說詔並
從之凡諸禮儀多所刊正以足疾出爲始平太守政有能名加散騎常侍轉天
門太守中大通三年皇太子召諸儒參錄長春義記四年拜中庶子是歲卒時
年六十九撰述行記四卷有集十五卷
陳吏部尚書姚察曰司馬褧儒術博通到溉文義優敏顯懋之遴強學浹洽並
職經便繁應對左右斯蓋嚴朱之任焉而溉之遴遂至顯貴亟拾青紫然非遇
時焉能致此仕也

梁書卷四十

梁書卷四十考證

司馬褧傳司馬褧字元素○素南史作表

褧雖居外官有敕預文德武德二殿長名問訊不限日○日一本作口

劉顯傳顯有三子莠荏臻臻早著名○荏南史作荏

劉之遴傳案古本漢書○閣本及南本俱脫古字今從監本

雜在諸傳秩中○秩南史作表

淮陰毅毅杖劍周章○杖南史作伏

繼踵胡毋仲舒云臧因修轂梁千秋最篤○修南史作循

許懋傳起家後軍豫章王行參軍○後軍南史訛後爲

神農與炎帝是一主○監本缺農與二字今補入

梁書卷四十考證

梁書卷四十一

唐　散騎常侍姚思廉撰

列傳第三十五

王規字威明琅邪臨沂人祖儉齊太尉南昌文憲公父騫金紫光祿大夫南昌安侯規八歲以丁所生母憂居喪有至性太尉徐孝嗣每見必爲之流涕稱曰孝童叔父暕亦深器重之常曰此兒吾家千里駒也年十二五經大義竝略能通既長好學有口辯州舉秀才郡迎主簿起家祕書郎累遷太子舍人安右南康王主簿太子洗馬天監十二年改構太極殿功畢規獻新殿賦其辭甚工拜祕書丞歷太子中舍人司徒左西屬從事中郎晉安王綱出爲南徐州高選僚屬引爲雲麾諮議參軍久之出爲新安太守父憂去職服闋襲封南昌縣侯除

中書黃門侍郎敕與陳郡殷鈞琅邪王錫范陽張緬同侍東宮俱爲昭明太子所禮湘東王時爲京尹與朝士宴集屬規爲酒令規從容對曰自江左以來未有茲舉特進蕭琛金紫傅昭在坐並謂爲知言普通初陳慶之北伐剋復洛陽百僚稱賀規退曰道家有云非爲功難成功難也羯寇遊魂爲日已久桓温得而復失宋武竟無成功我孤軍無援深入寇境威勢不接饋運難繼將是役也爲禍階矣俄而王師覆沒其識達事機多如此類六年高祖於文德殿餞廣州刺史元景隆詔羣臣賦詩同用五十韻規援筆立奏其文又美高祖嘉焉即日詔爲侍中大通三年還五兵尚書俄領步兵校尉中大通二年出爲貞威將軍驃騎晉安王長史其年王立爲皇太子仍爲吳郡太守主書芮珍宗家在吳前守宰皆傾意附之是時珍宗假還規遇之甚薄珍宗還都密奏規云不理郡事俄徵爲左民尚書郡吏民千餘人詣闕請留表三奏上不許尋以本官領右軍將軍未拜復爲散騎常侍太子中庶子領步兵校尉規辭疾不拜於鍾山宗熙寺築室居焉大同二年卒時年四十五詔贈散騎常侍光祿大夫賻錢二十萬

布百疋謚曰章皇太子出臨哭與湘東王繹令曰威明昨宵奄復殂化甚可痛傷其風韻遒正神峯標映千里絕迹百尺無枝文辯縱橫才學優贍跌宕之情彌遠濠梁之氣特多斯實俊民也一爾過隙永歸長夜金刀掩芒長淮絕涸去歲冬中已傷劉子今茲寒孟復悼王生俱往之傷信非虛說規集後漢衆家異同注續漢書二百卷文集二十卷子褒字子漢七歲能屬文外祖司空袁昂愛之謂賓客曰此兒當成吾宅相弱冠舉秀才除祕書郎太子舍人以父憂去職服闋襲封南昌侯除武昌王文學太子洗馬兼東宮管記遷司徒屬祕書丞出爲安成內史太清中侯景陷京城江州刺史當陽公大心舉州附賊賊轉寇南中褒猶據郡拒守大寶二年世祖命徵褒赴江陵既至以爲忠武將軍南平內史俄遷吏部尚書侍中承聖二年還尚書右僕射仍參掌選事又加侍中其年遷左僕射參掌如故三年江陵陷入于周褒著幼訓以誡諸子其一章云陶士行曰昔大禹不吝尺璧而重寸陰文士何不誦書武士何不馬射若乃玄冬脩夜朱明永日肅其居處崇其牆仞門無糅雜坐闕號呶以之求學則仲尼之門

人也以之爲文則賈生之升堂也古者盤盂有銘几杖有誡進退循焉俯仰觀焉文王之詩曰靡不有初鮮克有終立身行道終始若一造次必於是君子之言歟儒家則尊卑等差吉凶降殺君南面而臣北面天地之義也鼎俎奇而籩豆偶陰陽之義也道家則墮支體黜聰明棄義絶仁離形去智釋氏之義見苦斷習證滅循道明因辨果偶凡成聖斯雖爲教等差而義歸汲引吾始乎幼學及于知命既崇周孔之教兼循老釋之談江左以來斯業不墜汝能脩之吾之志也初有沛國劉瑴南陽宗懍與褒俱爲中興佐命同參帷幄

劉瑴字仲寶晉丹陽尹真長七世孫也少方正有器局自國子禮生射策高第爲寧海令稍遷湘東王記室參軍又轉中記室太清中侯景亂世祖承制上流書檄多委瑴焉瑴亦竭力盡忠甚蒙賞遇歷尚書左丞御史中丞承聖二年遷吏部尚書國子祭酒餘如故

宗懍字元懍八世祖承晉宜都郡守屬永嘉東徙子孫因居江陵焉懍少聰敏好學晝夜不倦鄉里號爲童子學士普通中爲湘東王府兼記室轉刑獄仍掌

書記歷臨汝建成廣晉等令後又爲世祖荆州別駕及世祖卽位以爲尚書郎封信安縣侯邑一千戶累遷吏部郎中五兵尚書吏部尚書承聖三年江陵沒與轂俱入于周

王承字安期僕射暕子七歲通周易選補國子生年十五射策高第除祕書郎歷太子舍人南康王文學邵陵王友太子中舍人以父憂去職服闋復爲中舍人累遷中書黃門侍郎兼國子博士時膏腴貴遊咸以文學相尚罕以經術爲業惟承獨好之發言吐論造次儒者在學訓諸生述禮易義中大通五年遷長兼侍中俄轉國子祭酒承祖儉及父暕嘗爲此職三世爲國師前代未之有也當世以爲榮久之出爲戎昭將軍東陽太守爲政寬惠吏民悅之視事未朞卒於郡時年四十一謚曰章子承性簡貴有風格時右衞朱异當朝用事每休下車馬常填門時有魏郡申英好危言高論以忤權右常指异門曰此中輻輳皆以利往能不至者惟有大小王東陽小東陽卽承弟穉也當時惟承兄弟及褚翔不至异門時以此稱之

褚翔字世舉河南陽翟人曾祖淵齊太宰文簡公佐命齊室祖蓁太常穆子父向字景政年數歲父母相繼亡沒向哀毀若成人者親表咸異之既長淹雅有器量高祖踐阼選補國子生起家祕書郎遷太子舍人尚書殿中郎出爲安成內史還除太子洗馬中舍人累遷太尉從事中郎黃門侍郎鎮右豫章王長史頃之入爲長兼侍中向風儀端麗眉目如點每公庭就列爲衆所瞻望焉大通四年出爲寧遠將軍北中郎廬陵王長史三年卒官外兄謝舉爲製墓銘其略曰弘治推華子嵩慚量酒歸月下風清琴上論者以爲擬得其人翔初爲國子生舉高第丁父憂服闋除祕書郎累遷太子舍人宣城王主簿中大通五年高祖宴羣臣樂遊苑別詔翔與王訓爲二十韻詩限三刻成翔於坐立奏高祖異焉卽日轉宣城王文學俄遷爲友時宣城友文學加它王二等故以翔超爲之時論美焉出爲義興太守翔在政潔己省繁苛去浮費百姓安之郡之西亭有古樹積年枯死翔至郡忽更生枝葉百姓咸以爲善政所感及秩滿吏民詣闕請之敕許焉尋徵爲吏部郎去郡百姓無老少追送出境涕泣拜辭翔居小選

公清不爲請屬易意號爲平允俄還侍中頃之轉散騎常侍領羽林監侍東宮出爲晉陵太守在郡未朞以公事免俄復爲散騎常侍侍東宮太清二年遷守吏部尚書其年冬侯景圍宮城翔於圍內丁母憂以毀卒時年四十四詔贈本官翔少有孝性爲侍中時母疾篤請沙門祈福中夜忽見戶外有異光又聞空中彈指及曉疾遂愈咸以翔精誠所致焉

蕭介字茂鏡蘭陵人也祖思話宋開府儀同三司尚書僕射父惠蒨齊左民尚書介少穎悟有器識博涉經史兼善屬文齊永元末釋褐著作佐郎天監六年除太子舍人八年遷尚書金部郎十二年轉主客郎出爲吳令甚著聲績湘東王聞介名思共遊處表請之普通三年乃以介爲湘東王諮議參軍大通二年除給事黃門侍郎大同二年武陵王爲揚州刺史以介爲府長史在職清白爲朝廷所稱高祖謂何敬容曰蕭介甚貧可處以一郡敬容未對高祖曰始興郡頃無良守嶺上民頗不安可以介爲之由是出爲始興太守介至任宣布威德境內肅清七年徵爲少府卿尋加散騎常侍會侍中闕選司舉王筠等四人並

不稱旨高祖曰我門中久無此職宜用蕭介爲之介博物強識應對左右多所匡正高祖甚重之遷都官尚書每軍國大事必先詢訪於介焉高祖謂朱异曰端右之材也中大同二年辭疾致事高祖優詔不許終不肯起乃遣謁者僕射魏祥就拜光祿大夫太清中侯景於渦陽敗走入壽陽高祖敕防主韋默納之介聞而上表諫曰臣抱患私門竊聞侯景以渦陽敗績隻馬歸命陛下不悔前禍復敕容納臣聞凶人之性不移天下之惡一也昔呂布殺丁原以事董卓終誅董而爲賊劉牢反王恭以歸晉還背晉以構妖何者狼子野心終無馴狎之性養虎之喻必見飢噬之禍侯景獸心之種鳴鏑之類以凶狡之才荷高歡翼長之遇位忝台司任居方伯然而高歡墳土未乾卽還反噬逆力不逮乃復逃死關西宇文不容故復投身於我陛下前者所以不逆細流正欲以屬國降胡以討匈奴冀獲一戰之效耳今旣亡師失地直是境上之匹夫陛下愛匹夫而棄與國之好臣竊不取也若國家猶待其更鳴之晨歲暮之效臣竊惟侯景必非歲暮之臣棄鄉國如脫屣背君親如遺芥豈知遠慕聖德爲江淮之純臣事

跡顯然無可致惑一隅尙其如此觸類何可具陳臣朽老疾侵不應輒干朝政但楚囊將死有城郢之忠衞魚臨亡亦有屍諫之節臣忝爲宗室遺老敢忘劉向之心伏願天慈少思危苦之語高祖省表歎息卒不能用介姓高簡少交遊惟與族兄琛從兄昞素及洽從弟淑等文酒賞會時人以比謝氏烏衣之遊初高祖招延後進二十餘人置酒賦詩臧盾以詩不成罰酒一斗盾飲盡顏色不變言笑自若介染翰便成文無加點高祖兩美之曰臧盾之飮蕭介之文卽席之美也年七十三卒於家第三子允初以兼散騎常侍聘魏還爲太子中庶子後至光祿大夫

洽字宏稱介從父兄也父惠基齊吏部尙書有重名前世洽幼敏寤年七歲誦楚辭略上口及長好學博涉亦善屬文齊永明中爲國子生舉明經起家著作佐郎還西中郞外兵參軍天監初爲前軍鄱陽王主簿尙書缺部郎還太子中舍人出爲南徐州中從事近畿重鎭史數千人前從居之者皆致巨富洽爲之清身率職饋遺一無所受妻子不免饑寒還除司空從事中郎爲建安內史坐

事免久之起爲護軍長史北中郎諮議參軍遷太府卿司徒臨川王司馬普通初拜員外散騎常侍兼御史中丞以公事免頃之爲通直散騎常侍洽少有才思高祖令製同泰大愛敬二寺剎下銘其文甚美二年遷散騎常侍出爲招遠將軍臨海太守爲政清平不尚威猛民俗便之還拜司徒左長史又敕撰當塗堰碑辭亦贍麗六年卒官時年五十五有詔出舉哀賻錢二萬布五十疋集二十卷行於世

褚球字仲寶河南陽翟人高祖叔度宋征虜將軍雍州刺史祖曖太宰外兵參軍父績太子舍人並尚宋公主球少孤貧篤志好學有才思宋建平王景素元徽中誅滅惟有一女得存其故吏何昌寓王思遠聞球清立以此女妻之因爲之延譽仕齊起家征虜行參軍俄署法曹遷右軍曲江公主簿出爲溧陽令在縣清白資公俸而已除平西主簿天監初遷太子洗馬散騎侍郎兼中書通事舍人出爲建康令母憂去職以本官起之固辭不拜服闋除北中郎諮議參軍俄還中書郎復兼中書通事舍人除雲騎將軍累兼廷尉光祿卿舍人如故還

御史中丞球性公強無所屈撓在憲司甚稱職普通四年出爲北中郎長史南蘭陵太守入爲通直散騎常侍領羽林監七年遷太府卿頃之遷都官尚書中大同中出爲仁威臨川王長史江夏太守以疾不赴職改授光祿大夫未拜復爲太府卿領步兵校尉俄遷通直散騎常侍祕書監領著作遷司徒左長史常侍著作如故自魏孫禮晉荀組以後台佐加貂始有球也尋出爲貞威將軍輕車河東王長史南蘭陵太守入爲散騎常侍領步兵尋表致仕詔不許俄復拜光祿大夫加給事中卒官時年七十

劉孺字孝稚彭城安上里人也祖勔宋司空忠昭公父悛齊太常敬子孺幼聰敏七歲能屬文年十四居父喪毀瘠骨立宗黨咸異之服闋叔父瑱爲義興郡攜以之官常置坐側謂賓客曰此兒吾家之明珠也既長美風采性通和雖家人不見其喜愠本州召迎主簿起家中軍法曹行參軍時鎮軍沈約聞其名引爲主簿常與遊宴賦詩大爲約所嗟賞累遷太子舍人中軍臨川王主簿太子洗馬尚書殿中郎出爲太末令在縣有清績還除晉安王友轉太子中舍人孺

少好文章性又敏速嘗於御坐爲李賦受詔便成文不加點高祖甚稱賞之後侍宴壽光殿詔羣臣賦詩時孺與張率並醉未及成高祖取孺手板題戲之曰張率東南美劉孺雒陽才攬筆便應就何事久遲回其見親愛如此轉中書郎兼中書通事舍人頃之遷太子家令餘如故出爲宣惠晉安王長史領丹陽尹丞還太子中庶子尚書吏部郎出爲輕車湘東王長史領會稽郡丞公事免頃之起爲王府記室散騎侍郎兼光祿卿累遷少府卿司徒左長史御史中丞號爲稱職大通二年遷散騎常侍三年遷左民尚書領步兵校尉中大通四年出爲仁威臨川王長史江夏太守加貞威將軍五年爲寧遠將軍司徒左長史未拜改爲都官尚書領右軍將軍大同五年守吏部尚書其年出爲明威將軍晉陵太守在郡和理爲吏民所稱七年入爲侍中領右軍其年復爲吏部尚書以母憂去職居喪未朞以毀卒時年五十九謚曰孝子孺少與從兄苞孝綽齊名苞早卒孝綽數坐免黜位並不高惟孺貴顯有文集二十卷子勗著作郎早卒

孺二弟覽遵

覽字孝智十六通老易歷官中書郎以所生母憂廬于墓再朞口不嘗鹽酪冬
止著單布家人患其不勝喪中夜竊寘炭於牀下覽因暖氣得睡既覺知之號
慟歐血高祖聞其有至性數省視之服闋除尚書左丞性聰敏尚書令史七百
人一見並記名姓當官清正無所私姊夫御史中丞褚湮從兄吏部郎孝綽在
職頗通贓貨覽劾奏並免官孝綽怨之嘗謂人曰犬齧行路覽噬家人出爲始
興內史治郡尤勵清節還復爲左丞卒官

遵字孝陵少清雅有學行工屬文起家著作郎太子舍人累遷晉安王宣惠雲
麾二府記室甚見賓禮轉南徐州治中王後爲雍州復引爲安北諮議參軍帶
邔縣令中大通二年王立爲皇太子仍除中庶子遵自隨藩及在東宮以舊恩
偏蒙寵遇同時莫及大同元年卒官皇太子深悼惜之與遵從兄陽羨令孝儀
令曰賢從中庶奄至殞逝痛可言乎其孝友淳深立身貞固內含玉潤外表瀾
清美譽嘉聲流於士友言行相符始終如一文史該富琬琰爲心辭章博贍玄
黃成采既以鳴謙表性又以難進自居未嘗造請公卿締交榮利是以新沓莫

之舉社武弗之知自阮放之官野王之職棲遲門下已踰五載同僚已陟後進
多升而怡然清靜不以少多爲念確爾之志亦何易得西河觀寶東江獨步書
籍所載必不是過吾昔在漢南連翩書記及忝朱方從容坐首良辰美景清風
月夜鷁舟乍動朱鷺徐鳴未嘗一日而不追隨一時而不會遇酒闌耳熱言志
賦詩校覆忠賢榷揚文史益者三友此實其人及弘道下邑未申善政而能使
民結去思野多馴雉此亦威鳳一羽足以驗其五德比在春坊載獲申晤博望
無通賓之務司成多節文之科所賴故人時相媲偶而此子溘然實可嗟痛惟
與善人此爲虛說天之報施豈若此乎想卿痛悼之誠亦當何已往矣奈何投
筆惻愴吾昨欲爲誌銘幷爲撰集吾之劣薄其生也不能揄揚吹歔使得騁其
才用今者爲銘爲集何益既往故爲痛惜之情不能已已耳
劉潛字孝儀祕書監孝綽弟也幼孤與兄弟相勵勤學並工屬文孝綽常曰三
筆六詩三即孝儀六孝威也天監五年舉秀才起家鎮右始興王法曹行參軍
隨府益州兼記室王入爲中撫軍轉主簿遷尙書殿中郎敕令製雍州平等金

像碑文甚宏麗晉安王綱出鎮襄陽引爲安北功曹史以母憂去職王立爲皇太子孝儀服闋仍補洗馬遷中舍人出爲戎昭將軍陽羨令甚有稱績擢爲建康令大同三年還中書郎以公事左遷安西諮議參軍兼散騎常侍使魏還復除中書郎頃之權兼司徒右長史又兼寧遠長史行彭城琅邪二郡事累遷尚書左丞兼御史中丞在職彈糾無所顧望當時稱之十年出爲伏波將軍臨海太守是時政網疎闊百姓多不遵禁孝儀下車宣示條制勵精綏撫境內翕然風俗大革中大同元年入守都官尚書太清元年出爲明威將軍豫章內史二年侯景寇京邑孝儀遣子勵帥郡兵三千人隨前衡州刺史韋粲入援三年宮城不守孝儀爲前歷陽太守莊鐵所逼失郡大寶元年病卒時年六十七孝儀爲人寬厚內行尤篤第二兄孝能早卒孝儀事寡嫂甚謹家內巨細必先諮決與妻子朝夕供事未嘗失禮世以此稱之有文集二十卷行於世第五弟孝勝歷官邵陵王法曹湘東王安西主簿記室尚書左丞出爲信義太守公事免久之復爲尚書右丞兼散騎常侍聘魏還爲安西武陵王紀長史蜀郡太守太清

中侯景陷京師紀僭號於蜀以孝勝爲尚書僕射承聖中隨紀出峽口兵敗被
執下獄世祖尋宥之起爲司徒右長史第六弟孝威初爲安北晉安王法曹轉
主簿以母憂去職服闋除太子洗馬累遷中舍人庶子率更令並掌管記大同
九年白雀集東宮孝威上頌其辭甚美太清中遷中庶子兼通事舍人及侯景
寇亂孝威於圍城得出隨司州刺史柳仲禮西上至安陸遇疾卒第七弟孝先
武陵王法曹主簿王遷益州隨府轉安西記室承聖中與兄孝勝俱隨紀軍出
峽口兵敗至江陵世祖以爲黄門侍郎遷侍中兄弟並善五言詩見重於世文
集值亂今不具存
殷芸字灌蔬陳郡長平人性倜儻不拘細行然不妄交遊門無雜客勵精勤學
博洽羣書幼而廬江何憲見之深相歎賞永明中爲宜都王行參軍天監初爲
西中郎主簿後軍臨川王記室七年遷通直散騎侍郎兼中書通事舍人十年
除通直散騎侍郎兼尚書左丞又兼中書舍人遷國子博士昭明太子侍讀西
中郎豫章王長史領丹陽尹丞累遷通直散騎常侍祕書監司徒左長史普通

六年直東宮學士省大通三年卒時年五十九
蕭幾字德玄齊曲江公遙欣子也年十歲能屬文早孤有弟九人並皆稚小幾恩愛篤睦聞於朝野性温和與物無競清貧自立好學善草隸書湘州刺史楊公則曲江之故吏也每見幾謂人曰康公此子可謂桓靈寶出及公則卒幾爲之誄時年十五沈約見而奇之謂其舅蔡撙曰昨見賢甥楊平南誄文不減希逸之作始驗康公積善之慶釋褐著作佐郎廬陵王文學尚書殿中郎太子舍人掌管記遷庶子中書侍郎尚書左丞末年專尚釋教爲新安太守郡多山水特其所好適性遊履遂爲之記卒于官子爲字元專亦有文才仕至太子舍人永康令
史臣曰王規之徒俱著名譽既逢休運才用各展美矣蕭洽當塗之制見偉辭人劉孝儀兄弟並以文章顯君子知梁代之有人焉

梁書卷四十一

梁書卷四十一考證

蕭介傳以凶狡之才○狡監本訛稷今改正

劉潛傳第二兄孝能○能南史作態

蕭幾傳康公此子可謂桓靈寶出○南史出字上有重字

子爲字元專○爲南本作清

梁書卷四十一考證

梁書卷四十二

唐　散騎常侍姚思廉撰

列傳第三十六

臧盾 弟厥　傅岐

臧盾字宣卿東莞莒人高祖燾宋左光祿大夫祖潭之左民尚書父未甄博涉文史有才幹少爲外兄汝南周顒所知宋末起家爲領軍主簿所奉卽齊武帝入齊歷太尉祭酒尚書主客郎建安廬陵二王府記室前軍功曹史通直郎南徐州中正丹陽尹丞高祖平京邑霸府建引爲驃騎刑獄參軍天監初除後軍諮議中郎南徐州別駕入拜黃門郎遷右軍安成王長史少府卿出爲新安太守有能名還爲太子中庶子司農卿太尉長史丁所生母憂三年廬于墓側服闋除廷尉卿出爲安成王長史江夏太守卒官盾幼從徵士琅邪諸葛璩受五經通章句璩學徒常有數十百人盾處其間無所狎比璩異之歎曰此生重器王佐人也初爲撫軍行參軍遷尚書中兵郎盾美風儀善舉止每趨奏高祖甚

悅焉入兼中書通事舍人除安右錄事參軍舍人如故盾有孝性隨父宿直於廷尉母劉氏在宅夜暴亡左手中指忽痛不得寢及曉宅信果報凶問其感通如此服制未終父又卒盾居喪五年不出廬舍形骸枯顇家人不復識鄉人王端以狀聞高祖嘉之敕累遣抑譬服闋除丹陽尹丞轉中書郎復兼中書舍人遷尚書左丞爲東中郎武陵王長史行府州國事領會稽郡丞還爲少府卿領步兵校尉遷御史中丞盾性公彊居憲臺甚稱職中大通五年二月高祖幸同泰寺開講設四部大會衆數萬人南越所獻馴象忽於衆中狂逸乘輿羽衛及會皆駭散惟盾與散騎郎裴之禮嶷然自若高祖甚嘉焉俄有詔加散騎常侍未拜又詔曰總一六軍非才勿授御史中丞新除散騎常侍盾志懷忠密識用詳慎當官平允處務勤恪必能緝斯戎政可兼領軍常侍如故大同二年遷中領軍領軍管天下兵要監局事多盾爲人敏贍有風力長於撥繁職事甚理天監中吳平侯蕭景居此職著聲稱至是盾復繼之五年出爲仁威將軍吳郡太守視事未朞以疾陳解拜光祿大夫加金章紫綬七年疾愈復爲領軍將軍九

年卒時年六十六卽日有詔舉哀贈侍中領軍如故給東園祕器朝服一具衣
一襲錢布各有差諡曰忠子長博字孟弘桂陽內史次子仲博曲阿令盾弟厥
厥字獻卿亦以幹局稱初爲西中郎行參軍尚書主客郎入兼中書通事舍人
累遷正員郎鴻臚卿舍人如故還尚書右丞未拜出爲晉安太守郡居山海常
結聚逋逃前二千石雖募討捕而寇盜不止厥下車宣風化凡諸凶黨皆襁負
而出居民復業商旅流通然爲政嚴酷少恩吏民小事必加杖罰百姓謂之臧
虎還除驃騎廬陵王諮議參軍復兼舍人遷員外散騎常侍兼司農卿舍人如
故大同八年卒官時年四十八厥前後居職所掌之局大事及蘭臺廷尉所不
能決者敕並付厥厥辨斷精詳咸得其理厥卒後有撾登聞鼓訴者求付清直
舍人高祖曰臧厥既亡此事便無可付其見知如此子操尚書三公郎
傅岐字景平北地靈州人也高祖弘仁宋太常祖琰齊世爲山陰令有治能自
縣擢爲益州刺史父翽天監中歷山陰建康令亦有能名官至驃騎諮議岐初
爲國子明經生起家南康王宏常侍還行參軍兼尚書金部郎母憂去職居喪

盡禮服闋後疾廢久之是時改創北郊壇初起岐監知繕築事畢除如新令縣民有因鬬相毆而死者死家訴郡郡錄其仇人考掠備至終不引咎郡乃移獄於縣岐即命脫械以和言問之便即首服法當償死會冬節至岐乃放其還家使過節一日復獄曹掾固爭曰古者乃有此於今不可行岐曰其若負信縣令當坐主者勿憂竟如期而反太守深相歎異遽以狀聞岐後去縣民無老小皆出境拜送啼號之聲聞於數十里至都除廷尉正入兼中書通事舍人遷寧遠岳陽王記室參軍舍人如故出爲建康令以公事免俄復爲舍人累遷安西中記室鎮南諮議參軍兼舍人如故岐美容止博涉能占對大同中與魏和親其使歲中再至常遣岐接對焉太清元年累遷太僕司農卿舍人如故在禁省十餘年機事密勿亞於朱异此年冬豫州刺史貞陽侯蕭淵明率衆伐彭城兵敗陷魏二年淵明遣使還述魏人欲更通和好敕有司及近臣定議左衛朱异曰高澄此意當復欲繼好不爽前和邊境且得靜寇息民於事爲便議者並然之岐獨曰高澄既新得志其勢非弱何事須和此必是設間故令貞陽遣使令侯

景自疑當以貞陽易景景意不安必圖禍亂今若許澄通好正是墮其計中且彭城去歲喪師渦陽新復敗退令便就和益示國家之弱若如愚意此和宜不可許朱异等固執高祖遂從异議及遣和使侯景果有此疑累啓請追使敕但依違報之至八月遂舉兵反十月入寇京師請誅朱异三年遷中領軍舍人如故二月景於闕前通表乞割江右四州安其部下當解圍還鎮詔許之乃於城西立盟求遣宣城王出送岐固執宣城嫡嗣之重不宜許遣石城公大款送之及與景盟訖城中文武喜躍望得解圍岐獨言於衆曰賊舉兵爲逆未遂求和夷情獸心必不可信此和終爲賊所詐也衆並怨怪之及景背盟莫不歎服尋有詔以岐勤勞封南豐縣侯邑五百戶固辭不受宮城失守岐帶疾出圍卒於宅

陳吏部尚書姚察曰夫舉事者定於謀故萬舉無遺策信哉是言也傅岐識齊氏之僞和可謂善於謀事是時若納岐之議太清禍亂固其不作申子曰一言倚天下靡此之謂乎

梁書卷四十二

唐　散　騎　常　侍　姚　思　廉　撰

列傳第三十七

韋粲　江子一 弟子四 子五　張嵊　沈浚　柳敬禮

韋粲字長蒨車騎將軍叡之孫北徐州刺史放之子也有父風好學仗氣身長八尺容貌甚偉初爲雲麾晉安王行參軍俄署法曹遷外兵參軍兼中兵時頗川庾仲容吳郡張率前輩知名與粲同府並忘年交好及王還鎮雍州隨轉記室兼中兵如故王立爲皇太子粲還步兵校尉入爲東宮領直丁父憂去職尋起爲招遠將軍復爲領直服闋襲爵永昌縣侯除安西湘東王諮議累遷太子僕左衞率領直並如故粲以舊恩任寄綢密雖居職屢徙常留宿衞頗擅權誕倨不爲時輩所平右衞朱异嘗於酒席厲色謂粲曰卿何得已作領軍面向人中大同十一年遷通直散騎常侍未拜出爲持節督衡州諸軍事安遠將軍衡州刺史皇太子出餞新亭執粲手曰與卿不爲久別太清元年粲至州無幾便

表解職二年徵爲散騎常侍粲還至廬陵聞侯景作逆便簡閱部下得精卒五千馬百匹倍道赴援至豫章奉命報云賊已出横江粲卽就內史劉孝儀共謀之孝儀曰必期如此當有別敕豈可輕信單使妄相驚動或恐不然時孝儀置酒粲怒以杯抵地曰賊已渡江便逼宮闕水陸俱斷何暇有報假令無敕豈得自安韋粲今日何情飲酒卽馳馬出部分將發會江州刺史當陽公大心遣使要粲粲乃馳往見大心曰上游蕃鎮江州去京最近殿下情計實宜在前但中流任重當須應接不可闕鎮今直且張聲勢移鎮湓城遣偏將賜隨於事便足大心然之遣中兵柳昕帥兵二千人隨粲粲悉留家累於江州以輕舸就路至南洲粲外弟司州刺史柳仲禮亦帥步騎萬餘人至横江粲卽送糧仗贍給之并散私金帛以賞其戰士先是安北將軍鄱陽王範亦自合肥遣西豫州刺史裴之高與其長子嗣帥江西之衆赴京師屯於張公洲待上流諸軍至是時之高遣船渡仲禮與合軍進屯王遊苑粲建議推仲禮爲大都督報下流衆軍裴之高自以年位恥居其下乃云柳節下是州將何須我復鞭板累日不決粲乃

抗言於衆曰今者同赴國難義在除賊所以推柳司州者政以久捍邊疆先爲侯景所憚且士馬精銳無出其前若論位次柳在粲下語其年齒亦少於粲直以社稷之計不得復論今日形勢貴在將和若人心不同大事去矣裴公朝之舊齒年德已隆豈應復挾私情以沮大計粲請爲諸君解釋之乃單舸至之高營切讓之曰前諸將之議豫州意所未同即二宮危逼猾寇滔天臣子當戮力同心豈可自相矛盾豫州必欲立異鋒鏑便有所歸之高垂泣曰吾荷國恩榮自應帥先士卒顧恨衰老不能効命企望柳使君共平凶逆謂衆議已從無俟老夫耳若必有疑當剖心相示於是諸將定議仲禮方得進軍次新亭賊列陣於中興寺相持至晚各解歸是夜仲禮入粲營部分衆軍旦日將戰諸將各有據守令粲頓青塘青塘當石頭中路粲慮柵壘未立賊必爭之頗以爲憚謂仲禮曰下官才非禦侮直欲以身徇國節下善量其宜不可致有虧喪仲禮曰青塘立柵迫近淮渚欲以糧儲船乘盡就泊之此是大事非兄不可若疑兵少當更差軍相助乃使直閤將軍劉叔胤師助粲帥所部水陸俱進時值昏霧軍人

迷失道比及青塘夜已過半壘柵至曉未合景登禪靈寺門閣望粲營未立便率銳卒來攻軍副王長茂勸據柵待之粲不從令軍主鄭逸逆擊之命劉叔胤以水軍截其後叔胤畏懦不敢進逸遂敗賊乘勝入營左右牽粲避賊粲不動猶叱子弟力戰兵死略盡遂見害時年五十四粲子尼及三弟助警構從弟昂皆戰死親戚死者數百人賊傳粲首闕下以示城內太宗聞之流涕曰社稷所寄惟在韋公如何不幸先死行陣詔贈護軍將軍世祖平侯景追謚曰忠貞并追贈助警構及尼皆中書郎昂員外散騎常侍粲長子臧字君理歷官尚書三公郎太子洗馬東宮領直侯景至帥兵屯西華門城陷奔江州收舊部曲據豫章爲其部下所害

江子一字元貞濟陽考城人晉散騎常侍統之七世孫也父法成天監中奉朝請子一少好學有志操以家貧闕養因蔬食終身起家王國侍郎朝請啓求觀書祕閣高祖許之有敕直華林省其姑夫右衞將軍朱异權要當朝休下之日賓客輻湊子一未嘗造門其高潔如此稍遷尚書儀曹郎出爲遂昌曲阿令皆

著實績除通直散騎侍郎出爲戎昭將軍南津校尉弟子四歷尚書金部郎大同初遷右丞兄弟性並剛烈子四自右丞上封事極言得失高祖甚善之詔尚書詳擇施行焉左民郎沈炯少府丞顧璵嘗奏事不允高祖厲色呵責之子四乃趨前代炯等對言甚激切高祖怒呼縛之子四據地不受高祖怒亦止乃釋之猶坐免職及侯景反攻陷歷陽自橫江將渡子一帥舟師千餘人於下流欲邀之其副董桃生家在江北因與其黨散走子一乃退還南洲復收餘衆步道赴京師賊亦尋至子一啓太宗云賊圍未合猶可出盪若營柵一固無所用武請與其弟子四子五帥所領百餘人開承明門挑賊許之子一乃身先士卒抽戈獨進羣賊夾攻之從者莫敢繼子四子五見事急相引赴賊並見害詔曰故戎昭將軍通直散騎侍郎南津校尉江子一前尚書右丞江子四東宮直殿主帥子五禍故有聞良以矜惻死事加等抑惟舊章可贈子一給事黃門侍郎子四中書侍郎子五散騎侍郎侯景平世祖又追贈子一侍中謚義子子四黃門侍郎謚毅子子五中書侍郎謚烈子子一續黃圖及班固九品并辭賦文筆數

十篇行於世

張嵊字四山鎮北將軍稷之子也少方雅有志操能清言父臨青州爲士民所害嵊感家禍終身蔬食布衣手不執刀刃州舉秀才起家祕書郎累遷太子舍人洗馬司徒左西掾中書郎出爲永陽內史還除中軍宣城王司馬散騎常侍又出爲鎮南湘東王長史尋陽太守中大同元年徵爲太府卿俄遷吳興太守太清二年侯景圍京城嵊遣弟伊率郡兵數千人赴援三年宮城陷御史中丞沈浚違難東歸嵊往見而謂曰賊臣憑陵社稷危耻正是人臣效命之秋今若收集兵力保據貴鄉若天道無靈忠節不展雖復及死誠亦無恨浚曰鄙郡雖小仗義拒逆誰敢不從固勸嵊舉義於是收集士卒繕築城壘時邵陵王東奔至錢唐聞之遣板授嵊征東將軍加秩中二千石嵊曰朝廷危迫天子蒙塵今日何情復受榮號留板而已賊行臺劉神茂攻破義興遣使說嵊曰若早降附當還以郡相處復加爵賞嵊命斬其使仍遣軍主王雄等帥兵於鱧瀆逆擊之破神茂神茂退走侯景聞神茂敗乃遣其中軍侯子鑒帥精兵二萬人助神茂

以擊嵥嵥遣軍主苑智朗出郡西拒戰爲神茂所敗退歸賊騎乘勝焚柵柵內衆軍皆土崩嵥乃釋戎服坐於聽事賊臨之以刃終不爲屈乃執嵥以送景景刑之於都市子弟同遇害者十餘人時年六十二賊平世祖追贈侍中中衞將軍開府儀同三司諡曰忠貞子

沈浚字叔源吳興武康人祖憲齊散騎常侍齊史有傳浚少博學有才幹歷山陰吳建康令並有能名入爲中書郎尚書左丞侯景逼京城遷御史中丞是時外援並至侯景表請求和詔許之既盟景知城內疾疫復懷姦計遲疑不去數日皇太子令浚詰景所景曰卽已向熱非復行時十萬之衆何由可去還欲立効朝廷君可見爲申聞浚曰將軍此論意在得城城內兵糧尚支百日將軍儲積內盡國家援軍外集十萬之衆將何所資而反設此言欲脅朝廷邪景橫刃於膝瞋目叱之浚正色責景曰明公親是人臣舉兵向闕聖主申恩赦過已共結盟口血未乾而有翻背沈浚六十之年且天子之使死生有命豈畏逆臣之刀乎不顧而出景曰是真司直也然密銜之及破張嵥乃求浚以害之

柳敬禮開府儀同三司慶遠之孫父津太子詹事敬禮與兄仲禮皆少以勇烈
知名起家著作佐郎稍遷扶風太守侯景渡江敬禮率馬步三千赴援至都據
青溪埭與景頻戰恆先登陷陳甚著威名臺城沒敬禮與仲禮俱見於景景遣
仲禮經略上流留敬禮爲質以爲護軍景餞仲禮於後渚敬禮密謂仲禮曰景
今來會敬禮抱之兄拔佩刀便可斫殺敬禮死亦無所恨仲禮壯其言許之及
酒數行敬禮目仲禮仲禮見備衞嚴不敢動計遂不果會景征晉熙敬禮與南
康王會理共謀襲其城剋期將發建安侯蕭賁知而告之遂遇害
史臣曰若夫義重於生前典垂誥斯蓋先哲之所貴也故孟子稱生者我所欲
義亦我所欲二事必不可兼得寧捨生而取義至如張嵊二三子之徒捐軀徇
節赴死如歸英風勁氣籠罩今古君子知梁代之有忠臣焉

梁書卷四十三

梁書卷四十三考證

江子一傳江子一字元貞○貞南史作亮

梁書卷四十三考證

梁書卷四十四

唐　散　騎　常　侍　姚　思　廉　撰

列傳第三十八

太宗十一王　世祖二子

太宗王皇后生哀太子大器南郡王大連陳淑容生潯陽王大心左夫人生南海王大臨安陸王大春謝夫人生瀏陽公大雅張夫人生新興王大莊包昭華生西陽王大鈞范夫人生武寧王大威褚脩華生建平王大球陳夫人生義安王大昕朱夫人生綏建王大摯自餘諸子本書不載

潯陽王大心字仁恕幼而聰朗善屬文中大通四年以皇孫封當陽公邑一千五百戶大同元年出爲使持節都督郢南北司定新五州諸軍事輕車將軍郢州刺史時年十三太宗以其幼恐未達民情戒之曰事無大小悉委行事纖毫不須措懷大心雖不親州務發言每合於理衆皆驚服七年徵爲侍中兼石頭戍軍事太清元年出爲雲麾將軍江州刺史二年侯景寇京邑大心招集士卒

遠近歸之衆至數萬與上流諸軍赴援宮闕三年城陷上甲侯蕭韶南奔宣密詔加散騎常侍進號平南將軍大寶元年封潯陽王邑二千戶初歷陽太守莊鐵以城降侯景既而又奉其母來奔大心以鐵舊將厚爲其禮軍旅之事悉以委之仍以爲豫章內史侯景數遣軍西上寇抄大心輒令鐵擊破之賊不能進時鄱陽王範率衆棄合肥屯于柵口待援兵總集欲俱進大心聞之遣要範西上以湓城處之廩饋甚厚與戮力共除禍難會莊鐵據豫章反大心令中兵參軍韋約等將軍擊之鐵敗績又乞降鄱陽世子嗣先與鐵遊處因稱其人才略從橫且舊將也欲舉大事當資其力若降江州必不全其首領嗣請援之範從之乃遣將侯瑱率精甲五千往救鐵夜襲破韋約等營大心聞之大懼於是二藩釁起人心離貳景將任約略地至子湓城大心遣司馬韋質拒戰敗績時帳下猶有勇士千餘人咸說曰既無糧儲難以守固若輕騎往建州以圖後舉策之上者也大心未決其母陳淑容曰卽日聖御年尊儲宮萬福汝久奉違顏色不念拜謁闕庭且吾已老而欲遠涉險路糧儲不給豈謂孝子吾終不行因撫

胸慟哭大心乃止遂與約和二年秋遇害時年二十九
南海王大臨字仁宣大同二年封寧國縣公邑一千五百戶少而敏慧年十一遭左夫人憂哭泣毀瘠以孝聞後入國學明經射策甲科拜中書侍郎遷給事黃門侍郎十一年爲長兼侍中出爲輕車將軍琅邪彭城二郡太守侯景亂爲使持節宣惠將軍屯新亭俄又徵還屯端門都督城南諸軍事時議者皆勸收外財物擬供賞賜大臨獨曰物乃賞士而牛可犒軍命取牛得千餘頭城內賴以饗士大寶元年封南海郡王邑二千戶出爲使持節都督揚南徐二州諸軍事安南將軍揚州刺史又除安東將軍吳郡太守時張彪起義於會稽吳人陸令公穎川庾孟卿等勸大臨走投彪大臨曰彪若成功不資我力如其撓敗以我說焉不可往也二年秋遇害于郡時年二十五
南郡王大連字仁靖少俊爽能屬文舉止風流雅有巧思妙達音樂兼善丹青大同二年封臨城縣公邑一千五百戶七年與南海王俱入國學射策甲科拜中書侍郎十年高祖幸朱方大連與兄大臨並從高祖問曰汝等習騎不對曰

臣等未奉詔不敢輒習敕各給馬試之大連兄弟據鞍往還各有馳驟之節高
祖大悅卽賜所乘馬及爲啓謝詞又甚美高祖佗日謂太宗曰昨見大臨大連
風韻可愛足以慰吾年老還給事黃門侍郎轉侍中尋兼石頭戍軍事太清元
年出爲使持節輕車將軍東揚州刺史侯景入寇京師大連率衆四萬來赴及
臺城沒援軍散復還揚州三年會稽山賊田領羣聚黨數萬來攻大連命中兵
參軍張彪擊斬之大寶元年封爲南郡王邑二千戶景仍遣其將趙伯超劉神
茂來討大連設備以待之會將留異以城應賊大連棄城走至信安爲賊所獲
侯景以爲輕車將軍行揚州事還平南將軍江州刺史大連旣迫寇手恆思逃
竄乃與賊約曰軍民之事吾不預焉候我存亡但聽鍾響欲觴與相見因得亡
逸賊亦信之事未果二年秋遇害時年二十五

安陸王大春字仁經少博涉書記天性孝謹體貌瓌偉腰帶十圍大同六年封
西豐縣公邑一千五百戶拜中書侍郎後爲寧遠將軍知石頭戍軍事侯景內
寇大春奔京口隨邵陵王入援戰于鍾山爲賊所獲京城旣陷大寶元年封安

陸郡王邑二千戶出爲使持節雲麾將軍東揚州刺史二年秋遇害時年二十
二
瀏陽公大雅字仁風大同九年封瀏陽縣公邑一千五百戶少聰警美姿儀特
爲高祖所愛太清三年京城陷賊已乘城大雅猶命左右格戰賊至漸衆乃自
縋而下因發憤感疾薨時年十七
新興王大莊字仁禮大同九年封高唐縣公邑一千五百戶大寶元年封新興
郡王邑二千戶嘗爲使持節都督南徐州諸軍事宣毅將軍南徐州刺史二年
秋遇害時年十八
西陽王大鈞字仁輔性厚重不妄戲弄年七歲高祖嘗問讀何書對曰學詩因
命諷誦音韻清雅高祖因賜王羲之書一卷大寶元年封西陽郡王邑二千戶
出爲宣惠將軍丹陽尹二年監揚州將軍如故至秋遇害時年十三
武寧王大威字仁容美風儀眉目如畫大寶元年封武寧郡王邑二千戶二年
出爲信威將軍丹陽尹其年秋遇害時年十三

建平王大球字仁斑大寶元年封建平郡王邑二千戸性明惠夙成初侯景圍
京城高祖素歸心釋教每發誓願恆云若有衆生應受諸苦悉衍身代當時大
球年甫七歲聞而驚謂母曰官家尙爾兒安敢辭乃六時禮佛亦云凡有衆生
應獲苦報悉大球代受其早慧如此二年出爲輕車將軍兼石頭戍軍事其年
秋遇害時年十一
義安王大昕字仁朗年四歲母陳夫人卒便哀慕毀頓有若成人及高祖崩大
昕奉慰太宗嗚咽不能自勝左右見之莫不掩泣大寶元年封義安郡王邑二
千戸二年出爲寧遠將軍琅邪彭城二郡太守未之鎭遇害時年十一
綏建王大摯字仁瑛幼雄壯有膽氣及京城陷乃歎曰大丈夫會當滅虜屬妳
媪驚掩其口曰勿妄言禍將及大摯笑曰禍至非由此言大寶元年封綏建郡
王邑二千戸二年爲寧遠將軍遇害時年十歲
世祖諸男徐妃生忠壯世子方等王夫人生貞惠世子方諸其愍懷太子方矩
本書不載所生別有傳夏賢妃生敬皇帝自餘諸子並本書無傳

忠壯世子方等字實相世祖長子也母曰徐妃少聰敏有俊才善騎射尤長巧思性愛林泉特好散逸嘗著論曰人生處世如白駒過隙耳一壺之酒足以養性一簞之食足以怡形生在蓬蒿死葬溝壑瓦棺石槨何以異茲吾嘗夢爲魚因化爲鳥當其夢也何樂如之及其覺也何憂斯類良由吾之不及魚鳥者遠矣故魚鳥飛浮任其志性吾之進退恆存掌握舉手懼觸搖足恐墮若使吾終得與魚鳥同遊則去人間如脫屣耳初徐妃以嫉妒失寵方等意不自安世祖聞之又惡方等方等益懼故述論以申其志焉會高祖欲見諸王長子世祖遣方等入侍方等欣然升舟冀免憂辱行至繇水值侯景亂世祖召之方等啓曰昔申生不愛其死方等豈顧其生世祖省書歎息知無還意乃配步騎一萬使援京都賊每來攻方等必身當矢石宮城陷方等歸荆州收集士馬甚得衆和世祖始歎其能方等又勸修築城柵以備不虞既成樓雉相望周迴七十餘里世祖觀之甚悅入謂徐妃曰若更有一子如此吾復何憂徐妃不答垂泣而退世祖忿之因疏其穢行牓于大閤方等入見益以自危時河東王爲湘州刺史

不受督府之令方等乃乞征之世祖許焉拜爲都督令帥精卒二萬南討方等臨行謂所親曰吾此段出征必死無二死而獲所吾豈愛生及至麻溪河東王率軍逆戰方等擊之軍敗遂溺死時年二十二世祖聞之不以爲慼後追思其才贈侍中中軍將軍揚州刺史謚曰忠壯世子幷爲招魂以哀之方等注范曄後漢書未就所撰三十國春秋及靜住子行於世

貞惠世子方諸字智相世祖第二子母王夫人幼聰警博學明老易善談玄風釆清越辭辯鋒生特爲世祖所愛母王氏又有寵及方等敗沒世祖謂之曰不有所廢其何以興因拜爲中撫軍以自副又出爲郢州刺史鎮江夏以鮑泉爲行事防遏下流時世祖遣徐文盛督衆軍與侯景將任約相持未決方諸恃文盛在近不恤軍政日與鮑泉蒲酒爲樂侯景知之乃遣其將宋子仙率輕騎數百從間道襲之屬風雨晦冥子仙至百姓奔告方諸與鮑泉猶不信曰徐文盛大軍在下虜安得來始命閉門賊騎已入城遂陷子仙執方諸以歸王僧辯軍至蔡洲景遂害之世祖追贈侍中大將軍謚曰貞惠世子

史臣曰太宗世祖諸子雖開土宇運屬亂離既拘寇賊多殞非命吁可嗟矣

梁書卷四十四

梁書卷四十四考證

太宗十一王傳范夫人生武寧王大威○威南本作𡻕

自餘諸子本書不載○臣人龍按簡文帝有二十子今本傳載十一王其別見者有大成大封大圜大訓四人餘則不可考矣

西陽王大鈞傳大鈞字仁輔○輔南史作博

建平王大球傳大球字仁珽○珽南史作玉

忠壯世子方等傳所撰三十國春秋及靜住子行於世○靜住南史作篤靜

梁書卷四十四考證

梁書卷四十五

唐　散　騎　常　侍　姚　思　廉　撰

列傳第三十九

王僧辯

王僧辯字君才右衞將軍神念之子也以天監中隨父來奔起家爲湘東王國左常侍王爲丹陽尹轉府行參軍王出守會稽兼中兵參軍事王爲荆州仍除中兵在限內時武寧郡反王命僧辯討平之遷貞威將軍武寧太守尋遷振遠將軍廣平太守秩滿還爲王府中錄事參軍如故王被徵爲護軍僧辯兼府司馬王爲江州仍除雲騎將軍司馬守湓城俄監安陸郡無幾而還尋爲新蔡太守猶帶司馬將軍如故王除荆州爲貞毅將軍府諮議參軍事賜食千人代柳仲禮爲竟陵太守改號雄信將軍屬侯景反王命僧辯假節總督舟師一萬兼糧饋赴援纔至京都宮城陷沒天子蒙塵僧辯與柳仲禮兄弟及趙伯超等先屈膝於景然後入朝景悉收其軍實而厚加綏撫未幾遣僧辯歸于竟陵於是

倍道兼行西就世祖世祖承制以僧辯爲領軍將軍及荆湘疑貳軍師失律世祖又命僧辯及鮑泉統軍討之分給兵糧剋日就道時僧辯以竟陵部下猶未盡來意欲待集然後上頓謂鮑泉曰我與君俱受命南討而軍容若此計將安之泉曰既稟廟算驅率驍勇事等沃雪何所多慮僧辯曰不然君之所言故是文士之常談耳河東少有武幹兵刃又彊新破軍師養銳待敵自非精兵一萬不足以制之我竟陵甲士數經行陣已遣召之不久當及雖期日有限猶可重申欲與卿共入言之望相佐也泉曰成敗之舉繫此一行遲速之宜終當仰聽世祖性嚴忌微聞其言以爲遷延不肯去稍已含怒及僧辯將入謂泉曰我先發言君可見係泉又許之及見世祖世祖迎問曰卿已辦乎何日當發僧辯具對如向所言世祖大怒按劍厲聲曰卿憚行邪因起入內泉震怖失色竟不敢言須臾遣左右數十人收僧辯既至謂曰卿拒命不行是欲同賊今唯有死耳僧辯對曰僧辯食祿既深憂責實重今日就戮豈敢懷恨但恨不見老母世祖因斫之中其左髀流血至地僧辯悶絕久之方蘇卽送付廷尉幷收其子姪並

皆繫之會岳陽王軍襲江陵人情搔擾未知其備世祖遣左右往獄問計於僧辯僧辯具陳方略登卽赦爲城內都督俄而岳陽奔退而鮑泉力不能剋長沙世祖乃命僧辯代之數泉以十罪遣舍人羅重歡領齋仗三百人與僧辯俱發既至遣通泉云羅舍人被令送王竟陵來泉甚愕然顧左右曰得王竟陵助我經略賊不足平俄而重歡齎令書先入僧辯從齋仗繼進泉方拂席坐而待之僧辯既入背泉而坐曰鮑郎卿有罪令旨使我鏁卿勿以故意見待因語重歡出令泉卽下地鏁于牀側僧辯仍部分將帥并力攻圍遂平湘土還復領軍將軍侯景浮江西寇軍次夏首僧辯爲大都督率巴州刺史淳于量定州刺史杜龕宜州刺史王琳郴州刺史裴之橫等俱赴西陽軍次巴陵聞郢州已沒僧辯因據巴陵城世祖乃命羅州刺史徐嗣徽武州刺史杜崱並會僧辯于巴陵景既陷郢城兵衆益廣徒黨甚銳將進寇荊州乃使僞儀同丁和統兵五千守江夏大將宋子仙前驅一萬造巴陵景悉凶徒水步繼進於是緣江戍邏望風請服賊拓邏至于隱磯僧辯悉上江渚米糧並沉公私船於水及賊前鋒次江口

僧辯乃分命衆軍乘城固守偃旗臥鼓安若無人翌日賊衆濟江輕騎至城下
問城内是誰答曰是王領軍賊曰語王領軍事勢如此何不早降僧辯使人答
曰大軍但向荆州此城自當非礙僧辯百口在人掌握豈得便降賊騎既去俄
爾又來曰我王已至王領軍何爲不出與王相見邪僧辯不答頃之又執王珣
等至于城下珣爲書誘說城内景帥船艦並集北寺又分入港中登岸治道廣
設氈屋耀軍城東隴上芟除草莽開八道向城遣五千兎頭肉薄苦攻城内同
時鼓譟矢石雨下殺賊既多賊乃引退世祖又命平北將軍胡僧祐率兵下援
僧辯是日賊復攻巴陵水步十處鳴鼓吹脣肉薄斫上城上放木擲火礮礨石
殺傷甚多午後賊退乃更起長柵繞城大列舸艦以樓船攻水城西南角又遣
人渡洲岸引牂柯推蝦蟇車塡壍引障車臨城二日方止賊又於艦上竪木桔
橰聚茅置火以燒水柵風勢不利自焚而退既頻戰挫衂賊帥任約又爲陸法
和所擒景乃燒營夜遁旋軍夏首世祖策勳行賞以僧辯爲征東將軍開府儀
同三司江州刺史封長寧縣公於是世祖命僧辯卽率巴陵諸軍沿流討景師

次郢城步攻魯山魯山城主支化仁景之騎將也率其黨力戰衆軍大破之化仁乃降僧辯仍督諸軍渡兵攻郢卽入羅城宋子仙蟻聚金城拒守攻之未剋子仙使其黨時靈護率衆三千開門出戰僧辯又大破之生擒靈護斬首千級子仙衆退據倉門帶江阻險衆軍攻之頻戰不剋景旣聞魯山已沒郢鎭復失羅城乃率餘衆倍道歸建業子仙等困蹙計無所之乞輸郢城身還就景僧辯僞許之命給船百艘以老其意子仙謂爲信然浮舟將發僧辯命杜龕率精勇千人攀堞而上同時鼓譟掩至倉門水軍主宋遙率樓船暗江四面雲合子仙行戰行走至于白楊浦乃大破之生擒子仙送江陵卽率諸軍進師九水賊僞儀同范希榮盧暉略尙據湓城及僧辯軍至希榮等因挾江州刺史臨城公棄城奔走世祖加僧辯侍中尙書令征東大將軍給鼓吹一部仍令僧辯且頓江州須衆軍齊集得時更進頃之世祖命江州衆軍悉同大舉僧辯乃表皇帝凶問告于江陵仍率大將百餘人連名勸世祖卽位將欲進軍又重奉表雖未見從並蒙優答事見本紀僧辯於是發自江州直指建業乃先命南兗州刺史侯

瑱率銳卒輕舸襲南陵鵲頭等戍至即剋之先是陳霸先率衆五萬出自南江
前軍五千行至湓口霸先倜儻多謀策名蓋僧辯僧辯畏之既至湓口與僧辯
會于白茅洲登壇盟誓霸先爲其文曰賊臣侯景凶羯小胡逆天無狀構造姦
惡違背我恩義破掠我國家毒害我生民移毀我社廟我高祖武皇帝靈聖聰
明光宅天下劬勞兆庶亭育萬民如我考妣五十所載哀景以窮見歸全景將
戮之首置景要害之地崇景非次之榮我高祖於景何薄我百姓於景何怨而
景長戟彊弩陵蹙朝廷鋸牙郊甸殘食含靈刳肝斮趾不懨其快曝骨焚屍不
謂爲酷高祖菲食卑宮春秋九十屈志凝威憤終賊手大行皇帝溫嚴恭默丕
守鴻名於景何有復加忍毒皇枝繈抱已上緦功以還窮刀極俎既屠且膾豈
有率土之濱謂爲王臣食人之禾飲人之水忍聞此痛而不悼心況臣僧辯臣
霸先等荷稱國藩湘東王臣繹泣血銜哀之寄摩頂至足之恩世受先朝之德
身當將帥之任而不能瀝膽抽腸共誅姦逆雪天地之痛報君父之仇則不可
以稟靈含識戴天履地今日相國至孝玄感靈武斯發已破賊徒獲其元帥止

餘景身尚在京邑臣僧辯與臣霸先協和將帥同心共契必誅凶豎尊奉相國嗣膺鴻業以主郊祭前途若有一功獲一賞臣僧辯等不推己讓物先身帥衆則天地宗廟百神之靈共誅共責臣僧辯臣霸先同心共事不相欺負若有違戾明神殛之於是升壇歃血共讀盟文皆淚下霑襟辭色慷慨及王師次于南洲賊帥侯子鑒等率步騎萬餘人於岸挑戰又以鵃舸千艘並載士兩邊悉八十棹棹手皆越人去來趣襲捷過風電僧辯乃麾細船皆令退縮悉使大艦夾泊兩岸賊謂水軍欲退爭出趨之衆軍乃棹大艦截其歸路鼓譟大呼合戰中江賊悉赴水僧辯即督諸軍沿流而下進軍于石頭之斗城作連營以逼賊賊乃橫嶺上築五城拒守侯景自出與王師大戰於石頭城北霸先謂僧辯曰醜虜遊魂貫盈已稔逋誅送死欲爲一決我衆賊寡宜分其勢即遣彊弩二千張攻賊西面兩城仍使結陣以當賊僧辯在後麾軍而進復大破之盧暉略聞景戰敗以石頭城降僧辯引軍入據之景之退也北走朱方於是景散兵走告僧辯僧辯令衆將入據臺城其夜軍人採梠失火燒太極殿及東西堂等時軍人

鹵掠京邑剝剔士庶民爲其執縛者袒衣不免盡驅逼居民以求購贖自石頭至于東城緣淮號叫之聲震響京邑於是百姓失望僧辯命侯瑱裴之橫率精甲五千東入討景僧辯收賊黨王偉等二十餘人送于江陵僞行臺趙伯超自吳松江降於侯瑱瑱時送至僧辯僧辯謂伯超曰趙公卿荷國重恩遂復同逆今日之事將欲何如因命送江陵伯超旣出僧辯顧坐客曰朝廷昔唯知有趙伯超耳豈識王僧辯社稷旣傾爲我所復人之興廢亦復何常賓客皆前稱歎功德僧辯瞿然乃謬答曰此乃聖上之威德羣帥之用命老夫雖濫居戎首何力之有焉於是逆寇悉平京都剋定世祖卽帝位以僧辯功進授鎭衞將軍司徒加班劍二十人改封永寧郡公食邑五千戶侍中尙書令鼓吹並如故是後湘州賊陸納等攻破衡州刺史丁道貴於淥口盡收其軍實李洪雅又自零陵率衆出空靈灘稱助討納朝廷未達其心深以爲慮乃遣中書舍人羅重歡徵僧辯上就驃騎將軍宜豐侯循南征僧辯因督杜龕等衆軍發于建業師次巴陵詔僧辯爲都督東上諸軍事霸先爲都督西上諸軍事先時霸先讓都督於

僧辯僧辯不受故世祖分爲東西都督而俱南討焉時納等下據車輪夾岸爲城前斷水勢士卒驍猛皆百戰之餘僧辯憚之不與輕進於是稍作連城以逼賊賊見不敢交鋒並懷懈怠僧辯因其無備命諸軍水步攻之親執旗鼓以誡進止於是諸軍競出大戰於車輪與驃騎循犇力苦攻陷其二城賊大敗步走歸保長沙驅逼居民入城拒守僧辯追躡乃命築壘圍之悉令諸軍廣建圍柵僧辯出坐壟上而自臨視賊望識僧辯知不設備賊黨吳藏李賢明等乃率銳卒千人開門掩出蒙楯直進逕趨僧辯時杜崱杜龕並侍左右帶甲衛者止百餘人因下遣人與賊交戰李賢明乘鎧馬從者十騎大呼衝突僧辯尙據胡牀不爲之動於是指揮勇敢遂獲賢明因即斬之賊乃退歸城內初陸納阻兵內逆以王琳爲辭云朝廷若殺王琳納等自當降伏時衆軍並進未之許也而武陵王擁衆上流內外駭懼世祖乃遣琳和解之至是湘州平僧辯旋于江陵因被詔會衆軍西討督舟師二萬輿駕出天居寺餞行俄而武陵敗績僧辯自枝江班師于江陵旋鎮建業是月居少時復回江陵齊主高洋遣郭元建率衆二

萬大列舟艦於合肥將謀襲建業又遣其大將邢景遠步六汗薩東方老等率衆繼之時陳霸先鎮建康既聞此事馳報江陵世祖即詔僧辯次于姑孰即留鎮焉先命豫州刺史侯瑱率精甲三千人築壘於東關以拒北寇徵吳郡太守張彪吳興太守裴之橫會瑱於關因與北軍戰大敗之僧辯率衆軍振旅于建業承聖三年二月甲辰詔曰贊俊遂賢稱于秦典自上安下聞之漢制所以仰協台曜俯佐弘圖使持節侍中司徒尚書令都督揚南徐東揚三州諸軍事鎮衞將軍揚州刺史永寧郡開國公僧辯器宇凝深風格詳遠行爲士則言表身文學貫九流武該七略頃歲征討自西徂東師不疲勞民無怨讟王業艱難實兼夷險宜其變此中台膺茲上將寄之經野匡我朝猷加太尉車騎大將軍餘悉如故頃之丁母太夫人憂世祖遣侍中謁者監護喪事策謚曰貞敬太夫人夫人姓魏氏神念以天監初董率徒衆據東關退保合肥漅湖西因娶以爲室生僧辯性甚安和善於綏接家門內外莫不懷之初僧辯下獄夫人流淚徒行將入謝罪世祖不與相見時貞惠世子有寵於世祖軍國大事多關領焉夫人

詣闕自陳無訓涕泗嗚咽衆並憐之及僧辯免出夫人深相責勵辭色俱嚴云人之事君惟須忠烈非但保祐當世亦乃慶流子孫及僧辯尅復舊京功蓋天下夫人恆自謙損不以富貴驕物朝野咸共稱之謂爲明哲婦人也及既薨殯甚見愍悼且以僧辯勳業隆重故喪禮加焉靈柩將歸建康又遣謁者至舟渚弔祭命尚書左僕射王褒爲其文曰維爾世基武子族懋陽元金相比映玉德齊温既稱女則兼循婦言書圖鏡覽辭章討論教貽俎豆訓及平原楚發將兵孟軻成德盡忠資敬自家刑國顯允其儀惟民之則反命師旅既修我戎補茲袞職奄有龜蒙母由子貴亶爾斯崇嘉命允集寵章所隆居高能降處貴思沖慶資善始榮兼令終崦嵫既夕蒹葭早秋奔駟難返衝濤詎留背龍門而西顧過夏首而東浮越三宮之退岳經三江之派流鬱鬱增嶺浮雲蔽虧滔滔江漢逝者如斯銘旌故旐宇毀遺碑卽虛舟而設奠想徂魂之有知嗚呼哀哉其年十月西魏相宇文黑泰遣兵及岳陽王衆合五萬將襲江陵世祖遣主書李膺徵僧辯於建業爲大都督荊州刺史別敕僧辯云黑泰背盟忽便舉斧國家猛

將多在下流荆陝之衆悉非勁勇公宜率貔虎星言就路傍道兼行赴倒懸也僧辯因命豫州刺史侯瑱等爲前軍兗州刺史杜僧明等爲後軍處分既畢乃謂膺云泰兵驍猛難與爭鋭衆軍若集吾便直指漢江截其後路凡千里饋糧尚有飢色況賊越數千里者乎此孫臏剋龐涓時也俄而京城陷没宫車晏駕及敬帝初即梁主位僧辯預樹立之功承制進驃騎大將軍中書監都督中外諸軍事錄尚書與陳霸先參謀討伐時齊主高洋又欲納貞陽侯淵明以爲梁嗣因與僧辯書曰梁國不造禍難相仍侯景傾蕩建業武陵彎弓巴漢卿志格玄穹精貫白日戮力齊心芟夷逆醜凡在有情莫不嗟尚況我隣國緝事言前而西寇承間復相掩襲梁主不能固守江陵殞身宗祏王師未及便已降敗士民小大皆畢寇虜乃睠南顧憤歎盈懷卿臣子之情念當鯁裂如聞權立枝子號令江陵年甫十餘極爲沖藐梁釁未已負荷諒難祭則衛君政由甯氏幹弱枝彊終古所忌朕以天下爲家大道濟物以梁國淪滅有懷舊好存亡拯墜義在今辰扶危嗣事非長伊德彼貞陽侯梁武猶子長沙之胤以年以望堪保金

陵故置爲梁主納於彼國便詔上黨王渙總攝羣將扶送江表雷動風馳助埽寃逆清河王岳前救荆城軍度安陸既不相及憤惋良深恐及西寇乘流復躡江左今轉次漢口與陸居士相會卿宜協我良規厲彼羣帥部分舟艫迎接今王鴆勤勁勇并心一力西羌烏合本非勍寇直是湘東怯弱致此淪胥今者之師何往不剋善建良圖副朕所望也貞陽承齊遣送將居壽陽貞陽前後頻與僧辯書論還國繼統之意僧辯不納及貞陽高渙至于東關散騎常侍裴之橫率衆拒戰敗績僧辯因遂謀納貞陽仍定君臣之禮啓曰自秦兵寇陝臣便營赴援纔及下船荆城陷沒即遣劉周入國具表丹誠左右勳豪初並同契周既多時不還人情疑阻比冊降中使復遣諸處詢謀物論參差未甚決定始得侯瑱信示西寇權景宣書令以真跡上呈觀視將帥恣欲同泰若一朝仰違大國臣不辭灰粉悲梁祚永絕中興伏願陛下便事濟江仰藉皇齊之威憑陛下至聖之略樹君以長雪報可期社稷再輝死且非忝請押別使曹沖馳表齊都續啓事以聞伏遲拜奉在促貞陽答曰姜嵩至枉示具公忠義之懷家國喪亂于

今積年三后蒙塵四海騰沸天命元輔匡救本朝弘濟艱難建武宗祐至於丘園板築尚想來儀公室皇枝豈不虛遲聞孤還國理會高懷但近再命行人或不宣具公既詢謀卿士訪逮藩維沿泝往來理淹旬月使乎居止殊副所期便是再立我蕭宗重與我梁國億兆黎庶咸蒙此恩社稷宗祧曾不相愧近軍次東關頻遣信裴之横處示其可否答對驕凶殊駭聞矚上黨王陳兵見衛欲敘安危無識之徒忽然逆戰前旌未舉即自披猖驚悼之情彌以傷惻上黨王深自矜嗟不傳首級更蒙封樹飾棺厚殯務從優禮齊朝大德信感神民方仰藉皇威敬憑元宰討逆賊於咸陽誅叛子於雲夢同心叶力克定邦家覽所示權景宣書上流諸將本有忠略棄親向讎庶當不爾防奸定亂終在於公今且頓東關更待來信未知水陸何處見迎夫建國立君布在方策入盟出質有自來矣若公之忠節上感蒼旻羣帥同謀必匪攜貳則齊師反斾義不陵江如致爽言誓以無克韜旗側席遲復行人曹沖奉表齊都即押送也渭橋之下惟遲敘言汜水之陽預有號懼僧辯又重啓曰員外常侍姜暠還奉敕伏具動止大齊

仁義之風曲被隣國卹災救難申此大猷皇家枝戚莫不榮荷江東冠冕俱知憑賴今歆不忘信信實由衷謹遣臣第七息顯顯所生劉并弟子世珍往彼充質仍遣左民尚書周弘正至歷陽奉迎艫舳浮江俟一龍之渡清宮丹陛候六傳之入萬國傾心同榮晉文之反三善克宣方流宋昌之議國祚既隆社稷有奉則羣臣竭節報厚施于大齊戮力展愚效忠誠於陛下今遣吏部尚書王通奉啓以聞僧辯因求以敬帝爲皇太子貞陽又答曰王尚書通至復枉示知欲遣賢弟世珍以表誠質具悉憂國之懷復以庭中玉樹掌內明珠無累胸懷志在匡救豈非劬勞我社稷弘濟我邦家慚歎之懷用忘興寢晉安王東京貽厥之重西都繼體之賢嗣守皇家寧非民望但世道喪亂宜立長君以其蒙孽難可承業成昭之德自古希儔沖質之危何代無此孤身當否運志不圖生忽荷不世之恩仍致非常之舉自惟虛薄兢懼已深若建承華本歸皇胄心口相誓惟擬晉安如或虛言神明所殛覽今所示深遂本懷戢慰之情無寄言象但公憂勞之重既稟齊恩忠義之情復及梁貳華夷兆庶豈不懷風宗廟明靈豈不

相感正爾迴旆仍向歷陽所期質累便望來彼衆軍不渡已著盟書斯則大齊
聖主之恩規上黨英王之然諾得原失信終不爲也惟遲相見使在不賖鄉國
非遙觸目號咽僧辯使送質于鄴貞陽求渡衛士三千僧辯慮其爲變止受散
卒千人而已并遣龍舟法駕往迎貞陽濟江之日僧辯擁檝中流不敢就岸後
乃同會于江寧浦貞陽既踐僞位仍授僧辯大司馬領太子太傅揚州牧餘悉
如故陳霸先時爲司空南徐州刺史惡其飜覆與諸將議因自京口舉兵十萬
水陸俱至襲于建康於是水軍到僧辯常處于石頭城是日正視事軍人已踰
城北而入南門又馳白有兵來僧辯與其子頠遽走出閤左右心腹尚數十人
衆軍悉至僧辯計無所出乃據南門樓乞命拜請霸先因命縱火焚之方共頠
下就執霸先曰我有何辜公欲與齊師賜討又曰何意全無防備僧辯曰委公
北門何謂無備爾夜斬之長子顗承聖初歷官至侍中初僧辯平建業遣霸先
守京口都無備防顗屢以爲言僧辯不聽竟及於禍西魏寇江陵世祖遣顗督
城內諸軍事荊城陷顗隨王琳入齊爲竟陵郡守齊遣琳鎮壽春將圖江左及

陳平淮南執琳殺之顗聞琳死乃出郡城南登高冢上號哭一慟而絕顗弟頒
少有志節恆隨從世祖及荊城陷覆沒于西魏

史臣曰自侯景寇逆世祖據有上游以全楚之兵委僧辯將率之任及剋平禍
亂功亦著焉在乎策勳當上台之賞敬帝以高祖貽厥之重世祖繼體之尊洎
渚宮淪覆理膺寶祚僧辯位當將相義存伊霍乃受脅齊師傍立支庶苟欲行
夫忠義何忠義之遠矣樹國之道既虧謀身之計不足自致殲滅悲夫

梁書卷四十五

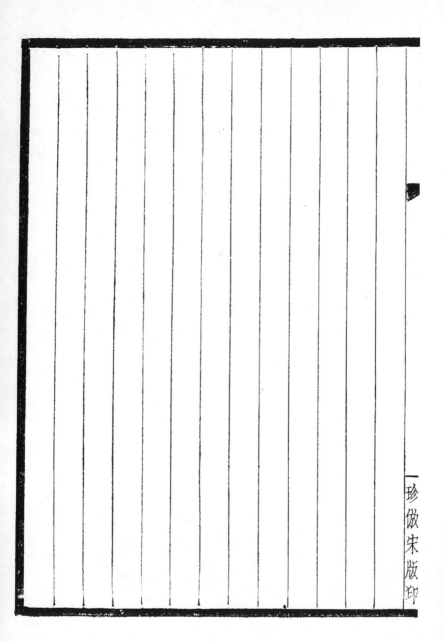

梁書卷四十五考證

王僧辯傳肉薄苦攻○肉南史作內訛

民爲其執縛者袒衣不免○袒監本作祖南史同今改正

梁書卷四十五考證

唐 散 騎 常 侍 姚 思 廉 撰

列傳第四十

胡僧祐 徐文盛 杜崱 兄岸 弟幼安 兄子龕 陰子春

胡僧祐字願果南陽冠軍人少勇決有武幹仕魏至銀青光祿大夫以大通二年歸國頻上封事高祖器之拜假節超武將軍文德主帥使戍項城城陷復沒于魏中大通元年陳慶之送魏北海王元顥入洛陽僧祐又得還國除南天水天門二郡太守有善政性好讀書不解緝綴然每在公宴必彊賦詩文辭鄙俚多被謿謔僧祐怡然自若謂己實工矜伐愈甚晚事世祖爲鎮西錄事參軍侯景亂西沮蠻反世祖令僧祐討之使盡誅其渠帥僧祐諫忤旨下獄大寶二年侯景寇京陝圍王僧辯於巴陵世祖乃引僧祐於獄拜爲假節武猛將軍封新市縣侯令赴援僧祐將發謂其子曰汝可開兩門一門擬朱一門擬白吉則由朱門凶則由白門吾不捷不歸也世祖聞而壯之至楊浦景遣其將任約率銳

卒五千據白塔遥以待之僧祐由別路西上約謂畏己而退急追之及於南安芉口呼僧祐曰吳兒何爲不早降走何處去僧祐不與之言潛引却至赤砂亭會陸法和至乃與并軍擊約大破之擒約送于江陵侯景聞之遂遁世祖以僧祐爲侍中領軍將軍徵還荊州承聖二年進爲車騎將軍開府儀同三司餘悉如故西魏寇至以僧祐爲都督城東諸軍事魏軍四面起攻百道齊舉僧祐親當矢石晝夜督戰奬勵將士明於賞罰衆皆感之咸爲致死所向摧殄賊莫敢前俄而中流矢卒時年六十三世祖聞之馳往臨哭於是內外惶駭城遂陷

徐文盛字道茂彭城人也世仕魏爲將父慶之天監初率千餘人自北歸款未至道卒文盛仍統其衆稍立功績高祖甚優寵之大同末以爲持節督寧州刺史先是州在僻遠所管羣蠻不識教義貪欲財賄刼簒相尋前後刺史莫能制文盛推心撫慰示以威德夷獠感之風俗遂改太清二年聞國難乃召募得數萬人來赴世祖嘉之以爲持節散騎常侍左衞將軍督梁南秦沙東益巴北巴六州諸軍事仁威將軍秦州刺史授以東討之略於是文盛督衆軍東下至武

昌遇侯景將任約遂與相持久之世祖又命護軍將軍尹悅平東將軍杜幼安巴州刺史王珣等會之並授文盛節度擊任約於貝磯約大敗退保西陽文盛進據蘆洲又與相持侯景聞之乃率大衆西上援約至西陽文盛不敢戰諸將咸曰景水軍輕進又甚飢疲可因此擊之必大捷文盛不許文盛妻石氏先在建業至是景載以還之文盛深德景遂密通信使都無戰心衆咸憤怨杜幼安宋簉等乃率所領獨進與景戰大破之獲其舟艦以歸會景密遣騎從間道襲陷郢州軍中恟懼遂大潰文盛奔還荆州世祖仍以爲城北面都督又聚贓污甚多世祖大怒下令責之數其十罪除其官爵文盛既失兵權私懷怨望世祖聞之乃以下獄時任約被擒與文盛同禁文盛謂約曰汝何不早降令我至此約曰門外不見卿馬跡使我何遽得降文盛無以答遂死獄中

杜崱京兆杜陵人也其先自北歸南居於雍州之襄陽子孫因家焉祖靈啓齊給事中父懷寶少有志節常邀際會高祖義師東下隨南平王偉留鎮襄陽天監中稍立功績官至驍猛將軍梁州刺史大同初魏梁州刺史元羅舉州內附

懷寶復進督華州值秦州所部武興氏王楊紹反懷寶擊破之五年卒於鎮蒯
卽懷寶第七子也幼有志氣居鄉里以膽勇稱釋褐廬江驃騎府中兵參軍世
祖臨荆州仍參幕府後爲新興太守太清二年隨岳陽王來襲荆州世祖以與
之有舊密邀之蒯乃與兄岸弟幼安兄子龕等夜歸于世祖世祖以爲持節信
威將軍武州刺史俄遷宣毅將軍領鎮蠻護軍武陵內史枝江縣侯邑千戶令
隨王僧辯東討侯景至巴陵會景來攻數十日不剋而遁加侍中左衞將軍進
爵爲公增邑五百戶仍隨僧辯追景至石頭與賊相持横嶺及戰景親率精鋭
左右衝突蒯從嶺後横截之景乃大敗東奔晉陵蒯入據城景平加散騎常侍
持節督江州諸軍事江州刺史增邑千戶是月齊將郭元建攻秦州刺史嚴超
遠於秦郡王僧辯令蒯赴援陳霸先亦自歐陽來會與元建大戰於士林霸先
令彊弩射元建衆却蒯因縱兵擊大破之斬首萬餘級生擒千餘人元建收餘
衆而遁時世祖執王琳於江陵其長史陸納等遂於長沙反世祖徵蒯與王僧
辯討之承聖二年及納等戰於車輪大敗陷其二壘納等走保長沙蒯等圍之

後納等降蒯又與王僧辯西討武陵王於硤口至卽破平之於是旋鎭遘疾卒
詔曰蒯京兆舊姓元凱苗裔家傳學業世載忠貞自驅傳江渚政號廉能推轂
淺源實聞淸靜奄致殞喪惻愴于懷可贈車騎將軍加鼓吹一部諡曰武蒯兄
弟九人兄蒿岑嶷崱並知名當世

岸字公衡少有武幹好從橫之術太淸中與蒯同歸世祖世祖以爲持節平北
將軍北梁州刺史封江陵縣侯邑一千戶岸因請襲襄陽世祖許之岸乃晝夜
兼行先往攻其城不剋岳陽至遂走依其兄崱於南陽崱時爲南陽太守岳陽
尋遣攻陷其城岸及崱俱遇害

幼安性至孝寬厚雄勇過人太淸中與兄蒯同歸世祖世祖以爲雲麾將軍西
荊州刺史封華容縣侯邑一千戶令與平南將軍王僧辯討河東王譽於長沙
平之又命率精甲一萬助左衞將軍徐文盛東討侯景至貝磯遇景將任約來
逆遂與戰大敗之斬其儀同叱羅子通湘州刺史趙威方等傳首江陵乃進軍
大舉因與景相持別攻武昌拔之景渡蘆洲上流以壓文盛等幼安與衆軍攻

之景大敗盡獲其舟艦會景密遣襲陷郢州執刺史方諸等以歸人情大駭徐文盛由漢口遁歸衆軍大敗幼安遂降于景景殺之以其多反覆故也
龕蒯第二兄岑之子少驍勇善用兵亦太清中與諸父同歸世祖世祖以爲持節忠武將軍鄖州刺史廬縣侯邑一千戶與叔幼安俱隨王僧辯討河東王平之又隨僧辯下繼徐文盛軍至巴陵聞侯景襲陷郢州西上將至乃與僧辯等守巴陵以待之景至圍之數旬不剋而遁遷太府卿安北將軍督定州諸軍事定州刺史加通直散騎常侍增邑五百戶仍隨僧辯追景至江夏圍其城景將宋子仙棄城遁龕追至楊浦生擒之大寶三年衆軍至姑孰景將侯子鑒逆戰龕與陳霸先王琳等率精銳擊之大敗子鑒遂至于石頭景親率其黨會戰龕與衆軍奮擊大破景景遂東奔論功爲最授平東將軍東揚州刺史益封一千戶承聖二年又與王僧辯討陸納等於長沙降之又征武陵王於西陵亦平之後江陵陷齊納貞陽侯以紹梁嗣以龕爲震州刺史吳與太守又除鎮南將軍都督南豫州諸軍事南豫州刺史溧陽縣侯給鼓吹一部又加散騎常侍鎮東

大將軍會陳霸先襲陷京師執王僧辯殺之龕僧辯之壻也爲吳興太守以霸先既非貴素兵又猥雜在軍府日都不以霸先經心及爲本郡每以法繩其宗門無所縱捨霸先銜之切齒及僧辯敗龕乃據吳興以距之遣軍副杜泰攻陳蒨於長城反爲蒨所敗霸先乃遣將周文育討龕龕令從弟北叟出距又爲文育所破走義興霸先親率衆圍之會齊將柳達摩等襲京師霸先恐遂還與齊人連和龕聞齊兵還乃降遂遇害

陰子春字幼文武威姑臧人也晉義熙末曾祖襲隨宋高祖南遷至南平因家焉父智伯與高祖鄰居少相友善嘗入高祖臥內見有異光成五色因握高祖手曰公後必大貴非人臣也天下方亂安蒼生者其在君乎高祖曰幸勿多言於是情好轉密高祖每有求索如外府焉及高祖踐阼官至梁秦二州刺史子春天監初起家宣惠將軍西陽太守普通中累遷至明威將軍南梁州刺史又遷信威將軍都督梁秦華三州諸軍事梁秦二州刺史太清二年討峽中叛蠻平之徵爲左衞將軍又遷侍中屬侯景亂世祖令子春隨領軍將軍王僧辯攻

邵陵王於郢州平之又與左衞將軍徐文盛東討侯景至貝磯與景遇子春力戰恆冠諸軍頻敗景值郢州陷沒軍遂退敗大寶二年卒於江陵孫顯少知名釋褐奉朝請歷尚書金部郎後入周撰瓊林二十卷

史臣曰胡僧祐勇幹有聞搴旗破敵者數矣及捐軀徇節殞身王事雖古之忠烈何以加焉徐文盛始立功績不能終其成名爲不義也杜崱識機變之理知向背之宜加以身屢典軍頻殄寇逆勳庸顯著卒爲中興功臣義哉

梁書卷四十六

梁書卷四十六考證

胡僧祐傳姓好讀書不解緝綴○不解南史作愛

杜崱傳齊將郭元建攻秦州刺史嚴超遠於秦郡○遠南史作達

兄嵩岑嶷岌嶷巘岸及弟幼安○南史作兄嵩岑嶷岌巘岸及弟嶷幼安與此小異

梁書卷四十六考證

珍倣朱版邛

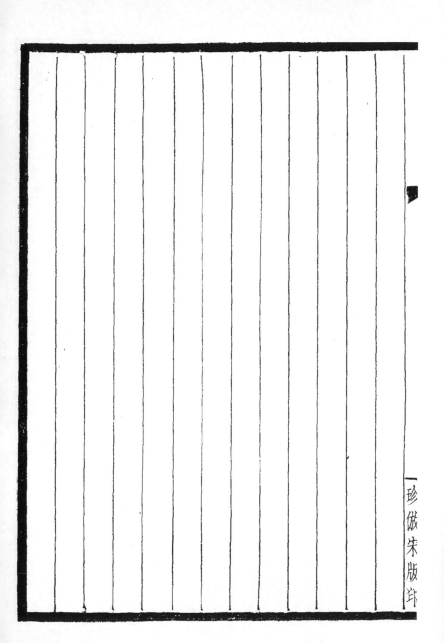

梁書卷四十七

唐　散　騎　常　侍　姚　思　廉　撰

列傳第四十一

孝行

經云夫孝德之本也此生民之爲大有國之所先歟高祖創業開基飭躬化俗澆弊之風以革孝治之術斯著每發絲綸遠加旌表而淳和比屋罕要詭俗之譽潛晦成風俯列踰羣之迹彰於視聽蓋無幾焉今採綴以備遺逸云爾

滕曇恭豫章南昌人也年五歲母楊氏患熱思食寒瓜土俗所不產曇恭歷訪不能得銜悲哀切俄值一桑門問其故曇恭具以告桑門曰我有兩瓜分一相遺曇恭拜謝因捧瓜還以薦其母舉室驚異尋訪桑門莫知所在及父母卒曇

恭水漿不入口者旬日感慟嘔血絶而復蘇隆冬不著繭絮蔬食終身每至忌日思慕不自堪晝夜哀慟其門外有冬生樹二株時忽有神光自樹而起俄見佛像及夾侍之儀容光顯著自門而入曇恭家人大小咸共禮拜久之乃滅遠近道俗咸傳之太守王僧度引曇恭爲功曹固辭不就王儉時隨僧度在郡號爲滕曾子天監元年陸璉奉使巡行風俗表言其狀曇恭有子三人皆有行業

時有徐普濟者長沙臨湘人居喪未及葬而隣家火起延及其舍普濟號慟伏棺上以身蔽火隣人往救之焚炙已悶絶累日方蘇宣城宛陵有女子與母同牀寢母爲猛虎所搏女號叫挐虎虎毛盡落行十數里虎乃棄之女抱母還猶有氣經時乃絶太守蕭琛賻焉表言其狀有詔旌其門閭

沈崇傃字思整吳興武康人也父懷明宋兗州刺史崇傃六歲丁父憂哭踊過禮及長傭書以養母焉齊建武初起家爲奉朝請永元末遷司徒行參軍天監初爲前軍鄱陽王參軍事三年太守柳惲辟爲主簿崇傃從惲到郡還迎其母母卒崇傃以不及侍疾將欲致死水漿不入口晝夜號哭旬日殆將絶氣兄弟

謂之曰殯葬未申遽自毁滅非全孝之道也崇傃之瘞所不避雨雪倚墳哀慟每夜恆有猛獸來望之有聲狀如歎息者家貧無以遷窆乃行乞經年始獲葬焉既而廬于墓側自以初行喪禮不備復以葬後更治服三年久食麥屑不噉鹽酢坐臥於單薦因虛腫不能起郡縣舉其至孝高祖聞卽遣中書舍人慰勉之乃下詔曰前軍沈崇傃少有志行居喪踰禮齋制不終未得大葬自以行乞淹年哀典多闕方欲以永慕之晨更爲再朞之始雖卽情可矜禮有明斷可便令除釋擢補太子洗馬旌彼門閭敦茲風教崇傃奉詔釋服而涕泣如居喪固辭不受官苦自陳讓經年乃得爲永寧令自以祿不及養怛恨愈甚哀思不自堪至縣卒時年三十九

荀匠字文師潁陰人晉太保勖九世孫也祖瓊年十五復父仇於成都市以孝聞宋元嘉末渡淮赴武陵王義爲元凶追兵所殺贈員外散騎侍郎父法超齊中興末爲安復令卒於官凶問至匠號慟氣絶身體皆冷至夜乃蘇既而奔喪每宿江渚商旅皆不忍聞其哭聲服未闋兄斐起家爲鬱林太守征俚賊爲流

矢所中死於陣喪還匠迎于豫章望舟投水傍人赴救僅而得全既至家貧不得時葬居父憂幷兄服歷四年不出廬戸自括髮後不復櫛沐髮皆禿落哭無時聲盡則係之以泣目眥皆爛形體枯顇皮骨裁連雖家人不復識郡縣以狀言高祖詔遣中書舍人爲其除服擢爲豫章王國左常侍匠雖即吉毀顇逾甚外祖孫謙誡之曰主上以孝治天下汝行過古人故發明詔擢汝此職非唯君父之命難拒故亦揚名後世所顯豈獨汝身哉匠於是乃拜竟以毀卒於家時年二十一

庾黔婁字子貞新野人也父易司徒主簿徵不至有高名黔婁少好學多講誦孝經未嘗失色於人南陽高士劉虬宗測並歎異之起家本州主簿遷平西行參軍出爲編令治有異績先是縣境多虎暴黔婁至虎皆渡往臨沮界當時以爲仁化所感齊永元初除孱陵令到縣未旬易在家遘疾黔婁忽然心驚舉身流汗即日棄官歸家家人悉驚其忽至時易疾始二日醫云欲知差劇但嘗糞甜苦易泄痢黔婁輒取嘗之味轉甜滑心逾憂苦至夕每稽顙北辰求以身代

俄聞空中有聲曰徵君壽命盡不復可延汝誠禱既至止得申至月末及晦而易亡黔婁居喪過禮廬于家側和帝卽位將起之鎭軍蕭穎胄手書敦譬黔婁固辭服闋除西臺尚書儀曹郎梁臺建鄧元起爲益州刺史表黔婁爲府長史巴西梓潼二郡太守及成都平城中珍寶山積元起悉分與僚佐惟黔婁一無所取元起惡其異衆厲聲曰長史何獨爾爲黔婁示不違之請書數篋尋除蜀郡太守在職清素百姓便之元起死于蜀部曲皆散黔婁身營殯殮攜持喪柩歸鄉里還爲尚書金部郎遷中軍表記室參軍東宮建以本官侍皇太子讀甚見知重詔與太子中庶子殷鈞中舍人到洽國子博士明山賓等遞日爲太子講五經義遷散騎侍郎荆州大中正卒時年四十六

吉翂字彥霄馮翊蓮勺人也世居襄陽翂幼有孝性年十一遭所生母憂水漿不入口殆將滅性親黨異之天監初父爲吳興原鄉令爲姦吏所誣逮詣廷尉翂年十五號泣衢路祈請公卿行人見者皆爲隕涕其父理雖清白耻爲吏訊乃虛自引咎罪當大辟翂乃撾登聞鼓乞代父命高祖異之敕廷尉卿蔡法度

曰吉翂請死贖父義誠可嘉但其幼童未必自能造意卿可嚴加脅誘取其款實法度受敕還寺盛陳徽纆備列官司厲色問翂曰爾求代父死敕已相許便應伏法然刀鋸至劇審能死不且爾童孺志不及此必爲人所教姓名是誰可具列答若有悔異亦相聽許翂對曰囚雖蒙弱豈不知死可畏憚顧諸弟稚藐唯囚爲長不忍見父極刑自延視息所以內斷胷臆上干萬乘今欲殉身不測委骨泉壤此非細故奈何受人教邪明詔聽代不異登仙豈有回貳法度知翂至心有在不可屈撓乃更和顏誘語之曰主上知尊侯無罪行當釋亮觀君神儀明秀足稱佳童今若轉辭幸父子同濟奚以此妙年苦求湯鑊翂對曰凡鯤鮞螻蟻尚惜其生況在人斯豈願虀粉但囚父挂深劾必正刑書故思殞仆冀延父命今瞑目引領以聽大戮情殫意極無言復對翂初見囚獄掾依法備加桎梏法度矜之命脫其二械更令著一小者翂弗聽曰翂求代父死死罪之囚唯宜增益豈可減乎竟不脫械法度具以奏聞高祖乃宥其父丹陽尹王志求其在廷尉故事并請鄉居欲於歲首舉充純孝之選翂曰異哉王尹何量翂之

薄乎夫父辱子死斯道固然若㬅有靦面目當其此舉則是因父買名一何甚辱拒之而止年十七應辟爲本州主簿出監萬年縣攝官朞月風化大行自雍還至郢湘州刺史柳悅復召爲主簿後鄉人裴儉丹陽尹丞臧盾揚州中正張仄連名薦㬅以爲孝行純至明通易老敕付太常旌舉初㬅以父陷罪因成悴疾後因發而卒

甄恬字彥約中山無極人也世居江陵祖欽之長寧令父摽之州從事恬數歲喪父哀感有若成人家人矜其小以肉汁和飯飼之恬不肯食年八歲問其母恨生不識父遂悲泣累日忽若有見言其形貌則其父也時以爲孝感家貧養母常得珍羞及居喪廬於墓側恆有鳥玄黃雜色集於廬樹恬哭則鳴哭止則止又有白雀栖宿其廬州將始興王憺表其行狀詔曰朕虛己欽賢寤寐盈想詔彼羣岳務盡搜揚恬既孝行殊異聲著邦壤敦風厲俗弘益茲多牧守騰聞義同親覽可旌表室閭加以爵位恬官至安南行參軍

韓懷明上黨人也客居荆州年十歲母患尸疰每發輒危殆懷明夜於星下稽

顙祈禱時寒甚切忽聞香氣空中有人語曰童子毋須臾永差無勞自苦未曉而母豁然平復鄉里異之十五喪父幾至滅性負土成墳贈助無所受免喪與鄉人郭曆俱師事南陽劉虬虬嘗一日廢講獨居涕泣懷明竊問其故虬家人荅云是外祖亡日時虬母亦亡矣懷明聞之即日罷學還家就養虬歎曰韓生無虞丘之恨矣家貧常肆力以供甘脆嬉怡膝下朝夕不離母側母年九十一以壽終懷明水漿不入口一旬號哭不絕聲有雙白鳩巢其廬上字乳馴狎若家禽焉服釋乃去既除喪蔬食終身衣衾無改天監初刺史始興王憺表言之州累辟不就卒于家

劉曇淨字元光彭城呂人也祖元真淮南太守居郡得罪父慧鏡歷詣朝士乞哀懇惻甚至遂以孝聞曇淨篤行有父風解褐安成王國左常侍父卒於郡曇淨奔喪不食飲者累日絕而又蘇每哭輒嘔血服闋因毀瘠成疾會有詔士姓各舉四科曇淨叔父慧斐舉以應孝行高祖用爲海寧令曇淨以兄未爲縣因以讓兄乃除安西行參軍父亡後事母尤淳至身營飧粥不以委人母疾衣不

解帶及母亡水漿不入口者殆一旬母喪權瘞藥王寺時天寒曇淨身衣單布廬於瘞所晝夜哭泣不絕聲哀感行路未及朞而卒

何炯字士光廬江灊人也父撙太中大夫炯年十五從兄胤受業一朞並通五經章句炯白皙美容貌從兄求點每稱之曰叔寶神清弘治膚清今觀此子復見衞杜在目炯常慕恬退不樂進仕從叔昌寓謂曰求點皆已高蹈爾無宜復爾且君子出處亦各一途年十九解褐揚州主簿舉秀才累遷王府行參軍尚書兵庫部二曹郎出爲永康令以和理稱還爲仁威南康王限內記室遷治書侍御史以父疾經旬衣不解帶頭不櫛沐信宿之間形貌頓改及父卒號慟不絕聲枕凷藉地腰虛脚腫竟以毁卒

庾沙彌潁陰人也晉司空冰六世孫父佩玉輔國長史長沙內史宋昇明中坐沈攸之事誅沙彌時始生年至五歲所生母爲製采衣輒不肯服母問其故流涕對曰家門禍酷用是何爲既長終身布衣蔬食起家臨川王國左常侍遷中軍田曹行參軍嫡母劉氏寢疾沙彌晨昏侍側衣不解帶或應鍼灸輒以身先

試之及母亡水漿不入口累日終喪不解衰絰不出廬戶晝夜號慟隣人不忍聞墓在新林因有旅松百餘株自生墳側族兄都官尚書詠表言其狀應純孝之舉高祖召見嘉之以補歙令還除輕車邵陵王參軍事隨府會稽復丁所生母憂喪還都濟浙江中流遇風舫將覆沒沙彌抱柩號哭俄而風靜蓋孝感所致服闋除信威刑獄參軍兼丹陽郡（缺三字）累遷寧遠錄事參軍轉司馬出為長城令卒

江紑字含潔濟陽考城人也父蒨光祿大夫紑幼有孝性年十三父患眼紑侍疾將朞月衣不解帶夜夢一僧云患眼者飲慧眼水必差及覺說之莫能解者紑第三叔祿與草堂寺智者法師善往訪之智者曰無量壽經云慧眼見真能渡彼岸蒨乃因智者啓捨同夏縣界牛屯里舍為寺乞賜嘉名敕答云純臣孝子往往感應晉世顏含遂見冥中送藥近見智者知卿第二息感夢云飲慧眼水慧眼則是五眼之一號若欲造寺可以慧眼為名及就創造泄故井井水清洌異於常泉依夢取水洗眼及煮藥稍覺有瘳因此遂差時人謂之孝感南康

王爲南州召爲迎主簿紑性靜好老莊玄言尤善佛義不樂進仕及父卒紑廬于墓終日號慟不絕聲月餘卒

劉霽字士烜平原人也祖乘民宋冀州刺史父聞慰齊工員郎霽年九歲能誦左氏傳宗黨咸異之十四居父憂有至性每哭輒嘔血家貧與弟杳歊相篤勵學既長博涉多通天監中起家奉朝請稍遷宣惠晉安王府參軍兼限內記室出補西昌相入爲尚書主客侍郎未朞除海鹽令霽前後宰二邑並以和理著稱還爲建康正非所好頃之以疾免尋除建康令不拜母明氏寢疾霽年已五十衣不解帶者七旬誦觀世音經數至萬遍夜因感夢見一僧謂曰夫人算盡君精誠篤至當相爲申延後六十餘日乃亡霽廬于墓哀慟過禮常有雙白鶴馴翔廬側處士阮孝緒致書抑譬霽思慕不已服未終而卒時年五十二著釋俗語八卷文集十卷弟杳在文士傳歊在處士傳

褚脩吳郡錢塘人也父仲都善周易爲當時最天監中歷官五經博士脩少傳父業兼通孝經論語善尺牘頗解文章初爲湘東王國侍郎稍遷輕車湘東府

行參軍並兼國子助教武陵王爲揚州引爲宣惠參軍限內記室修性至孝父
喪毁瘠過禮因患冷氣及丁母憂水漿不入口二十三日氣絶復蘇每號慟嘔
血遂以毁卒

謝藺字希如陳郡陽夏人也晉太傅安八世孫父經中郎諮議參軍藺五歲每
父母未飯乳媪欲令藺先飯藺曰既不覺飢彊食終不進舅阮孝緒聞之歎曰
此兒在家則曾子之流事君則藺生之匹因名之曰藺稍受以經史過目便能
諷誦孝緒每曰吾家陽元也及丁父憂晝夜號慟毁瘠骨立母阮氏常自守視
譬抑之服闋後吏部尚書蕭子顯表其至行擢爲王府法曹行參軍累遷外兵
記室參軍時甘露降士林館藺獻頌高祖嘉之因有詔使製北兖州刺史蕭楷
德政碑又奉令製宣城王奉述中庸頌太清元年遷散騎侍郎兼散騎常侍使
於魏會侯景舉地入附境上交兵藺母慮不得還感氣卒及藺還入境爾夕夢
不祥旦便投劾馳歸既至號慟嘔血氣絶久之水漿不入口親友慮其不全相
對悲慟彊勸以飲粥藺初勉彊受之終不能進經月餘日因夜臨而卒時年三

十八蘭所製詩賦碑頌數十篇

史臣曰孔子稱毀不滅性教民無以死傷生也故制喪紀爲之節文高柴仲由伏膺聖教曾參閔損虔恭孝道或水漿不入口泣血終年豈不知創鉅痛深蓼莪慕切所謂先王制禮賢者俯就至如丘吳終於毀滅若劉曇淨何炯江紑謝藺者亦二子之志歟

梁書卷四十七

梁書卷四十七考證

滕曇恭傳太守王僧度引曇恭爲功曹固辭不就王儉時隨僧度在郡號爲滕曾子○度南史作虔 臣人龍按南齊書王儉爲叔父僧虔所養僧虔嘗爲豫章內史則南史是也

荀匠傳赴武陵王義爲元凶追兵所殺○義字上南史有舉字

梁書卷四十七考證

梁書卷四十八

唐　散　騎　常　侍　姚　思　廉　撰

列傳第四十二

儒林

伏曼容　何佟之　范縝　嚴植之　賀瑒子革
司馬筠　卞華　崔靈恩　孔僉　盧廣
沈峻太史叔明　孔子袪　皇侃

漢氏承秦燔書大弘儒訓太學生徒動以萬數郡國黌舍悉皆充滿學於山澤者至或就爲列肆其盛也如是漢末喪亂其道遂衰魏正始以後仍尚玄虛之學爲儒者蓋寡時荀顗摯虞之徒雖刪定新禮改官職未能易俗移風自是中原橫潰衣冠殄盡江左草創日不暇給以迄于宋齊國學時或開置而勸課未博建之不及十年蓋取文具廢之多歷世祀其棄也忽諸鄉里莫或開館公卿罕通經術朝廷大儒獨學而弗肯養衆後生孤陋擁經而無所講習三德六藝

其廢久矣高祖有天下深愍之詔求碩學治五禮定六律改斗曆正權衡天監四年詔曰二漢登賢莫非經術服膺雅道名立行成魏晉浮蕩儒教淪歇風節罔樹抑此之由朕日昃罷朝思聞俊異收士得人實惟醻獎可置五經博士各一人廣開館宇招內後進於是以平原明山賓吳興沈峻建平嚴植之會稽賀瑒補博士各主一館館有數百生給其餼廩其射策通明者即除爲吏十數月閒懷經負笈者雲會京師又選遣學生如會稽雲門山受業於廬江何胤分遣博士祭酒到州郡立學七年又詔曰建國君民立教爲首砥身礪行由乎經術朕肇基明命光宅區宇雖耕耘雅業傍闡藝文而成器未廣志本猶闕非以鎔範貴遊納諸軌度思欲式敦讓齒自家刑國今聲訓所漸戎夏同風宜大啓庠斆博延胄子務彼十倫弘此三德使陶鈞遠被微言載表於是皇太子皇子宗室王侯始就業焉高祖親屈輿駕釋奠於先師先聖申之以讌語勞之以束帛濟濟焉洋洋焉大道之行也如是其伏曼容何佟之范縝有舊名於世爲時儒者嚴植之賀瑒等首膺茲選今並綴爲儒林傳云

伏曼容字公儀平昌安丘人曾祖滔晉著作郎父胤之宋司空主簿曼容早孤與母兄客居南海少篤學善老易倜儻好大言常云何晏疑易中九事以吾觀之晏了不學也故知平叔有所短聚徒教授以自業爲驃騎行參軍宋明帝好周易集朝臣於清暑殿講詔曼容執經曼容素美風采帝恆以方嵇叔夜使吳人陸探微畫叔夜像以賜之遷司徒參軍袁粲爲丹陽尹請爲江寧令入拜尚書外兵郎昇明末爲輔國長史南海太守齊初爲通直散騎侍郎永明初爲太子率更令侍皇太子講衞將軍王儉深相交好令與河內司馬憲吳郡陸澄共撰喪服義既成又欲與之定禮樂會儉薨遷中書侍郎大司馬諮議參軍出爲武昌太守建武中入拜中散大夫時明帝不重儒術曼容宅在瓦官寺東施高坐於聽事有賓客輒升高坐爲講說生徒常數十百人梁臺建以曼容舊儒召拜司馬出爲臨海太守天監元年卒官時年八十二爲周易毛詩喪服集解老莊論語義子暅在良吏傳

何佟之字士威廬江灊人豫州刺史惲六世孫也祖劭之宋員外散騎常侍父

歆齊奉朝請佟之少好三禮師心獨學彊力專精手不輟卷讀禮論二百篇略
皆上口時太尉王儉爲時儒宗雅相推重起家揚州從事仍爲總明館學士頻
遷司徒車騎參軍事尚書祠部郎齊建武中爲鎮北記室參軍侍皇太子講領
丹陽邑中正時步兵校尉劉瓛徵士吳苞皆已卒京邑碩儒唯佟之而已佟之
明習事數當時國家吉凶禮則皆取決焉名重於世歷步兵校尉國子博士尋
遷驃騎諮議參軍轉司馬永元末京師兵亂佟之常集諸生講論孜孜不怠中
興初拜驍騎將軍高祖踐阼尊重儒術以佟之爲尚書左丞是時百度草創佟
之依禮定議多所裨益天監二年卒官年五十五高祖甚悼惜將贈之官故事
左丞無贈官者特詔贈黃門侍郎儒者榮之所著文章禮義百許篇子朝隱朝
晦
范縝字子真南鄉舞陰人也晉安北將軍汪六世孫祖璩之中書郎父濛早卒
縝少孤貧事母孝謹年未弱冠聞沛國劉瓛聚衆講說始往從之卓越不羣而
勤學瓛甚奇之親爲之冠在瓛門下積年去來歸家恆芒屩布衣徒行於路瓛

門多車馬貴游縝在其門聊無恥愧既長博通經術尤精三禮性質直好危言高論不爲士友所安唯與外弟蕭琛善琛名曰口辯每服縝簡詣起家齊寧蠻主簿累遷尚書殿中郎永明年中與魏氏和親歲通聘好特簡才學之士以爲行人縝及從弟雲蕭琛瑯邪顏幼明河東裴昭明相繼將命皆著名隣國于時竟陵王子良盛招賓客縝亦預焉建武中遷領軍長史出爲宜都太守母憂去職歸居于南州義軍至縝墨經來迎高祖與縝有西邸之舊見之甚悅及建康城平以縝爲晉安太守在郡清約資公祿而已視事四年徵爲尚書左丞縝去還雖親戚無所遺唯餉前尚書令王亮縝仕齊時與亮同臺爲郎舊相友至是亮被擯棄在家縝自迎王師志在權軸既而所懷未滿亦常怏怏故私相親結以矯時云後竟坐亮徙廣州語在亮傳初縝在齊世嘗侍竟陵王子良子良精信釋教而縝盛稱無佛子良問曰君不信因果世間何得有富貴何得有貧賤縝荅曰人之生譬如一樹花同發一枝俱開一蔕隨風而墮自有拂簾幌墜於茵席之上自有關籬牆落於溷糞之側墜茵席者殿下是也落糞溷者下官是

也貴賤雖復殊途因果竟在何處子良不能屈深怪之績退論其理著神滅論
曰或問予云神滅何以知其滅也荅曰神卽形也形卽神也是以形存則神存
形謝則神滅也問曰形者無知之稱神者有知之名知與無知卽事有異神之
與形理不容一形神相卽非所聞也荅曰形者神之質神者形之用是則形稱
其質神言其用形之與神不得相異也問曰神故非用不得爲異其義安在荅
曰名殊而體一也問曰名既已殊體何得一荅曰神之於質猶利之於刀形之
於用猶刀之於利利之名非刀也刀之名非利也然而捨利無刀捨刀無利未
聞刀沒而利存豈容形亡而神在問曰刀之與利或如來說形之與神其義不
然何以言之木之質無知也人之質有知也人既有如木之質而有異木之知
豈非木有一人有二邪荅曰異哉言乎人若有如木之質以爲形又有異木之
知以爲神則可如來論也今人之質質有知也木之質質無知也人之質非木
質也木之質非人質也安有如木之質而復有異木之知哉問曰人之質所以
異木質者以其有知耳人而無知與木何異荅曰人無無知之質猶木無有知

之形問曰死者之形骸豈非無知之質邪答曰是無人質問曰若然者人果有如木之質而有異木之知矣答曰死者如木而無異木之知生者有異木之知而無如木之質也問曰死者之骨骼非生之形骸邪答曰生形之非死形死形之非生形區已革矣安有生人之形骸而有死人之骨骼哉問曰若生者之形骸非死者之骨骼非死者之骨骼則應不由生者之形骸不由生者之形骸則此骨骼從何而至此邪答曰是生者之形骸變爲死者之骨骼也問曰生者之形骸雖變爲死者之骨骼豈不從生而有死則知死體猶生體也答曰如因榮木變爲枯木枯木之質寧是榮木之體問曰榮體變爲枯體枯體卽是榮體絲體變爲縷體縷體卽是絲體有何別焉答曰若枯卽是榮榮卽是枯應榮時凋零枯時結實也又榮木不應變爲枯木以榮卽枯無所復變也榮枯是一何不先枯後榮要先榮後枯何也絲縷之義亦同此破問曰生形之謝便應豁然都盡何故方愛死形綿歷未已邪答曰生滅之體要有其次故也夫欻而生者必欻而滅漸而生者必漸而滅欻而生者飄驟是也漸而生者動植是也有欻有

漸物之理也問曰形卽是神者手等亦是邪答曰皆是神之分也問曰若皆是神之分神既能慮手等亦應能慮也答曰手等亦應能有痛癢之知而無是非之慮問曰慮爲一爲異答曰知卽是慮淺則爲知深則爲慮問曰若爾應有二乎答曰人體惟一神何得二問曰若不得二安有痛癢之知復有是非之慮答曰如手足雖異總爲一人是非痛癢雖復有異亦總爲一神矣問曰是非之慮不關手足當關何處答曰是非之意心器所主問曰心器是五藏之心非邪答曰是也問曰五藏有何殊別而心獨有是非之慮乎答曰七竅亦復何殊而司用不均問曰慮思無方何以知是心器所主答曰五藏各有所司無有能慮者是以心爲慮本問曰何不寄在眼等分中答曰若慮可寄於眼分何故不寄於耳分邪問曰慮體無本故可寄之於眼分眼目有本不假寄於佗分也答曰眼何故有本而慮無本苟無本於我形而可偏寄於異地亦可張甲之情寄王乙之軀李丙之性託趙丁之體然乎哉不然也問曰聖人形猶凡人之形而有凡聖之殊故知形神異矣答曰不然金之精者能昭穢者不能昭有能昭之精金

寧有不昭之穢質又豈有聖人之神而寄凡人之器亦無凡人之神而託聖人之體是以八采重瞳勛華之容龍顏馬口軒皞之狀形表之異也比干之心七竅列角伯約之膽其大若拳此心器之殊也是知聖人定分每絕常區非惟道革羣生乃亦形超萬有凡聖均體所未敢安問曰子云聖人之形必異於凡者敢問陽貨類仲尼項籍似大舜舜項孔陽智革形同其故何邪答曰珉似玉而非玉雞類鳳而非鳳物誠有之人故宜爾項陽貌似而非實似心器不均雖貌無益問曰凡聖之殊形器不一可也員極理無有二而丘旦殊姿湯文異狀神不侔色於此益明矣答曰聖同於心器形不必同也猶馬殊毛而齊逸玉異色而均美是以晉棘荊和等價連城驊騮騄驪俱致千里問曰形神不二既聞之矣形謝神滅理固宜然敢問經云爲之宗廟以鬼饗之何謂也答曰聖人之教然也所以弭孝子之心而厲偷薄之意神而明之此之謂矣問曰伯有被甲彭生豕見墳素著其事寧是設教而已邪答曰妖怪茫茫或存或亡彊死者衆不皆爲鬼彭生伯有何獨能然乍爲人豕未必齊鄭之公子也問曰易稱故知鬼

神之情狀與天地相似而不違又曰載鬼一車其義云何答曰有禽焉有獸焉飛走之別也有人焉有鬼焉幽明之別也人滅而爲鬼鬼滅而爲人則未之知也問曰知此神滅有何利用邪答曰浮屠害政桑門蠹俗風驚霧起馳蕩不休吾哀其弊思拯其溺夫竭財以赴僧破產以趨佛而不恤親戚不憐窮匱者何良由厚我之情深濟物之意淺是以圭撮涉於貧友吝情動於顏色千鍾委於富僧歡意暢於容髮豈不以僧有多稌之期友無遺秉之報務施闕於周急歸德必於在己又惑以茫昧之言懼以阿鼻之苦誘以虛誕之辭欣以兜率之樂故捨逢掖襲橫衣廢俎豆列缾鉢家家棄其親愛人人絕其嗣續致使兵挫於行間吏空於官府粟罄於惰遊貨殫於泥木所以姦宄弗勝頌聲尙擁惟此之故其流莫已其病無限若陶甄稟於自然森羅均於獨化忽焉自有怳爾而無來也不禦去也不追乘夫天理各安其性小人甘其壟畝君子保其恬素耕而食食不可窮也蠶而衣衣不可盡也下有餘以奉其上上無爲以待其下可以全生可以匡國可以霸君用此道也此論出朝野諠譁子良集僧難之而不能

屈續在南累年追還京既至以爲中書郎國子博士卒官文集十卷子胥字長才傳父學起家太學博士胥有口辯大同中常兼主客郎對接北使還平西湘東王諮議參軍侍宣城王讀出爲鄱陽內史卒於郡

嚴植之字孝源建平秭歸人也祖欽宋通直散騎常侍植之少善莊老能玄言精解喪服孝經論語及長徧治鄭氏禮周易毛詩左氏春秋性淳孝謹厚不以所長高人少遭父憂因菜食二十三載後得風冷疾乃止齊永明中始起家爲廬陵王國侍郎遷廣漢王國右常侍王誅國人莫敢視植之獨奔哭手營殯殮徒跣送喪墓所爲起冢葬畢乃還當時義之建武中遷員外郎散騎常侍尋爲康樂侯相在縣清白民吏稱之天監二年板後軍騎兵參軍事高祖詔求通儒治五禮有司奏植之治凶禮四年初置五經博士各開館教授以植之兼五經博士植之之館在潮溝生徒常百數植之講五館生必至聽者千餘人六年遷中撫軍記室參軍猶兼博士七年卒於館時年五十二植之自疾後便不受廩俸妻子困乏既卒喪無所寄生徒爲市宅乃得成喪焉植之性仁慈好陰德雖在

閭室未嘗怠也少嘗山行見一患者植之問其姓名不能答載與俱歸爲營醫藥六日而死植之爲棺殮殯之卒不知何許人也嘗緣柵塘行見患人臥塘側植之下車問其故云姓黃氏家本荊州爲人傭賃疾既危篤船主將發棄之于岸植之心惻然載還治之經年而黃氏差請終身充奴僕以報厚恩植之不受遺以資糧遣之其義行多如此撰凶禮儀注四百七十九卷

賀瑒字德璉會稽山陰人也祖道力善三禮仕宋爲尚書三公郎建康令瑒少傳家業齊時沛國劉瓛爲會稽府丞見瑒深器異之嘗與俱造吳郡張融指瑒謂融曰此生神明聰敏將來當爲儒者宗瓛還薦之爲國子生舉明經揚州祭酒俄兼國子助教歷奉朝請太學博士太常丞遭母憂去職天監初復爲太常丞有司舉治賓禮召見說禮義高祖異之詔朝朔望預華林講四年初開五館以瑒兼五經博士別詔爲皇太子定禮撰五經義瑒悉禮舊事時高祖方創定禮樂瑒所建議多見施行七年拜步兵校尉領五經博士九年遇疾遣醫藥省問卒于館時年五十九所著禮易老莊講疏朝廷博議數百篇賓禮儀注一百

四十五卷瑒於禮尤精館中生徒常百數弟子明經對策至數十人二子革字
文明少通三禮及長徧治孝經論語毛詩左傳起家晉安王國侍郎兼太學博
士侍湘東王讀敕於永福省爲邵陵湘東武陵三王講禮稍遷湘東王府行參
軍轉尚書儀曹郎尋除秣陵令還國子博士於學講授生徒常數百人出爲西
中郎湘東王諮議參軍帶江陵令王初於府置學以革領儒林祭酒講三禮荆
楚衣冠聽者甚衆前後再監南平郡爲民吏所德尋加貞威將軍兼平西長史
南郡太守革性至孝常恨貪祿代耕不及養在荆州歷爲郡縣所得俸秩不及
妻孥專擬還鄉造寺以申感思大同六年卒官時年六十二弟季亦明三禮歷
官尚書祠部郎兼中書通事舍人累遷步兵校尉中書黃門郎兼著作
司馬筠字貞素河內温人晉驃騎將軍譙烈王承七世孫祖亮宋司空從事中
郎父端齊奉朝請筠孤貧好學師事沛國劉瓛彊力專精深爲瓛所器異既長
博通經術尤明三禮齊建武中起家奉朝請還王府行參軍天監初爲本州治
中除暨陽令有清績入拜尚書祠部郎七年安成太妃陳氏薨江州刺史安成

王秀荊州刺史始與王憺並以慈母表解職詔不許還攝本任而太妃在都喪祭無主舍人周捨議曰賀彥先稱慈母之子不服慈母之黨婦又不從夫而服慈姑小功服無從故也庾蔚之云非徒子不從母而服其黨孫又不從父而服其慈由斯而言慈祖母無服明矣尋門內之哀不容自同於常按父之祥禫子並受弔今二王諸子宜以成服日單衣一日爲位受弔制曰二王在遠諸子宜攝祭事捨又曰禮云縞冠玄武子姓之冠則世子衣服宜異於常可著細布衣絹爲領帶三年不聽樂又禮及春秋庶母不世祭蓋謂無王命者耳吳太妃既朝命所加得用安成禮秩則當祔廟五世親盡乃毀陳太妃命數之重雖則不異慈孫既不從服廟食理無傳祀子祭孫止是會經文高祖因是敕禮官議皇子慈母之服筠議宋朝五服制皇子服訓養母禮依庶母慈己宜從小功之制按曾子問曰子游曰喪慈母禮歟孔子曰非禮也古者男子外有傅內有慈母君命所使教子也何服之有鄭玄注云此指謂國君之子也若國君之子不服則王者之子不服可知又喪服經云君子子爲庶母慈己者傳曰君子子者貴

人子也鄭玄引內則三母止施於卿大夫以此而推則慈母之服上不在五等之嗣下不逮三士之息儻其服者止卿大夫尋諸侯之子尙無此服況乃施之皇子謂宜依禮刊除以反前代之惑高祖以爲不然曰禮言慈母凡有三條一則妾子之無母使妾之無子者養之命爲母子服以三年喪服齊衰章所言慈母是也二則嫡妻之子無母使妾養之慈撫隆至雖均乎慈愛但嫡妻之子妾無爲母之義而恩深事重故服以小功喪服小功章所以不直言慈母而云庶母慈己者明異於三年之慈母也其三則子非無母正是擇賤者視之義同師保而不無慈愛故亦有慈母之名師保既無其服則此慈亦無服矣內則云擇於諸母與可者使爲子師其次爲慈母其次爲保母此其明文此言擇諸母是擇人而爲此三母非謂擇取兄弟之母也何以知之若是兄弟之母其先有子者則是長妾長妾之禮實有殊加何容次妾生子乃退成保母斯不可也又有多兄弟之人於義或可若始生之子便應三母俱闕邪由是推之內則所言諸母是謂三母非兄弟之母明矣子游所問自是師保之慈非三年小功之慈也

故夫子得有此對豈非師保之慈母無服之證乎鄭玄不辯三慈混爲訓釋引彼無服以注慈己後人致謬實此之由經言君子子者此雖起於大夫明大夫猶爾自斯以上彌應不異故傳云君子子者貴人之子也總言曰貴則無所不包經傳互文交相顯發則知慈加之義通乎大夫以上矣宋代此科不乖禮意便加除削良是所疑於是鈞等請依制改定嫡妻之子母沒爲父妾所養服之五月貴賤並同以爲永制累遷王府諮議權知左丞事尋除尚書左丞出爲始興內史卒官子壽傳父業明三禮大同中歷官尚書祠部郎出爲曲阿令

卞華字昭丘濟陰宛句人也晉驃騎將軍忠貞公壼六世孫父倫之給事中華幼孤貧好學年十四召補國子生通周易既長徧治五經與平原明山賓會稽賀瑒同業友善起家齊豫章王國侍郎累遷奉朝請征西行參軍天監初遷臨川王參軍事兼國子助教轉安成王功曹參軍兼五經博士聚徒教授華博涉有機辯說經析理爲當時之冠江左以來鍾律絕學至華乃通焉遷尚書儀曹郎出爲吳令卒

崔靈恩清河武城人也少篤學從師徧通五經尤精三禮三傳先在北仕爲太常博士天監十三年歸國高祖以其儒術擢拜員外散騎侍郎累遷步兵校尉兼國子博士靈恩聚徒講授聽者常數百人性拙朴無風采及解經析理甚有精致京師舊儒咸稱重之助教孔僉尤好其學靈恩先習左傳服解不爲江東所行及改說杜義每文句常申服以難杜遂著左氏條義以明之時有助教虞僧誕又精杜學因作申杜難服以報靈恩世並行焉僧誕會稽餘姚人以左氏教授聽者亦數百人其該通義例當時莫及先是儒者論天互執渾蓋二義論蓋不合於渾論渾不合於蓋靈恩立義以渾蓋爲一焉出爲長沙內史還除國子博士講衆尤盛出爲明威將軍桂州刺史卒官靈恩集注毛詩二十二卷集注周禮四十卷制三禮義宗四十七卷左氏經傳義二十二卷左氏條例十卷公羊穀梁文句義十卷

孔僉會稽山陰人少師事何胤通五經尤明三禮孝經論語講說並數十徧生徒亦數百人歷官國子助教三爲五經博士還尚書祠部郎出爲海鹽山陰二

縣令僉儒者不長政術在縣無績太清亂卒于家子倣玄頗涉文學官至太學

博士僉兄子元素又善三禮有威名早卒

盧廣范陽涿人自云晉司空從事中郎諶之後也諶沒死冉閔之亂晉中原舊

族諶有後焉廣少明經有儒術天監中歸國初拜員外散騎侍郎出爲始安太

守坐事免頃之起爲折衝將軍配千兵北伐還拜步兵校尉兼國子博士徧講

五經時北來人儒學者有崔靈恩孫詳蔣顯並聚徒講說而音辭鄙拙惟廣言

論清雅不類北人僕射徐勉兼通經術深相賞好尋遷員外散騎常侍博士如

故出爲信武桂陽嗣王長史尋陽太守又爲武陵王長史太守如故卒官

沈峻字士嵩吳興武康人家世農夫至峻好學與舅太史叔明師事宗人沈驎

士門下積年晝夜自課時或睡寐輒以杖自擊其篤志如此驎士卒後乃出都

徧遊講肆遂博通五經尤長三禮初爲王國中尉稍遷侍郎並兼國子助教時

吏部郎陸倕與僕射徐勉書薦峻曰五經博士庾季達須換計公家必欲詳擇

其人凡聖賢可講之書必以周官立義則周官一書實爲羣經源本此學不傳

多歷年世北人孫詳蔣顯亦經聽習而音革楚夏故學徒不至惟助教沈峻特精此書比日時開講肆羣儒劉嵒沈宏沈熊之徒並執經下坐北面受業莫不歎服人無閒言第謂宜即用此人命其專此一學周而復始使聖人正典廢而更興累世絕業傳於學者勉從之奏峻兼五經博士於館講授聽者常數百人出爲華容令還除員外散騎侍郎復兼五經博士時中書舍人賀琛奉敕撰梁官乃啓峻及孔子袪補西省學士助撰錄書成入兼中書通事舍人出爲武康令卒官子文阿傳父業尤明左氏傳太清中自國子助教爲五經博士傳峻業者又有吳郡張及會稽孔子雲官皆至五經博士尚書祠部郎太史叔明吳與烏程人吳太史慈後也少善莊老兼治孝經禮記其三玄尤精解當世冠絕每講說聽者常五百餘人歷官國子助教邵陵王綸好其學及出爲江州攜叔明之鎮王遷郢州又隨府所至輒講授江外人士皆傳其學焉大同十三年卒時年七十三

孔子袪會稽山陰人少孤貧好學耕耘樵採常懷書自隨投閑則誦讀勤苦自

勵遂通經術尤明古文尚書初爲長沙嗣王侍郎兼國子助教講尚書四十徧聽者常數百人中書舍人賀琛受敕撰梁官啓子袪爲西省學士助撰錄書成兼司文侍郎不就久之兼主客郎舍人學士如故累遷湘東王國侍郎常侍員外散騎侍郎又雲麾廬江公記室參軍轉兼中書通事舍人尋遷步兵校尉舍人如故高祖撰五經講疏及孔子正言專使子袪檢閱羣書以爲義證事竟敕子袪與右衞朱异左丞賀琛於士林館遞日執經累遷通直正員郎舍人如故中大同元年卒官時年五十一子袪凡著尚書義二十卷集注尚書三十卷續朱异集注周易一百卷續何承天集禮論一百五十卷

皇侃吳郡人青州刺史皇象九世孫也侃少好學師事賀瑒精力專門盡通其業尤明三禮孝經論語起家兼國子助教於學講說聽者數百人撰禮記講疏五十卷書成奏上詔付祕閣頃之召入壽光殿講禮記義高祖善之拜員外散騎侍郎兼助教如故性至孝常日限誦孝經二十徧以擬觀世音經丁母憂解職還鄉里平西邵陵王欽其學厚禮迎之侃既至因感心疾大同十一年卒於

夏首時年五十八所撰論語義十卷與禮記義並見重於世學者傳焉

陳吏部尚書姚察曰昔叔孫通講論馬上桓榮精力凶荒既逢平定自致光寵若夫崔伏何嚴互有焉曼容修之講道於齊季不爲時改賀瑒嚴植之之徒遭梁之崇儒重道咸至高官稽古之力諸子各盡之矣范縝墨經儆倖不遂其志宜哉

梁書卷四十八

梁書卷四十八考證

賀瑒傳常恨貪祿代耕不及養○貪南史作食應從之

司馬筠傳喪服齊衰章所言慈母是也○慈母下南史有如母二字

崔靈恩傳制三禮義宗四十七卷○四十七南史作三十

孔子袪傳常懷書自隨投閑則誦讀○投南史作役

梁書卷四十八考證

梁書卷四十九

唐　散　騎　常　侍　姚　思　廉　撰

列傳第四十三

文學上

到沆　　丘遲　　劉苞　　袁峻　　庾於陵弟肩吾

劉昭　　何遜　　鍾嶸　　周興嗣　　吳均

昔司馬遷班固書並爲司馬相如傳相如不預漢廷大事蓋取其文章尤著也固又爲賈鄒枚路傳亦取其能文傳焉范氏後漢書有文苑傳所載之人其詳已甚然經禮樂而緯國家通古今而述美惡非文莫可也是以君臨天下者莫不敦悅其義縉紳之學咸貴尚其道古往今來未之能易高祖聰明文思光宅區寓旁求儒雅詔採異人文章之盛煥乎俱集每所御幸輒命羣臣賦詩其文善者賜以金帛詣闕庭而獻賦頌者或引見焉其在位者則沈約江淹任昉並以文采妙絕當時至若彭城到沆吳興丘遲東海王僧孺吳郡張率等或入直

文德通讌壽光皆後來之選也約淹昉僧孺率别以功迹論今綴到沆等文兼學者至太清中人爲文學傳云

到沆字茂瀣彭城武原人也曾祖彦之宋將軍父撝齊五兵尚書沆幼聰敏五歲時撝於屏風抄古詩沆請教讀一遍便能諷誦無所遺失既長勤學善屬文工篆隸美風神容止可悅齊建武中起家後軍法曹參軍天監初遷征虜主簿高祖初臨天下收拔賢俊甚愛其才東宮建以爲太子洗馬時文德殿置學士省召高才碩學者待詔其中使校定墳史詔沆通籍焉時高祖讌華光殿命羣臣賦詩獨詔沆爲二百字二刻使成沆於坐立奏其文甚美俄以洗馬管東宮書記散騎省優策文三年詔尚書郎在職清能或人才高妙者爲侍郎以沆爲殿中曹侍郎沆從父兄溉洽並有才名時皆相代爲殿中當世榮之四年遷太子中舍人沆爲人不自伐不論人長短樂安任昉南鄉范雲皆友善其年遷丹陽尹丞以疾不能處職事遷北中郎諮議參軍五年卒官年三十高祖甚傷惜焉詔賜錢二萬布三十疋所著詩賦百餘篇

丘遲字希範吳興烏程人也父靈鞠有才名仕齊官至太中大夫遲八歲便屬文靈鞠常謂氣骨似我黃門郎謝超宗徵士何點並見而異之及長州辟從事舉秀才除太學博士遷大司馬行參軍遭父憂去職服闋除西中郎參軍累遷殿中郎以母憂去職服除復爲殿中郎遷車騎錄事參軍高祖平京邑霸府開引爲驃騎主簿甚被禮遇時勸進梁王及殊禮皆遲文也高祖踐阼拜散騎侍郎俄遷中書侍郎領吳興邑中正待詔文德殿時高祖著連珠詔羣臣繼作者數十人遲文最美天監三年出爲永嘉太守在郡不稱職爲有司所糾高祖愛其才寢其奏四年中軍將軍臨川王宏北伐遲爲諮議參軍領記室時陳伯之在北與魏軍來距遲以書喻之伯之遂降還拜中書郎遷司徒從事中郎七年卒官時年四十五所著詩賦行於世

劉苞字孝嘗彭城人也祖勔宋司空父愃齊太子中庶子苞四歲而父終及年六七歲見諸父常泣時伯叔父悛繪等並顯貴苞母謂其畏憚怒之苞對曰早孤不及有識聞諸父多相似故心中欲悲無有佗意因而歔欷母亦慟甚初苞

父母及兩兄相繼亡沒悉假瘞焉苞年十六始移墓所經營改葬不資諸父未幾皆畢繪常歎服之少好學能屬文起家爲司徒法曹行參軍不就天監初以臨川王妃弟故自征虜主簿仍遷王中軍功曹累遷尚書庫部侍郎丹陽尹丞太子太傅丞尚書殿中侍郎南徐州治中以公事免久之爲太子洗馬掌書記侍講壽光殿自高祖即位引後進文學之士苞及從兄孝綽從弟孺同郡到溉溉弟洽從弟沆吳郡陸倕張率並以文藻見知多預讌坐雖仕進有前後其賞賜不殊天監十年卒時年三十臨終呼友人南陽劉之遴託以喪事務從儉率苞居官有能名性和而直與人交面折其非退稱其美情無所隱士友咸以此歎惜之

袁峻字孝高陳郡陽夏人魏郎中令渙之八世孫也峻早孤篤志好學家貧無書每從人假借必皆抄寫自課日五十紙紙數不登則不休息訥言語工文辭義師剋京邑鄱陽王恢東鎮破岡峻隨王知管記事天監初鄱陽國建以峻爲侍郎從鎮京口王遷郢州兼都曹參軍高祖雅好辭賦時獻文於南闕者相望

焉其藻麗可觀或見賞擢六年峻乃擬楊雄官箴奏之高祖嘉焉賜束帛除員外散騎侍郎直文德學士省抄史記漢書各爲二十卷又奉敕與陸倕各製新闕銘辭多不載

庾於陵字子介散騎常侍黔婁之弟也七歲能言玄理既長清警博學有才思齊隨王子隆爲荊州召爲主簿使與謝朓宗夬抄撰羣書子隆代還又以爲送故主簿子隆尋爲明帝所害僚吏畏避莫有至者唯於陵與夬獨留經理喪事始安王遙光爲撫軍引爲行參軍兼記室永元末除東陽遂安令爲民吏所稱天監初爲建康獄平遷尚書工部郎待詔文德殿出爲湘州別駕遷驃騎錄事參軍兼中書通事舍人俄領南郡邑中正拜太子洗馬舍人如故舊事東宮官屬通爲清選洗馬掌文翰尤其清者近世用人皆取甲族有才望時於陵與周捨並擢充職高祖曰官以人而清豈限以甲族時論以爲美俄遷散騎侍郎改領荊州大中正累遷中書黃門侍郎舍人中正並如故出爲宣毅晉安王長史廣陵太守行府州事以公事免復起爲通直郎尋除鴻臚卿復領荊州大中正

卒官時年四十八文集十卷弟肩吾

肩吾字子慎八歲能賦詩特爲兄於陵所友愛初爲晉安王國常侍仍遷王宣惠府行參軍自是每王徙鎮肩吾常隨府歷王府中郎雲麾參軍並兼記室參軍中大通三年王爲皇太子兼東宮通事舍人除安西湘東王錄事參軍俄以本官領荆州大中正累遷中錄事諮議參軍太子率更令中庶子初太宗在藩雅好文章士時肩吾與東海徐摛吳郡陸杲彭城劉遵劉孝儀儀弟孝威同被賞接及居東宮又開文德省置學士肩吾子信摛子陵吳郡張長公北地傅弘東海鮑至等充其選齊永明中文士王融謝朓沈約文章始用四聲以爲新變至是轉拘聲韻彌尚麗靡復踰於往時時太子與湘東王書論之曰吾輩亦無所遊賞止事披閱性既好文時復短詠雖是庸音不能閣筆有慚伎癢更同故態比見京師文體懦鈍殊常競學浮疎爭爲闡緩玄冬修夜思所不得既殊比興正背風騷若夫六典三禮所施則有地吉凶嘉賓用之則有所未聞吟詠情性反擬內則之篇操筆寫志更摹酒誥之作遲遲春日翻學歸藏湛湛江水遂

同大傳吾既拙於爲文不敢輕有掎摭但以當世之作歷方古之才人遠則楊馬曹王近則潘陸顏謝而觀其遣辭用心了不相似若以今文爲是則古文爲非若昔賢可稱則今體宜棄俱爲盍各則未之敢許又時有效謝康樂裴鴻臚文者亦頗有惑焉何者謝客吐言天拔出於自然時有不拘是其糟粕裴氏乃是良史之才了無篇什之美是爲學謝則不屆其精華但得其冗長師裴則蔑絕其所長惟得其所短謝故巧不可階裴亦質不宜慕故胷馳臆斷之侶好名忘實之類方分肉於仁獸逞郤克於邯鄲入鮑忘臭效尤致禍決羽謝生豈三千之可及伏膺裴氏懼兩唐之不傳故玉徽金銑反爲拙目所嗤巴人下里更合郢中之聽陽春高而不和妙聲絕而不尋竟不精討錙銖覈量文質有異巧心終愧妍手是以握瑜懷玉之士瞻鄭邦而知退章甫翠履之人望閩鄉而歎息詩既若此筆又如之徒以煙墨不言受其驅染紙札無情任其搖襞甚矣哉文之橫流一至於此至如近世謝脁沈約之詩任昉陸倕之筆斯實文章之冠冕述作之楷模張士簡之賦周升逸之辯亦成佳手難可復遇文章未墜必有

英絶領袖之者非弟而誰每欲論之無可與語思吾子建一共商搉辯玆清濁使如涇渭論玆月旦類彼汝南朱丹既定雌黃有別使夫懷鼠知慚濫竽自恥譬斯袁紹畏見子將同彼盜牛遙羞王烈相思不見我勞如何太清中侯景寇陷京都及太宗即位以肩吾爲度支尚書時上流諸蕃並據州拒景景矯詔遣肩吾使江州喻當陽公大心大心尋舉州降賊肩吾因逃入建昌界久之方得赴江陵未幾卒文集行於世

劉昭字宣卿平原高唐人晉太尉寔九世孫也祖伯龍居父憂以孝聞宋武帝敕皇太子諸王並往弔慰官至少府卿父彪齊征虜晉安王記室昭幼清警七歲通老莊義既長勤學善屬文外兄江淹早相稱賞天監初起家奉朝請累遷征北行參軍尚書倉部郎尋除無錫令歷爲宣惠豫章王中軍臨川記室初昭伯父肜集衆家晉書注干寶晉紀爲四十卷至昭又集後漢同異以注范曄書世稱博悉遷通直郎出爲剡令卒官集注後漢一百八十卷幼童傳十卷文集十卷子縚字言明亦好學通三禮大同中爲尚書祠部郎尋去職不復仕縚弟

緩字含度少知名歷官安西湘東王記室時西府盛集文學緩居其首除通直郎俄遷鎮南湘東王中錄事復隨府江州卒

何遜字仲言東海郯人也曾祖承天宋御史中丞祖翼員外郎父詢齊太尉中兵參軍遜八歲能賦詩弱冠州舉秀才南鄉范雲見其對策大相稱賞因結忘年交好自是一文一詠雲輒嗟賞謂所親曰頃觀文人質則過儒麗則傷俗其能含清濁中今古見之何生矣沈約亦愛其文嘗謂遜曰吾每讀卿詩一日三復猶不能已其爲名流所稱如此天監中起家奉朝請遷中衛建安王水曹行參軍兼記室王愛文學之士日與遊宴及遷江州遜猶掌書記還爲安西安成王參軍事兼尚書水部郎母憂去職服闋除仁威廬陵王記室復隨府江州未幾卒東海王僧孺集其文爲八卷初遜文章與劉孝綽並見重於世世謂之何劉世祖著論論之云詩多而能者沈約少而能者謝朓何遜時有會稽虞騫工爲五言詩名與遜相埒官至王國侍郎其後又有會稽孔翁歸濟陽江避並爲南平王大司馬府記室翁歸亦工爲詩避博學有思理更注論語孝經二人並

鍾嶸字仲偉潁川長社人晉侍中雅七世孫也父蹈齊中軍參軍嶸與兄岏弟嶼並好學有思理嶸齊永明中爲國子生明周易衞軍王儉領祭酒頗賞接之舉本州秀才起家王國侍郎遷撫軍行參軍出爲安國令永元末除司徒行參軍天監初制度雖革而日不暇給嶸乃言曰永元肇亂坐弄天爵勳非即戎官以賄就揮一金而取九列寄片札以招六校騎都塞市郎將填街服既纓組尚爲臧獲之事職唯黃散猶躬胥徒之役名實淆紊茲焉莫甚臣愚謂軍官是素族士人自有清貫而因斯受爵一宜削除以懲僥競若吏姓寒人聽極其門品不當因軍遂濫清級若僑雜傖楚應在綏附正宜嚴斷祿力絕其妨正直乞虛號而已謹竭愚忠不恤衆口敕付尚書行之遷中軍臨川王行參軍衡陽王元簡出守會稽引爲寧朔記室專掌文翰時居士何胤築室若邪山山發洪水漂拔樹石此室獨存元簡命嶸作瑞室頌以旌表之辭甚典麗還西中郎晉安王記室嶸嘗品古今五言詩論其優劣名爲詩評其序曰氣之動物物之感人故

搖蕩性情形諸舞詠欲以照燭三才輝麗萬有靈祇待之以致饗幽微藉之以昭告動天地感鬼神莫近於詩昔南風之辭卿雲之頌厥義敻矣夏歌曰鬱陶乎予心楚謠云名余曰正則雖詩體未全然略是五言之濫觴也逮漢李陵始著五言之目古詩眇邈人代難詳推其文體固是炎漢之制非衰周之倡也自王楊枚馬之徒辭賦競爽而吟詠靡聞從李都尉訖班婕妤將百年間有婦人焉一人而已詩人之風頓已缺喪東京二百載中唯有班固詠史質木無文致降及建安曹公父子篤好斯文平原兄弟鬱爲文棟劉楨王粲爲其羽翼次有攀龍託鳳自致於屬車者蓋將百計彬彬之盛大備於時矣爾後陵遲衰微訖於有晉太康中三張二陸兩潘一左勃爾復興踵武前王風流未沫亦文章之中興也永嘉時貴黃老尚虛談于時篇什理過其辭淡乎寡味爰及江表微波尚傳孫綽許詢桓庾諸公皆平典似道德論建安之風盡矣先是郭景純用俊上之才創變其體劉越石仗清剛之氣贊成厥美然彼衆我寡未能動俗逮義熙中謝益壽斐然繼作元嘉初有謝靈運才高辭盛富豔難蹤固已含跨劉郭

陵轢潘左故知陳思爲建安之傑公幹仲宣爲輔陸機爲太康之英安仁景陽爲輔謝客爲元嘉之雄顏延年爲輔此皆五言之冠冕文辭之命世夫四言文約意廣取效風騷便可多得每苦文煩而意少故世罕習焉五言居文辭之要是衆作之有滋味者也故云會於流俗豈不以指事遣形窮情寫物最爲詳切者耶故詩有六義焉一曰興二曰賦三曰比文已盡而意有餘興也因物喻志比也直書其事寓言寫物賦也弘斯三義酌而用之幹之以風力潤之以丹采使味之者無極聞之者動心是詩之至也若專用比興則患在意深意深則辭躓若但用賦體則患在意浮意浮則文散嬉成流移文無止泊有蕪漫之累矣若乃春風春鳥秋月秋蟬夏雲暑雨冬月祁寒斯四候之感諸詩者也嘉會寄詩以親離羣託詩以怨至於楚臣去境漢妾辭宮或骨橫朔野或魂逐飛蓬或負戈外戍或殺氣雄邊塞客衣單霜閨淚盡又士有解珮出朝一去忘反女有揚蛾入寵再盼傾國凡斯種種感蕩心靈非陳詩何以展其義非長歌何以釋其情故曰詩可以羣可以怨使窮賤易安幽居靡悶莫尚於詩矣故辭人作者

罔不愛好今之士俗斯風熾矣裁能勝衣甫就小學必甘心而馳騖焉於是庸音雜體各爲家法至於膏腴子弟恥文不逮終朝點綴分夜呻吟獨觀謂爲警策衆覩終淪平鈍次有輕蕩之徒笑曹劉爲古拙謂鮑昭羲皇上人謝朓今古獨步而師鮑昭終不及日中市朝滿學謝朓劣得黃鳥度青枝徒自棄於高聽無涉於文流矣嶸觀王公搢紳之士每博論之餘何嘗不以詩爲口實隨其嗜欲商搉不同淄澠並汎朱紫相奪諠譁競起准的無依近彭城劉士章俊賞之士疾其淆亂欲爲當世詩品口陳標榜其文未遂嶸感而作焉昔九品論人七略裁士校以賓實誠多未值至若詩之爲技較爾可知以類推之殆同博奕方今皇帝資生知之上才體沉鬱之幽思文麗日月學究天人昔在貴遊已爲稱首況八紘既掩風靡雲蒸抱玉者連肩握珠者踵武固以睨漢魏而弗顧吞晉宋於胷中諒非農歌轅議敢致流別嶸之今錄庶周遊於閭里均之於談笑耳頃之卒官岏字長岳官至府參軍建康平著良史傳十卷嶼字季望永嘉郡丞天監十五年敕學士撰徧略嶼亦預焉兄弟並有文集

周興嗣字思纂陳郡項人漢太子太傅堪後也高祖凝晉征西府參軍宜都太守興嗣世居姑孰年十三遊學京師積十餘載遂博通記傳善屬文嘗步自姑孰投宿逆旅夜有人謂之曰子才學邁世初當見識貴臣卒被知英主言終不測所之齊隆昌中侍中謝朏爲吳興太守唯與興嗣談文史而已及罷郡還因大相稱薦本州舉秀才除桂陽郡丞太守王嶸素相賞好禮之甚厚高祖革命興嗣奏休平賦其文甚美高祖嘉之拜安成王國侍郎直華林省其年河南獻儛馬詔興嗣與待詔到沆張率爲賦高祖以興嗣爲工擢員外散騎侍郎進直文德壽光省是時高祖以三橋舊宅爲光宅寺敕興嗣與陸倕各製寺碑及成俱奏高祖用興嗣所製者自是銅表銘柵塘碣北伐檄次韻王羲之書千字並使興嗣爲文每奏高祖輒稱善加賜金帛九年除新安郡丞秩滿復爲員外散騎侍郎佐撰國史十二年遷給事中撰文如故興嗣兩手先患風疽是年又染癘疾左目盲高祖撫其手嗟曰斯人也而有斯疾也手疏治疽方以賜之其見惜如此任昉又愛其才常言曰周興嗣若無疾旬日當至御史中丞十四年除

臨川郡丞十七年復爲給事中直西省左衛率周捨奉敕注高祖所製歷代賦啓興嗣助焉普通二年卒所撰皇帝實錄皇德記起居注職儀等百餘卷文集十卷

吳均字叔庠吳興故鄣人也家世寒賤至均好學有俊才沈約嘗見均文頗相稱賞天監初柳惲爲吳興召補主簿日引與賦詩均文體清拔有古氣好事者或斆之謂爲吳均體建安王偉爲揚州引兼記室掌文翰王遷江州補國侍郎兼府城局還除奉朝請先是均表求撰齊春秋書成奏之高祖以其書不實使中書舍人劉之遴詰問數條竟支離無對敕付省焚之坐免職尋有敕召見使撰通史起三皇訖齊代均草本紀世家功已畢唯列傳未就普通元年卒時年五十二均注范曄後漢書九十卷著齊春秋三十卷廟記十卷十二州記十六卷錢唐先賢傳五卷續文釋五卷文集二十卷先是有廣陵高爽濟陽江洪會稽虞騫並工屬文爽齊永明中贈衛軍王儉詩爲儉所賞及領丹陽尹舉爽郡孝廉天監初歷官中軍臨川王參軍出爲晉陽令坐事繫治作鑊魚賦以自況

其文甚工後遇赦獲免頃之卒洪爲建陽令坐事死鶩官至王國侍郎並有文集

梁書卷四十九

梁書卷四十九考證

到沆傳時高祖讌華光殿○光監本訛元今從南史改正

袁峻傳峻乃擬楊雄官箴奏之○官南史作書

庾肩吾傳肩吾字子愼○子愼南史作愼之

周興嗣傳次韻王羲之書千字並使興嗣爲文○宋史李至傳言千字文乃梁武帝得鍾繇書破碑千餘字命周興嗣次韻而成今以爲王羲之異矣

梁書卷四十九考證

梁書卷五十

唐　散　騎　常　侍　姚　思　廉　撰

列傳第四十四

文學下

劉　峻　劉　沼　謝幾卿　劉　勰　王　籍
何思澄　劉　杳　謝　徵　臧　嚴　伏　挺
庾仲容　陸雲公　任孝恭　顏　協

劉峻字孝標平原平原人父珽宋始興內史峻生期月母攜還鄉里宋泰始初青州陷魏峻年八歲爲人所略至中山中山富人劉實愍峻以束帛贖之教以書學魏人聞其江南有戚屬更徙之桑乾峻好學家貧寄人廡下自課讀書常燎麻炬從夕達旦時或昏睡爇其髮既覺復讀終夜不寐其精力如此齊永明中從桑乾得還自謂所見不博更求異書聞京師有者必往祈借清河崔慰祖謂之書淫時竟陵王子良博招學士峻因人求爲子良國職吏部尚書徐孝嗣

抑而不許用爲南海王侍郎不就至明帝時蕭遙欣爲豫州爲府刑獄禮遇甚
厚遙欣尋卒久之不調天監初召入西省與學士賀蹤典校祕書峻兄孝慶時
爲青州刺史峻請假省之坐私載禁物爲有司所奏免官安成王秀好峻學及
遷荆州引爲戸曹參軍給其書籍使抄錄事類名曰類苑未及成復以疾去因
遊東陽紫巖山築室居焉爲山栖志其文甚美高祖招文學之士有高才者多
被引進擢以不次峻率性而動不能隨衆沉浮高祖頗嫌之故不任用乃著辨
命論以寄其懷曰主上嘗與諸名賢言及管輅歎其有奇才而位不達時有在
赤墀之下預聞斯議歸以告余余謂士之窮通無非命也故謹述天旨因言其
略云臣觀管輅天才英偉珪璋特秀實海內之髦傑豈日者卜祝之流而官止
少府丞年終四十八天之報施何其寡歟然則高才而無貴仕饕餮而居大位
自古所歎焉獨公明而已哉故性命之道窮通之數夭閼紛綸莫知其辨仲任
蔽其源子長闡其惑至於鶡冠甕牖必以懸天有期鼎貴高門則曰唯人所召
譊譊讙咋異端俱起蕭遠論其本而不暢其流子玄語其流而未詳其本嘗試

言之曰夫道生萬物則謂之道生而無主謂之自然自然者物見其然不知所以然同焉皆得不知所以得鼓動陶鑄而不爲功庶類混成而非其力生之無亭毒之心死之豈虔劉之志墜之淵泉非其怒昇之霄漢非其悅蕩乎大乎萬寶以之化確乎純乎一化而不易化而不易則謂之命命也者自天之命也定於冥兆終然不變鬼神莫能預聖哲不能謀觸山之力無以抗倒日之誠弗能感短則不可緩之於寸陰長則不可急之於箭漏至德未能踰上智所不免是以放勛之代浩浩襄陵天乙之時焦金流石文公疐其尾宣尼絕其糧顏回敗其叢蘭冉耕歌其芣苡夷叔斃淑媛之言子輿困臧倉之訴聖賢且猶若此而況庸庸者乎至乃伍員浮屍於江流三閭沉骸於湘渚賈大夫沮志於長沙馮都尉皓髮於郎署君山鴻漸鎩羽儀於高雲敬通鳳起摧迅翮於風穴此豈才不足而行有遺哉近代有沛國劉瓛瓛弟璡並一時之秀士也瓛則關西孔子通涉六經循循善誘服膺儒行璡則志烈秋霜心貞崐玉亭亭高竦不雜風塵皆毓德於衡門並馳聲於天地而官有微於侍郎位不登於執戟相繼徂落宗

祀無饗因斯兩賢以言古則昔之玉質金相英髦秀達皆擯斥於當年韞奇才而莫用候草木以共凋與麋鹿而同死膏塗平原骨填川谷湮滅而無聞者豈可勝道哉此則宰衡之與皁隸容彭之與殤子猗頓之與黔婁陽文之與敦洽咸得之於自然不假道於才智故曰死生有命富貴在天其斯之謂矣然命體周流變化非一或先號後笑或始吉終凶或不召自來或因人以濟交錯紛糾循環倚伏非可以一理徵非可以一途驗而其道密微寂寥忽慌無形可以見無聲可以聞必御物以效靈亦憑人而成象譬天王之冕旒任百官以司職而或者覩湯武之龍躍謂龕亂在神功聞孔墨之挺生謂英睿擅奇響視彭韓之豹變謂鷙猛致人爵見張桓之朱紱謂明經拾青紫豈知有力者運之而趨乎故言而非命有六蔽焉余請陳其梗概夫靡顏膩理哆喎顣頞形之異也朝秀辰終龜鶴千歲年之殊也聞言如響智昏菽麥神之辨也同知三者定乎造化榮辱之境獨曰由人是知二五而未識於十其蔽一也龍犀日角帝王之表河目龜文公侯之相撫鏡知其將刑壓紐顯其膺籙星虹樞電昭聖德之符夜哭

聚雲鬱與王之瑞皆兆發於前期渙汗於後葉若謂驅貔虎奮尺劍入紫微升帝道則未達窅冥之情未測神明之數其蔽二也空桑之里變成洪川歷陽之都化爲魚鼈楚師屠漢卒睢河鯁其流秦人坑趙士沸聲若雷震火炎崐岳礫石與琬琰俱焚嚴霜夜零蕭艾與芝蘭共盡雖游夏之英才伊顏之殆庶焉能抗之哉其蔽三也或曰明月之珠不能無纇夏后之璜不能無考故亭伯死於縣長長卿卒於園令才非不傑也主非不明也而碎結綠之鴻輝殘懸黎之夜色抑尺之量有短哉若然者主父偃公孫弘對策不升第歷說而不入牧豕淄原見棄州部設令忽如過隙溘死霜露其爲詬恥豈崔馬之流乎及至開東閤列五鼎電照風行聲馳海外寧前愚而後智先非而終是將榮悴有定數天命有至極而謬生妍蚩其蔽四也夫虎嘯風馳龍興雲屬故重華立而元凱升辛受生而飛廉進然則天下善人少惡人多闇主衆明君寡而薰蕕不同器梟鸞不接翼是使渾沌檮杌踵武雲臺之上仲容庭堅耕耘巖石之下橫謂廢興在我無繫於天其蔽五也彼戎狄者人面獸心宴安鴆毒以誅殺爲道德以蒸報

爲仁義雖大風立於青丘鑿齒奮於華野比干狼戾曾何足踰自金行不競天地板蕩左帶沸脣乘閑電發遂覆瀍洛傾五都居先王之桑梓竊名號於中縣與三皇競其氓黎五帝角其區㝢種落繁熾充牣神州嗚呼福善禍淫徒虛言耳豈非否泰相傾盈縮遞運而汩之以人其蔽六也然所謂命者死生焉貴賤焉貧富焉理亂焉禍福焉此十者天之所賦也愚智善惡此四者人之所行也夫神非舜禹心異朱均才絓中庸在於所習是以素絲無恆玄黃代起鮑魚芳蘭入而自變故季路學於仲尼厲風霜之節楚穆謀於潘崇成悖逆之禍而商臣之惡盛業光於後嗣仲由之善不能息其結纓斯則邪正由於人吉凶存乎命或以鬼神害盈皇天輔德故宋公一言法星三徙殷帝自翦千里來雲善惡無徵未洽斯義且于公高門以待封嚴母掃墓以望喪此君子所以自彊不息也如使仁而無報奚爲修善立名乎斯徑廷之辭也夫聖人之言顯而晦微而婉幽遠而難聞河漢而不極或立教以進庸惰或言命以窮性靈積善餘慶立教也鳳鳥不至言命也今以其片言辯其要趣何異乎夕死之類而論春秋之

變哉且荆昭德音丹雲不卷周宣祈雨珪璧斯罄于叟種德不逮勛華之高延年殘獷未甚東陵之酷爲善一爲惡均而禍福異其流廢興殊其迹蕩蕩上帝豈如是乎詩云風雨如晦雞鳴不已故善人爲善焉有息哉夫食稻粱進芻豢衣狐貉襲冰紈觀窈眇之奇儛聽雲和之琴瑟此生人之所急非有求而爲也修道德習仁義敦孝悌立忠貞漸禮樂之腴潤蹈先王之盛則此君子之所急非有求而爲也然則君子居正體道樂天知命明其無可奈何識其不由智力逝而不召來而不距生而不喜死而不慼瑤臺夏屋不能說其神土室編蓬未足憂其慮不充詘於富貴不遑遑於所欲豈有史公董相不遇之文乎論成中山劉沼致書以難之凡再反峻並爲申析以答之會沼卒不見峻後報者峻乃爲書以序之曰劉侯既有斯難值余有天倫之慼竟未之致也尋而此君長逝化爲異物緒言餘論蘊而莫傳或有自其家得而示余者悲其音徽未沫而其人已亡青簡尚新而宿草將列泫然不知涕之無從雖隙駟不留尺波電謝而秋菊春蘭英華靡絕故存其梗概更酬其旨若使墨翟之言無爽宣室之談有

徵蘘東平之樹望咸陽而西靡蓋山之泉聞弦歌而赴節但懸劍空壟有恨如何其論文多不載峻又嘗爲自序其略曰余自比馮敬通而有同之者三異之者四何則敬通雄才冠世志剛金石余雖不及之而節亮慷慨此一同也敬通值中興明君而終不試用余逢命世英主亦擯斥當年此二同也敬通有忌妻至於身操井臼余有悍室亦令家道轗軻此三同也敬通當更始之世手握兵符躍馬食肉余自少迄長戚戚無懽此一異也敬通有一子仲文官成名立余禍同伯道永無血胤此二異也敬通膂力方剛老而益壯余有犬馬之疾溘死無時此三異也敬通雖芝殘蕙焚終塡溝壑而爲名賢所慕其風流郁烈芬芳久而彌盛余聲塵寂漠世不吾知魂魄一去將同秋草此四異也所以自力爲敘遺之好事云峻居東陽吳會人士多從其學普通二年卒時年六十門人謚曰玄靖先生

劉沼字明信中山魏昌人六代祖輿晉驃騎將軍沼幼善屬文既長博學仕齊起家奉朝請冠軍行參軍天監初拜後軍臨川王記室參軍秣陵令卒

謝幾卿陳郡陽夏人曾祖靈運宋臨川內史父超宗齊黃門郎並有重名於前代幾卿幼清辯當世號曰神童後超宗坐事徙越州路出新亭渚幾卿不忍辭訣遂投赴江流左右馳救得不沉溺及居父憂哀毀過禮服闋召補國子生齊文惠太子自臨策試謂祭酒王儉曰幾卿本長玄理今可以經義訪之儉承旨發問幾卿隨事辨對辭無滯者文惠大稱賞焉儉謂人曰謝超宗爲不死矣既長好學博涉有文采起家豫章王國常侍累遷車騎法曹行參軍相國祭酒出爲寧國令入補尚書殿中郎太尉晉安王主簿天監初除征虜鄱陽王記室尚書三公侍郎尋爲治書侍御史舊郎官轉爲此職者世謂爲南奔幾卿頗失志多陳疾臺事略不復理徙爲散騎侍郎累遷中書郎國子博士尚書左丞幾卿詳悉故實僕射徐勉每有疑滯多詢訪之然性通脫會意便行不拘朝憲嘗預樂遊苑宴不得醉而還因詣道邊酒壚停車褰幔與車前三騶對飲時觀者如堵幾卿處之自若後以在省署夜著犢鼻褌與門生登閤道飲酒酣嘑爲有司糾奏坐免官尋起爲國子博士俄除河東太守秩未滿陳疾解尋除太子率更

令還鎮衛南平王長史普通六年詔遣領軍將軍西昌侯蕭淵藻督衆軍北伐幾卿啓求行擢爲軍師長史加威戎將軍軍至渦陽退敗幾卿坐免官居宅在白楊石井朝中交好者載酒從之賓客滿坐時左丞庾仲容亦免歸二人意志相得並肆情誕縱或乘露車歷遊郊野既醉則執鐸挽歌不屑物議湘東王在荊鎮與書慰勉之幾卿答曰下官自奉違南浦卷迹東郊望日臨風瞻言佇立仰尋惠渥陪奉遊宴漾桂棹於清池席落英於曾岨蘭香兼御羽觴競集側聽餘論沐浴玄流濤波之辯懸河不足譬春藻之辭麗文無以匹莫不相顧動容服心勝口不覺春日爲遙更謂脩夜爲促嘉會難常摶雲易遠言念如昨忽焉素秋恩光不遺善謔遠降因事罷歸豈云栖缺 匪商官缺 理就一壥田家作苦實符清誨本乏金羈之飾無假玉璧爲資徒以老使形疎疾令心阻沉滯牀簟彌歷七旬夢幻俄頃憂傷在念竟知無益思自祛遣尋理滌意即以任命爲膏酥擘鏡照形翫以支離代萱樹故得仰慕徽猷永言前哲鬼谷深栖接輿高舉遯名屠肆發迹關市其人緬邈餘流可想若令亡者有知寧不縈悲玄壤悵隔

芳塵如其逝者可作必當昭被光景懽同遊豫使夫一介老圃得簉虛心末席去日已疎來侍未孱連劍飛鳧擬非其類懷私茂德竊用涕零幾卿雖不持檢操然於家門篤睦兄才卿早卒其子藻幼孤幾卿撫養甚至及藻成立歷清官公府祭酒主簿皆幾卿獎訓之力也世以此稱之幾卿未及序用病卒文集行於世

劉勰字彥和東莞莒人祖靈真宋司空秀之弟也父尚越騎校尉勰早孤篤志好學家貧不婚娶依沙門僧祐與之居處積十餘年遂博通經論因區別部類錄而序之今定林寺經藏勰所定也天監初起家奉朝請中軍臨川王宏引兼記室遷車騎倉曹參軍出爲太末令政有清績除仁威南康王記室兼東宮通事舍人時七廟饗薦已用蔬果而二郊農社猶有犧牲勰乃表言二郊宜與七廟同改詔付尚書議依勰所陳遷步兵校尉兼舍人如故昭明太子好文學深愛接之初勰撰文心雕龍五十篇論古今文體引而次之其序曰夫文心者言爲文之用心也昔涓子琴心王孫巧心心哉美矣夫故用之焉古來文章以雕

縟成體豈取騶奭羣言雕龍也夫宇宙綿邈黎獻紛雜拔萃出類智術而已歲
月飄忽性靈不居騰聲飛實制作而已夫肖貌天地稟性五才擬耳目於日月
方聲氣乎風雷其超出萬物亦已靈矣形甚草木之脆名踰金石之堅是以君
子處世樹德建言豈好辯哉不得已也予齒在踰立嘗夜夢執丹漆之禮器隨
仲尼而南行旦而寤迺怡然而喜大哉聖人之難見也迺小子之垂夢歟自生
人以來未有如夫子者也敷讚聖旨莫若注經而馬鄭諸儒弘之已精就有深
解未足立家唯文章之用實經典枝條五禮資之以成六典因之致用君臣所
以炳煥軍國所以昭明詳其本源莫非經典而去聖久遠文體解散辭人愛奇
言貴浮詭飾羽尚畫文繡鞶帨離本彌甚將遂訛濫蓋周書論辭貴乎體要尼
父陳訓惡乎異端辭訓之異宜體於要於是搦筆和墨乃始論文詳觀近代之
論文者多矣至如魏文述典陳思序書應瑒文論陸機文賦仲治流別弘範翰
林各照隅隙鮮觀衢路或臧否當時之才或銓品前脩之文或汎舉雅俗之旨
或撮題篇章之意魏典密而不周陳書辯而無當應論華而疎略陸賦巧而碎

亂流別精而少功翰林淺而寡要又君山公幹之徒吉甫士龍之輩汎議文意往往間出並未能振葉以尋根觀瀾而索源不述先哲之誥無益後生之慮蓋文心之作也本乎道師乎聖體乎經酌乎緯變乎騷文之樞紐亦云極矣若乃論文敘筆則囿別區分原始以表末釋名以章義選文以定篇敷理以舉統上篇以上綱領明矣至於剖情析表籠圈條貫攡神性圖風勢苞會通閱聲字崇贊於時序褒貶於才略怊悵於知音耿介於程器長懷序志以馭羣篇下篇以下毛目顯矣位理定名彰乎大易之數其爲文用四十九篇而已夫銓敘一文爲易彌綸羣言爲難雖復輕采毛髮深極骨髓或有曲意密源似近而遠辭所不載亦不勝數矣及其品評成文有同乎舊談者非雷同也勢自不可異也有異乎前論者非苟異也理自不可同也同之與異不屑古今擘肌分理唯務折衷案轡文雅之場而環絡藻繪之府亦幾乎備矣但言不盡意聖人所難識在缾管何能矩矱茫茫往代既洗予聞眇眇來世儻塵彼觀既成未爲時流所稱

勰自重其文欲取定於沈約約時貴盛無由自達乃負其書候約出干之於車

前狀若貨鬻者約便命取讀大重之謂爲深得文理常陳諸几案然總爲文長
於佛理京師寺塔及名僧碑誌必請緫製文有敕與慧震沙門於定林寺撰經
證功畢遂啓求出家先燔鬢髮以自誓敕許之乃於寺變服改名慧地未期而
卒文集行於世
王籍字文海瑯邪臨沂人祖遠宋光祿勳父僧祐齊驍騎將軍籍七歲能屬文
及長好學博涉有才氣樂安任昉見而稱之嘗於沈約坐賦詠得燭甚爲約賞
齊末爲冠軍行參軍累遷外兵記室天監初除安成王主簿尚書三公郎廷尉
正歷餘姚錢塘令並以放免久之除輕車湘東王諮議參軍隨府會稽郡境有
雲門天柱山籍嘗遊之或累月不反至若邪溪賦詩其略云蟬噪林逾靜鳥鳴
山更幽當時以爲文外獨絕還爲大司馬從事中郎遷中散大夫尤不得志遂
徒行市道不擇交遊湘東王爲荆州引爲安西府諮議參軍帶作塘令不理縣
事日飲酒人有訟者鞭而遣之少時卒文集行於世子碧亦有文才先籍卒
何思澄字元靜東海郯人父敬叔齊征東錄事參軍餘杭令思澄少勤學工文

辭起家爲南康王侍郎累遷安成王左常侍兼太學博士平南安成王行參軍兼記室隨府江州爲遊廬山詩沈約見之大相稱賞自以爲弗逮約郊居宅新構閣齋因命工書人題此詩於壁傳昭常請思澄製釋奠詩辭又典麗除廷尉正天監十五年敕太子詹事徐勉舉學士入華林撰徧略勉舉思澄等五人以應選遷治書侍御史宋齊以來此職稍輕天監初始重其選車前依尚書二丞給三騶執盛印青囊舊事糾彈官印綬在前故也久之遷秣陵令入兼東宮通事舍人除安西湘東王錄事參軍兼舍人如故時徐勉周捨以才具當朝並好思澄學常遞日招致之昭明太子薨出爲黟縣令遷除宣惠武陵王中錄事參軍卒官時年五十四文集十五卷初思澄與宗人遜及子朗俱擅文名時人語曰東海三何子朗最多思澄聞之曰此言誤耳如其不然故當歸遜思澄意謂宜在己也子朗字世明早有才思工清言周捨每與共談服其精理嘗爲敗冢賦擬莊周馬棰其文甚工世人語曰人中爽爽何子朗歷官員外散騎侍郎出爲固山令卒時年二十四文集行於世

劉杳字士深平原平原人也祖乘民宋冀州刺史父懷慰齊東陽太守有清績
在齊書良政傳杳年數歲徵士明僧紹見之撫而言曰此兒實千里之駒十三
丁父憂每哭哀感行路天監初爲太學博士宣惠豫章王行參軍杳少好學博
綜羣書沈約任昉以下每有遺忘皆訪問焉嘗於約坐語及宗廟犧樽約云鄭
玄荅張逸謂爲畫鳳皇尾娑娑然今無復此器則不依古杳曰此言未必可按
古者樽彝皆刻木爲鳥獸鑿頂及背以出內酒頃魏世魯郡地中得齊大夫子
尾送女器有犧樽作犧牛形晉永嘉賊曹嶷於青州發齊景公冢又得二樽形
亦爲牛象二處皆古之遺器知非虛也約大以爲然約又云何承天纂文奇博
其書載張仲師及長頸王事此何出杳曰仲師長尺二寸唯出論衡長頸是毗
騫王朱建安扶南以南記云古來至今不死約即取二書尋檢一如杳言約郊
居宅時新構閣齋杳爲贊二首并以所撰文章呈約約即命工書人題其贊于
壁仍報杳書曰生平愛嗜不在人中林壑之懽多與事奪日暮塗殫此心往矣
猶復少存閑遠徵懷清曠結宇東郊匪云止息政復頗寄夙心時得休偃仲長

遊居之地休璉所述之美望慕空深何可髣髴君愛素情多惠以二贊辭采妍
富事義畢舉句韻之間光影相照便覺此地自然十倍故知麗辭之益其事弘
多輒當置之閤上坐臥嗟覽別卷諸篇並爲名製又山寺既爲警策諸賢從時
復高奇解頤愈疾義兼乎此遲比敘會更共申析其爲約所賞如此又在任昉
坐有人餉昉榙酒而作榐字昉問杳此字是不杳對曰葛洪字苑作木旁若昉
又曰酒有千日醉當是虛言杳云桂陽程鄉有千里酒飲之至家而醉亦其例
也昉大驚曰吾自當遺忘實不憶此杳云出楊元鳳所撰置郡事元鳳是魏代
人此書仍載其賦云三重五品商溪擦里時卽檢楊記言皆不差王僧孺被敕
撰譜訪杳血脈所因杳云桓譚新論云太史三代世表旁行邪上並效周譜以
此而推當起周代僧孺歎曰可謂得所未聞周捨又問杳尚書官著紫荷橐相
傳云挈囊竟何所出杳答曰張安世傳曰持橐簪筆事孝武皇帝數十年韋昭
張晏注並云橐囊也近臣簪筆以待顧問范岫撰字書音訓又訪杳焉其博識
彊記皆此類也尋佐周捨撰國史出爲臨津令有善績秩滿縣民三百餘人詣

闕請留敕許焉杳以疾陳解還除雲麾晉安王府參軍詹事徐勉舉杳及顧協等五人入華林撰徧略書成以本官兼廷尉正又以足疾解因著林庭賦王僧孺見之歎曰郊居以後無復此作普通元年復除建康正遷尚書駕部郎數月徙署儀曹郎僕射勉以臺閣文議專委杳焉出爲餘姚令在縣清潔人有饋遺一無所受湘東王發教褒稱之還除宣惠湘東王記室參軍母憂去職服闋復爲王府記室兼東宮通事舍人大通元年遷步兵校尉兼舍人如故昭明太子謂杳曰酒非卿所好而爲酒廚之職政爲不愧古人耳俄有敕代裴子野知著作郎事昭明太子薨新宮建舊人例無停者敕特留杳焉仍注太子徂歸賦稱爲博悉僕射何敬容奏轉杳王府諮議高祖曰劉杳須先經中書仍除中書侍郎尋爲平西湘東王諮議參軍兼舍人知著作如故還爲尚書左丞大同二年卒官時年五十杳治身清儉無所嗜好爲性不自伐不論人短長及覩釋氏經教常行慈忍天監十七年自居母憂便長斷腥羶持齋蔬食及臨終遺命斂以法服載以露車還葬舊墓隨得一地容棺而已不得設靈筵祭醊其子遵行之

沓自少至長多所著述撰要雅五卷楚辭草木疏一卷高士傳二卷東宮新舊記三十卷古今四部書目五卷並行於世

謝徵字玄度陳郡陽夏人高祖景仁宋尚書左僕射祖稚宋司徒主簿父璟少與從叔朓俱知名齊竟陵王子良開西邸招文學璟亦預焉隆昌中爲明帝驃騎諮議參軍領記室遷中書郎晉安內史高祖平京邑爲霸府諮議梁臺黃門郎天監初累遷司農卿祕書監左民尚書明威將軍東陽太守高祖用爲侍中固辭年老求金紫未序會疾卒徵幼聰慧璟異之常謂親從曰此兒非常器所憂者壽若天假其年吾無恨矣既長美風采好學善屬文初爲安西安成王法曹遷尚書金部三公二曹郎豫章王記室兼中書舍人遷除平北諮議參軍兼鴻臚卿舍人如故徵與河東裴子野沛國劉顯同官友善子野嘗爲寒夜直宿賦以贈徵徵爲感友賦以酬之時魏中山王元略還北高祖餞於武德殿賦詩三十韻限三刻成徵二刻便就其辭甚美高祖再覽焉又爲臨汝侯淵猷製放生文亦見賞於世中大通元年以父喪去職續又丁母憂詔起爲貞威將軍還

攝本任服闋除尚書左丞三年昭明太子薨高祖立晉安王綱爲皇太子將出
詔唯召尚書左僕射何敬容宣惠將軍孔休源及𡭗三人與議𡭗時年位尚輕
而任遇已重四年累遷中書郎鴻臚卿舍人如故六年出爲北中郎豫章王長
史南蘭陵太守大同二年卒官時年三十七友人瑯邪王籍集其文爲二十卷
臧嚴字彥威東莞莒人也曾祖壽宋左光祿祖凝齊尚書右丞父稜後軍參軍
嚴幼有孝性居父憂以毀聞孤貧勤學行止書卷不離於手初爲安成王侍郎
轉常侍從叔未甄爲江夏郡攜嚴之官於塗作屯遊賦任昉見而稱之又作七
筭辭亦富麗性孤介於人間未嘗造請僕射徐勉欲識之嚴終不詣還冠軍行
參軍侍湘東王讀累遷王宣惠輕車府參軍兼記室嚴於學多所諳記尤精漢
書諷誦略皆上口王嘗自執四部書目以試之嚴自甲至丁卷中各對一事并
作者姓名遂無遺失其博洽如此王遷荆州隨府轉西中郎安西錄事參軍歷
監義陽武寧郡累任皆蠻左前郡守常選武人以兵鎮之嚴獨以數門生單車
入境羣蠻悅服遂絕寇盜王入爲石頭戍軍事除安右錄事王遷江州爲鎮南

諮議參軍卒官文集十卷

伏挺字士標父暅爲豫章內史在良吏傳挺幼敏寤七歲通孝經論語及長有才思好屬文爲五言詩善效謝康樂體父友人樂安任昉深相歎異常曰此子目下無雙齊末州舉秀才對策爲當時第一高祖義師至挺迎謁於新林高祖見之甚悅謂曰顏子引爲征東行參軍時年十八天監初除中軍參軍事宅居在潮溝於宅講論語聽者傾朝還建康正俄以劾免久之入爲尚書儀曹郎遷西中郎記室參軍累爲晉陵武康令罷縣還仍於東郊築室不復仕挺少有盛名又善處當世朝中勢素多與交遊故不能久事隱靜時僕射徐勉以疾假還宅挺致書以觀其意曰昔士德懷顧戀興數日輔嗣思友情勞一旬故知深心所係貴賤一也況復恩隆世親義重知己道庇生人德弘覆蓋而朝野懸隔山川邈殊雖咳唾時沾而顏色不覯東山之歎豈云旋復西風可懷孰能無思加以靜居廓處顧影莫酬秋風四起園林易色涼野寂寞寒蟲吟叫懷抱不可直置情慮不能無託時因吟詠動輒盈篇楊生沉鬱且猶覆盎惠子五車彌多踳

駮一日聊呈小文不期過賞還逮隆渥累牘兼翰紙縟字磨誦復無已徒恨許
與過當有傷準的昔子建不欲妄讚陳琳恐見嗤哂後代今之過奢餘論將不
有累清談挺竄迹草萊事絶聞見藉以謳謡得之輿牧仰承有事砭石仍成簡
通娛腸悅耳稍從擯落宴處榮觀務在滌除綺羅絲竹二列頓遣方丈員案三
桮僅存故以道變區中情沖域外操彼絃誦賁茲觀損追留侯之却粒念韓卿
之辭榮睠想東都屬懷南岳鑽仰來眖有符下風雖云幸甚然則未喻雖復帝
道康寧走馬行却由庚得所寅亮有歸悠悠之人展氏猶且攘袂浩浩白水甯
叟方欲褰裳是知君子拯物義非徇己思與赤松子遊誰其克遂願驅之仁壽
綏此多福雖則不言四時行矣然後黔首有庇薦紳靡奪白駒不在空谷屠羊
豫蒙其賚豈不休哉豈不休哉昔杜真自閉深室郎宗絶迹幽野難矣誠非所
希井丹高潔相如慢世尚復遊涉權門雍容鄉邑常謂此道爲泰每竊慕之方
念擁篲延思以陳侍者請至農隙無待邀求挺誠好屬文不會今世不能促節
局步以應流俗事等昌蒩謬彼偏嗜是用不羞固陋無憚龍門昔敬通之賞景

鄉孟公之知仲蔚止乎通人猶稱盛美況在時宗彌爲未易近以蒲槧勿用牋素多闕聊效東方獻書丞相須得善寫更請潤訶儻逢子侯比復削牘勉報曰復覽來書累牘兼翰事苞出處言兼語默事義周悉意致深遠發函伸紙倍增憒歎卿雄州擢秀弱冠升朝穿綜百家佃漁六學觀眸表其韶慧視色見其英朗若魯國之名駒邁雲中之白鶴及占顯邑試吏腴壤將有武城弦歌桐鄉謠詠豈與卓魯斷斷同年而語邪方當見賞良能有加寵授飾茲簪帶寘彼周行而欲遠慕卷舒用懷愚智既知盆之爲累爰悟滿則辭多高蹈風塵良所欽挹況以金商戒節素秋御序蕭條林野無人相樂偃臥墳籍遊浪儒玄物我兼忘寵辱誰滯誠乃歡羨用有殊同今遜聽傍求與懷寤宿白駒空谷幽人引領貧賤爲恥鳥獸難羣故當捐此薜蘿出從鵷鷺無乖隱顯不亦休哉吾智乏佐時才慚濟世稟承朝則不敢荒寧力弱途遙愧心非一天下有道堯人何事得因疲病念從閑逸若使車書混合尉候無警作樂制禮紀石封山然後乃返服衡門實爲多幸但夙有風疚遘茲虛眩瘠類士安羸同長孺簿領沉廢臺閣未理

娛耳爛腸因事而息非關欲追松子遠慕留侯若乃天假之年自當靖恭所職擬非倫匹良覺辭費覽復循環爽焉如失淸塵獨遠白雲飄蕩依然何極猥降書札示之文翰覽復成誦流連縟紙昔仲宣才敏籍中郎而表譽正平穎悟賴北海以騰聲望古料今吾有慚德儻成卷帙力爲稱首無令獨耀隨掌空使辭人扼腕式閭願見宜事掃門亦有來思赴其懸榻輕苔魚網別當以薦城闕之歎曷日無懷所遲萱蘇書不盡意挺後遂出仕尋除南臺治書因事納賄當被推劾挺懼罪遂變服爲道人久之藏匿後遇赦乃出大心寺會邵陵王爲江州攜挺之鎭王好文義深被恩禮挺因此還俗復隨王遷鎭郢州徵入爲京尹挺留夏首久之還京師太淸中客遊吳與吳郡侯景亂中卒著邇說十卷文集二十卷子知命先隨挺事邵陵王掌書記亂中王於郢州奔敗知命仍下投侯景常以其父宦途不至深怨朝廷遂盡心事景景襲郢州圍巴陵軍中書檄皆其文也及景簒位爲中書舍人專任權寵勢傾內外景敗被執送江陵於獄中幽死挺弟搥亦有才名先爲邵陵王所引歷爲記室中記室參軍

庾仲容字仲容潁川鄢陵人也晉司空冰六代孫祖徽之宋御史中丞父漪齊邵陵王記室仲容幼孤爲叔父泳所養既長杜絕人事專精篤學晝夜手不輟卷初爲安西法曹行參軍泳時已貴顯吏部尚書徐勉擬泳子晏嬰爲宮僚泳垂泣曰兄子幼孤人才粗可願以晏嬰所忝迴用之勉許焉因轉仲容爲太子舍人遷安成王主簿時平原劉孝標亦爲府佐並以彊學爲王所禮接還晉安功曹史歷爲永康錢唐武康令治縣並無異績多被劾久之除安成王中記室當出隨府皇太子以舊恩特降餞宴賜詩曰孫生陟陽道吳子朝歌縣未若樊林擧置酒臨華殿時輩榮之還安西武陵王諮議參軍除尚書左丞坐推糾不直免仲容博學少有盛名頗任氣使酒好危言高論士友以此少之唯與王籍謝幾卿情好相得二人時亦不調遂相追隨誕縱酣飲不復持檢操久之復爲諮議參軍出爲黟縣令及太清亂客遊會稽遇疾卒時年七十四仲容抄諸子書三十卷衆家地理書二十卷列女傳三卷文集二十卷並行於世

陸雲公字子龍吳郡人也祖閑州別駕父完寧遠長史雲公五歲誦論語毛詩

九歲讀漢書略能記憶從祖倕沛國劉顯質問十事雲公對無所失顯歎異之
既長好學有才思州舉秀才累遷宣惠武陵王平西湘東王行參軍雲公先製
太伯廟碑吳興太守張纘罷郡經途讀其文歎曰今之蔡伯喈也纘至都掌選
言之於高祖召兼尚書儀曹郎頃之即真入直壽光省以本官知著作郎事俄
除著作郎累遷中書黃門郎並掌著作雲公善奕棊嘗夜侍御坐武冠觸燭火
高祖笑謂曰燭燒卿貂高祖將用雲公為侍中故以此言戲之也是時天淵池
新製鯿魚舟形闊而短高祖暇日常汎此舟在朝唯引太常劉之遴國子祭酒
到溉右衛朱异雲公時年位尚輕亦預焉其恩遇如此太清元年卒時年三十
七高祖悼惜之手詔曰給事黃門侍郎掌著作陸雲公風尚優敏後進之秀奄
然殂謝良以惻然可剋日舉哀賻錢五萬布四十匹張纘時為湘州與雲公叔
襄兄晏子書曰都信至承賢兄子賢弟黃門殞折非唯貴門喪寶實有識同悲
痛惋傷惜不能已已賢兄子賢弟神情早著標令弱年經目所覩殆無再問懷
橘抱柰稟自天情倨坐列薪非因外獎學以聚之則一箸能立問以辯之則師

心獨痻始踰弱歲辭藝通洽升降多士秀也詩流見與齒過肩隨禮殊拜絕懷抱相得忘其年義朝遊夕宴一載于斯翫古披文終晨訖暮平生知舊零落稍盡老夫記意其數幾何至若此生寧可多過賞心樂事所寄伊人弟還職瀟湘維舟洛汭將離之際彌見情款夕次帝郊亟淹信宿徘徊握手忍分岐路行役數年羈病侵迫識慮惛怳久絕人世憑几口授素無其功翰動若飛彌有多愧京洛遊故咸成雲雨唯有此生音塵數嗣形迹之外不爲遠近隔情襟素之中豈以風霜改節客遊半紀志切首丘日望東歸更敦昔款如何此別永成異世揮袂之初人誰自保但恐衰謝無復前期不謂華齡方春掩質埋玉之恨撫事多情想引進之情懷抱素篤友于之至兼深家寶奄有此恤當何可言臨白增悲言以無次雲公從兄才子亦有才名歷官中書郎宣成王友太子中庶子廷尉卿先雲公卒才子雲公文集並行於世

任孝恭字孝恭臨淮臨淮人也曾祖農夫宋南豫州刺史孝恭幼孤事母以孝聞精力勤學家貧無書常崎嶇從人假借每讀一徧諷誦略無所遺外祖丘宅

與高祖有舊高祖聞其有才學召入西省撰史初爲奉朝請進直壽光省爲司文侍郎俄兼中書通事舍人勑遣製建陵寺刹下銘又啓撰高祖集序文並富麗自是專掌公家筆翰孝恭爲文敏速受詔立成若不留意每奏高祖輒稱善累賜金帛孝恭少從蕭寺雲法師讀經論明佛理至是蔬食持戒信受甚篤而性頗自伐以才能尙人於時輩中多有忽略世以此少之太淸二年侯景寇逼孝恭啓募兵隸蕭正德屯南岸及賊至正德舉衆入賊孝恭還赴臺臺門已閉因奔入東府尋爲賊所攻城陷見害文集行於世

顏協字子和琅邪臨沂人也七代祖含晉侍中國子祭酒西平靖侯父見遠博學有志行初齊和帝之鎭荆州也以見遠爲錄事參軍及卽位於江陵以爲治書侍御史俄兼中丞高祖受禪見遠乃不食發憤數日而卒高祖聞之曰我自應天從人何預天下士大夫事而顏見遠乃至於此也協幼孤養於舅氏少以器局見稱博涉羣書工於草隸釋褐湘東王國常侍又兼府記室世祖出鎭荆州轉正記室時吳郡顧協亦在蕃邸與協同名才學相亞府中稱爲二協舅陳

郡謝暕卒協以有鞠養恩居喪如伯叔之禮議者重焉又感家門事義不求顯達恆辭徵辟遊於蕃府而已大同五年卒時年四十二世祖甚歎惜之爲懷舊詩以傷之其一章曰弘都多雅度信乃含賓實鴻漸殊未昇上才淹下秩協所撰晉仙傳五篇日月災異圖兩卷遇火湮滅有二子之儀之推並早知名之推承聖中仕至正員郎中書舍人

陳吏部尚書姚察曰魏文帝稱古之文人鮮能以名節自全何哉夫文者妙發性靈獨拔懷抱易邈等夷必興矜露大則凌慢侯王小則慠蔑朋黨速忌離訧啓自此作若夫屈賈之流斥桓馮之擯放豈獨一世哉蓋恃才之禍也羣士值文明之運摛豔藻之辭無鬱抑之虞不遭向時之患美矣劉氏之論命之徒也命也者聖人罕言歟就而必之非經意也

梁書卷五十

梁書卷五十考證

劉峻傳敬通鳳起摧迅翮於風穴○穴南本作次

謝幾卿傳尋爲治書侍御史○南史無侍字

何思澄傳父敬叔齊征東錄事參軍餘杭令○南史父敬叔齊長城令有能名

梁書卷五十考證

梁書卷五十一

唐　散騎常侍姚思廉撰

列傳第四十五

處士

何點弟胤　阮孝緒　陶弘景　諸葛璩

沈顗　劉慧斐　范元琰　劉訏

劉歊　庾詵　張孝秀　庾承先

易曰：君子遯世無悶，獨立不懼。孔子稱長沮桀溺隱者也。古之隱者，或恥聞禪代，高讓帝王，以萬乘爲垢辱，之死亡而無悔，此則輕生重道，希世間出，隱之上者也。或託仕監門，寄臣柱下，居易而以求其志，處汙而不愧其色，此所謂大隱隱於市朝，又其次也。或裸體佯狂，盲瘖絕世，棄禮樂以反道，忍孝慈而不恤，此全身遠害，得大雅之道，又其次也。然同不失語默之致，有幽人貞吉矣。與夫沒身亂世，爭利干時者，豈同年而語哉！孟子曰：今人之於爵祿，得之若其生，失之若其死淮南子曰人皆鑒於止水不鑒於流潦夫可以揚清激濁抑貪止競其惟隱者乎自古帝王莫不崇尚其道雖唐堯不屈巢許周武不降夷齊以漢高肆慢而長揖黃綺光武按法而折意嚴周自茲以來世有人矣有梁之盛繼紹風猷斯乃道德可宗學藝可範故以備處士篇云

何點字子晳廬江灊人也祖尚之宋司空父鑠宜都太守鑠素有風疾無故害妻坐法死點年十一幾至滅性及長感家禍欲絕婚宦尚之彊爲之娶琅邪王氏禮畢將親迎點累涕泣求執本志遂得罷容貌方雅博通羣書善談論家本甲族親姻多貴仕點雖不入城府而遨遊人世不簪不帶或駕柴車躡草屩恣心所適致醉而歸士大夫多慕從之時人號爲通隱兄求亦隱居吳郡虎丘山求卒點菜食不飲酒訖于三年要帶減半宋泰始末徵太子洗馬齊初累徵中書郎太子中庶子並不就與陳郡謝瀹吳國張融會稽孔稚珪爲莫逆友從弟遁以東籬門園居之稚珪爲築室焉園內有卞忠貞冢點植花卉於冢側每飲必舉酒酹之初褚淵王儉爲宰相點謂人曰我作齊書贊云淵既世族儉亦國

華不賴舅氏遑恤國家王儉聞之欲候點知不可見乃止豫章王嶷命駕造點點從後門遁去司徒竟陵王子良欲就見之點時在法輪寺子良乃往請點角巾登席子良欣悅無已遺點嵇叔夜酒杯徐景山酒鎗點少時嘗患渴痢積歲不愈後在吳中石佛寺建講於講所晝寢夢一道人形貌非常授丸一掬夢中服之自此而差時人以爲淳德所感性通脫好施與遠近致遺一無所逆隨復散焉嘗行經朱雀門街有自車後盜點衣者見而不言傍有人擒盜與之點乃以衣施盜盜不敢受點命告有司盜懼乃受之催令急去點雅有人倫識鑒多所甄拔知吳興丘遲於幼童稱濟陽江淹於寒素悉如其言點既老又娶魯國孔嗣女嗣亦隱者也點雖婚亦不與妻相見築別室以處之人莫喻其意也吳國張融少時免官而爲詩有高尚之言點答詩曰昔聞東都日不在簡書前雖戲也而融久病之及點後婚融始爲詩贈點曰惜哉何居士薄暮遘荒淫點亦病之而無以釋也高祖與點有舊及踐阼手詔曰昔因多暇得訪逸軌坐修竹臨清池忘今語古何其樂也暫別丘園十有四載人事艱阻亦何可言自應運

在天每思相見密邇物色勞甚山阿嚴光排九重踐九等談天人敘故舊有所
不臣何傷於高文先以皮弁謁子桓伯況以縠綃見文叔求之往策不無前例
今賜卿鹿皮巾等後數日望能入也點以巾褐引入華林園高祖甚悅賦詩置
酒恩禮如舊仍下詔曰前徵士何點高尚其道志安容膝脫落形骸棲志窅冥
朕日昃思治尚想前哲況親得同時而不與爲政喉脣任切必俟邦良誠望惠
然屈居獻替可徵爲侍中辭疾不赴乃復詔曰徵士何點居貞物表縱心塵外
夷坦之風率由自遠往因素志頗申讌言眷彼子陵情兼惟舊昔仲虞邁俗受
俸漢朝安道勉志不辭晉祿此蓋前代盛軌往賢所同可議加資給並出在所
日費所須太官別給旣人高曜卿故事同垣下天監三年卒時年六十八詔曰
新除侍中何點棲遲衡泌白首不渝奄至殞喪倍懷傷惻可給第一品材一具
賻錢二萬布五十疋喪事所須內監經理又敕點弟胤曰賢兄徵君弱冠拂衣
華首一操心遊物表不滯近跡脫落形骸寄之遠理性情勝致遇與彌高文會
酒德撫際逾遠朕膺籙受圖思長聲教朝多君子旣貴成雅俗野有外臣宜弘

此難進方頼清徽式隆大業昔在布衣情期早著資以仲虞之秩待以子陵之禮聽覽暇日角巾引見窅然汾射茲焉有託一旦萬古良懷震悼卿友于純至親從凋亡偕老之願致使反奪纏綿永恨伊何可任永矣奈何點無子宗人以其從弟耿子遲任爲嗣

胤字子季點之弟也年八歲居憂哀毀若成人旣長好學師事沛國劉瓛受易及禮記毛詩又入鍾山定林寺聽內典其業皆通而縱情誕節時人未之知也唯瓛與汝南周顒深器異之起家齊祕書郞遷太子舍人出爲建安太守爲政有恩信民不忍欺每伏臘放囚還家依期而返入爲尚書三公郞不拜遷司徒主簿注易又解禮記於卷背書之謂爲隱義累遷中書郞員外散騎常侍太尉從事中郞司徒右長史給事黃門侍郞太子中庶子領國子博士丹陽邑中正尚書令王儉受詔撰新禮未就而卒又使特進張緒續成之緒又卒屬在司徒竟陵王子良子良以讓胤乃置學士二十人佐胤撰錄永明十年遷侍中領步兵校尉轉爲國子祭酒鬱林嗣位胤爲后族甚見親待累遷左民尚書領驍騎

中書令領臨海巴陵王師胤雖貴顯常懷止足建武初已築室郊外號曰小山恆與學徒遊處其內至是遂賣園宅欲入東山未及發聞謝朏罷吳興郡不還恐後之乃拜表辭職不待報輒去明帝大怒使御史中丞袁昂奏收胤尋有詔許之胤以會稽山多靈異往遊焉居若邪山雲門寺初胤二兄求點並棲遁求先卒至是胤又隱世號點爲大山胤爲小山亦曰東山永元中徵太常太子詹事並不就高祖霸府建引胤爲軍謀祭酒與書曰想恆清豫縱情林壑致足懽也既內絕心戰外勞物役以道養和履候無爽若邪擅美東區山川相屬前世嘉賞是爲樂土僕推遷簿官自東徂西悟言素對用成睽闊傾首東顧曷日無懷疇昔懽遇曳裾儒肆實欲臥遊千載畋漁百氏一行爲吏此事遂乖屬以世道威夷仍離屯故投袂數千剋黜釁禍思得矚卷諮款寓情古昔夫豈不懷事與願謝君清襟素託棲寄不近中居人世殆同隱淪既俯拾青組又脫屣朱黻但理存用捨義貴隨時往識禍萌實爲先覺超然獨善有識欽嗟今者爲邦貧賤咸耻好仁由己幸無凝滯比別具白此未盡言今遣候承音息矯首還翰慰

其引領胤不至高祖踐阼詔爲特進右光祿大夫手敕曰吾猥當期運膺此樂
推而顧己蒙蔽昧於治道雖復劬勞日昃思致隆平而先王遺範尚蘊方策自
舉之用存乎其人兼以世道澆暮爭詐繁起改俗遷風良有未易自非以儒雅
弘朝高尚軌物則汨流所至莫知其限治人之與治身獨善之與兼濟得失去
取爲用孰多吾雖不學頗好博古尚想高塵每懷擊節今世務紛亂憂責是當
不得不屈道巖阿共成世美必望深達往懷不吝濡足今遣領軍司馬王果宣
旨諭意遲面在近果至胤單衣鹿巾執經卷下牀跪受詔書就席伏讀胤因謂
果曰吾昔於齊朝欲陳兩三條事一者欲正郊丘二者欲更鑄九鼎三者欲樹
雙闕世傳晉室欲立闕王丞相指牛頭山云此天闕也是則未明立闕之意闕
者謂之象魏縣象法於其上浹日而收之象者法也魏者當塗而高大貌也鼎
者神器有國所先故王孫滿斥言楚子頓盡圓丘國郊舊典不同南郊祀五帝
靈威仰之類圓丘祀天皇大帝北極大星是也往代合之郊丘先儒之巨失今
梁德告始不宜遂因前謬卿宜詣闕陳之果曰僕之鄙劣豈敢輕議國典此當

敬侯叔孫生耳胤曰卿詎不遣傳詔還朝拜表留與我同遊邪果愕然曰古今不聞此例胤曰檀弓兩卷皆言物始自卿而始何必有例果曰今君遂當邈然絶世猶有致身理不胤曰卿但以事見推吾年已五十七月食四斗米不盡何容得有宦情昔荷聖王眄識今又蒙旌賁甚願詣闕謝恩但比腰脚大惡此心不遂耳果還以胤意奏聞有敕給白衣尚書祿胤固辭又敕山陰庫錢月給五萬胤又不受乃敕胤曰頃者學業淪廢儒術將盡閭閻搢紳尠聞好事吾每思弘獎其風未移當扆興言爲歎本欲屈卿暫出開導後生既屬廢業此懷未遂廷佇之勞載盈夢想理舟虛席須俟來秋所望惠然申其宿抱耳卿門徒中經明行修厥數有幾且欲瞻彼堂堂寘此周行便可具以名聞副其勞望又曰比歲學者殊爲寡少良由無復聚徒故明經斯廢每一念此爲之慨然卿居儒宗加以德素當敕後進有意向者就卿受業想深思誨誘使斯文載興於是遣何子朗孔壽等六人於東山受學太守衡陽王元簡深加禮敬月中常命駕式閭談論終日胤以若邪處勢迫隘不容生徒乃遷秦望山山有飛泉西起學舍即

林成援因巖爲堵別爲小閤室寢處其中躬自啓閉僮僕無得至者山側營田二頃講隙從生徒遊之胤初遷將築室忽見二人著玄冠容貌甚偉問胤曰君欲居此邪乃指一處云此中殊吉忽不復見胤依其言而止焉尋而山發洪水樹石皆倒拔唯胤所居室巋然獨存元簡乃命記室參軍鍾嶸作瑞室頌刻石以旌之及元簡去郡入山與胤別送至都賜埭去郡三里因曰僕自棄人事交遊路斷自非降貴山藪豈容復望城邑此埭之遊於今絕矣執手涕零何氏過江自晉司空充並葬吳西山胤家世年皆不永唯祖尙之至七十二胤年登祖壽乃移還吳作別山詩一首言甚悽愴至吳居虎丘西寺講經論學徒復隨之東境守宰經途者莫不畢至胤常禁殺有虞人逐鹿鹿徑來趨胤伏而不動又有異鳥如鶴紅色集講堂馴狎如家禽焉初開善寺藏法師與胤遇於秦望後還都卒於鍾山其死日胤在般若寺見一僧授胤香奩并函書云呈何居士言訖失所在胤開函乃是大莊嚴論世中未有又於寺內立明珠柱乃七日七夜放光太守何遠以狀啓昭明太子欽其德遣舍人何思澄致手令以襃美之中

大通三年卒年八十六先是胤疾妻江氏夢神人告之曰汝夫壽盡既有至德應獲延期爾當代之妻覺說焉俄得患而卒胤疾乃瘳至是胤夢一神女幷八十許人並衣帢行列至前俱拜牀下覺又見之便命營凶具旣而疾動因不自治胤注百法論十二門論各一卷注周易十卷毛詩總集六卷毛詩隱義十卷禮記隱義二十卷禮答問五十五卷子撰亦不仕廬陵王辟爲主簿不就

阮孝緒字士宗陳留尉氏人也父彥之宋太尉從事中郎孝緒七歲出後從伯胤之胤之母周氏卒有遺財百餘萬應歸孝緒孝緒一無所納盡以歸胤之姊琅邪王晏之母聞者咸嘆異之幼至孝性沉靜雖與兒童遊戲恆以穿池築山爲樂年十三徧通五經十五冠而見其父彥之誡曰三加彌尊人倫之始宜思自勗以庇爾躬答曰願迹松子於瀛海追許由於穹谷庶保促生以免塵累自是屏居一室非定省未嘗出戶家人莫見其面親友因呼爲居士外兄王晏貴顯屢至其門孝緒度之必至顛覆常逃匿不與相見曾食醬美問之云是王家所得便吐飧覆醢及晏誅其親戚咸爲之懼孝緒曰親而不黨何坐之及竟獲

免義師圍京城家貧無以爨僮妾竊鄰人樵以繼火孝緒知之乃不食更令撤屋而炊所居室唯有一鹿牀竹樹環繞天監初御史中丞任昉尋其兄履之欲造而不敢望而歎曰其室雖邇其人甚遠爲名流所欽尚如此十二年與吳郡范元琰俱徵並不到陳郡袁峻謂之曰往者天地閉賢人隱今世路已清而子猶遁可乎答曰昔周德雖興夷齊不厭薇蕨漢道方盛黃綺無悶山林爲仁由己何關人世況僕非往賢之類邪後於鍾山聽講母王氏忽有疾兄弟欲召之母曰孝緒至性冥通必當自到果心驚而返鄰里嗟異之合藥須得生人葠舊傳鍾山所出孝緒躬歷幽險累日不值忽見一鹿前行孝緒感而隨後至一所遂滅就視果獲此草母得服之遂愈時皆歎其孝感所致時有善筮者張有道謂孝緒曰見子隱跡而心難明自非考之龜蓍無以驗也及布卦既揲五爻曰此將爲咸應感之法非嘉遁之兆孝緒曰安知後爻不爲上九果成遁卦有道歎曰此謂肥遁無不利象實應德心迹并也孝緒曰雖獲遁卦而上九爻不發升遐之道便當高謝許生乃著高隱傳上自炎黃終于天監之末斟酌分爲三

品凡若干卷又著論云夫至道之本貴在無爲聖人之跡存乎拯弊弊拯由跡跡用有乖於本本既無爲爲非道之至然不垂其跡則世無以平不究其本則道實交喪丘旦將存其跡故宜權晦其本老莊但明其本亦宜深抑其跡跡既可抑數子所以有餘本方見晦尼丘是故不足非得一之士闕彼明智體之之徒獨懷鑒識然聖已極照反創其跡賢未居宗更言其本良由跡須拯世非聖不能本實明理在賢可照若能體茲本跡悟彼抑揚則孔莊之意其過半矣南平元襄王聞其名致書要之不赴孝緒曰非志驕富貴但性畏廟堂若使麏麚可驂何以異夫驥騄初建武末清溪宮東門無故自崩大風拔東宮門外楊樹或以問孝緒孝緒曰青溪皇家舊宅齊爲木行東者木位今東門自壞木其衰矣鄱陽忠烈王妃孝緒之姊王嘗命駕欲就之遊孝緒鑿垣而逃卒不肯見諸甥歲時饋遺一無所納人或怪之答云非我始願故不受也其恆所供養石像先有損壞心欲治補經一夜忽然完復衆並異之大同二年卒時年五十八門徒誄其德行諡曰文貞處士所著七錄等書二百五十卷行於世

陶弘景字通明丹陽秣陵人也初母夢青龍自懷而出幷見兩天人手執香爐來至其所已而有娠遂產弘景幼有異操年十歲得葛洪神仙傳晝夜研尋便有養生之志謂人曰仰青雲覩白日不覺爲遠矣及長身長七尺四寸神儀明秀朗目疎眉細形長耳讀書萬餘卷善琴棋工草隸未弱冠齊高帝作相引爲諸王侍讀除奉朝請雖在朱門閉影不交外物唯以披閱爲務朝儀故事多取決焉永明十年上表辭祿詔許之賜以束帛及發公卿祖之於征虜亭供帳甚盛車馬塡咽咸云宋齊以來未有斯事朝野榮之於是止于句容之句曲山恆曰此山下是第八洞宮名金壇華陽之天周回一百五十里昔漢有咸陽三茅君得道來掌此山故謂之茅山乃中山立館自號華陽隱居始從東陽孫遊岳受符圖經法徧歷名山尋訪仙藥每經澗谷必坐臥其閒吟詠盤桓不能已已時沈約爲東陽郡守高其志節累書要之不至弘景爲人圓通謙謹出處冥會心如明鏡遇物便了言無煩舛有亦輒覺建武中齊宜都王鏗爲明帝所害其夜弘景夢鏗告別因訪其幽冥中事多說祕異因著夢記焉永元初更築三層

樓弘景處其上弟子居其中賓客至其下與物遂絕唯一家僮得侍其旁特愛
松風每聞其響欣然爲樂有時獨遊泉石望見者以爲仙人性好著述尙奇異
顧惜光景老而彌篤尤明陰陽五行風角星算山川地理方圖產物醫術本草
著帝代年曆又嘗造渾天象云修道所須非止史官是用義師平建康聞議禪
代弘景援引圖讖數處皆成梁字令弟子進之高祖既早與之遊及即位後恩
禮逾篤書問不絕冠蓋相望天監四年移居積金東澗善辟穀導引之法年逾
八十而有壯容深慕張良之爲人云古賢莫比曾夢佛授其菩提記名爲勝力
菩薩乃詣鄮縣阿育王塔自誓受五大戒後太宗臨南徐州欽其風素召至後
堂與談論數日而去太宗甚敬異之大通初令獻二丹於高祖其一名善勝一
名成勝並爲佳寶大同二年卒時年八十五顏色不變屈申如恆詔贈中散大
夫謚曰貞白先生仍遺舍人監護喪事弘景遺令薄葬弟子遵而行之
諸葛璩字幼玟琅邪陽都人世居京口璩幼事徵士關康之博涉經史復師徵
士臧榮緒榮緒著晉書稱璩有發擿之功方之壺遂齊建武初南徐州行事江

祀薦璩於明帝曰璩安貧守道悅禮敦詩未嘗投刺邦宰曳裾府寺如其簡退可以揚清厲俗請辟爲議曹從事帝許之璩辭不去陳郡謝朓爲東海太守教曰昔長孫東組降龍丘之節文舉北輜高通德之稱所以激貪立懦式揚風範處士諸葛璩高風所漸結轍前修豈懷珠披褐韜玉待價將幽貞獨往不事王侯者邪聞事親有啜菽之窶就養寡藜蒸之給豈得獨享萬鍾而忘茲五秉可餉穀百斛天監中太守蕭琛刺史安成王秀鄱陽王恢並禮異焉璩丁母憂毀瘠恢累加存問服闋舉秀才不就璩性勤於誨誘後生就學者日至居宅狹陋無以容之太守張友爲起講舍璩處身清正妻子不見喜慍之色旦夕孜孜講誦不輟時人益以此宗之七年高祖敕問太守王份份即具以實對未及徵用是年卒於家璩所著文章二十卷門人劉曒集而錄之

沈顗字處默吳興武康人也父坦之齊都官郎顗幼清靜有至行慕黃叔度徐孺子之爲人讀書不爲章句著述不尚浮華常獨處一室人罕見其面顗從叔勃貴顯齊世每還吳興賓客填咽顗不至其門勃就之顗送迎不越於閫勃歎

息曰吾乃今知貴不如賤俄徵爲南郡王左常侍不就顗內行甚修事母兄最孝友爲鄉里所稱慕永明三年徵著作郎建武二年徵太子舍人俱不赴永元二年又徵通直郎亦不赴顗素不治家產值齊末兵荒與家人并日而食或有饋其粱肉者閉門不受唯以樵採自資怡怡然恆不改其樂天監四年大舉北伐訂民丁吳興太守柳惲以顗從役揚州別駕陸任以書責之惲大慙厚禮而遣之其年卒於家所著文章數十篇

劉慧斐字文宣彭城人也少博學能屬文起家安成王法曹行參軍嘗還都途經尋陽遊於匡山過處士張孝秀相得甚歡遂有終焉之志因不仕居於東林寺又於山北構園一所號曰離垢園時人乃謂爲離垢先生慧斐尤明釋典工篆隸在山手寫佛經二千餘卷常所誦者百餘卷晝夜行道孜孜不怠遠近欽慕之太宗臨江州遺以几杖論者云自遠法師沒後將二百年始有張劉之盛矣世祖及武陵王等書問不絕大同二年卒時年五十九

范元琰字伯珪吳郡錢唐人也祖悅之太學博士徵不至父靈瑜居父憂以毀

卒元琰時童孺哀慕盡禮親黨異之及長好學博通經史兼精佛義然性謙敬不以所長驕人家貧惟以園蔬爲業嘗出行見人盜其菜元琰遽退走母問其故具以實答母問盜者爲誰答曰向所以退畏其愧恥今啓其名願不泄也於是母子祕之或有涉溝盜其筍者元琰因伐木爲橋以渡之自是盜者大慙一鄉無復草竊居常不出城市獨坐如對嚴賓見之者莫不改容正色沛國劉瓛深加器異嘗表稱之齊建武二年始徵爲安北參軍事不赴天監九年縣令管慧辨上言義行揚州刺史臨川王宏辟命不至十年王拜表薦焉竟未徵其年卒于家時年七十

劉訏字彥度平原人也父靈真齊武昌太守訏幼稱純孝數歲父母繼卒訏居喪哭泣孺慕幾至滅性赴弔者莫不傷焉後爲伯父所養事伯母及昆姊孝友篤至爲宗族所稱自傷早孤人有誤觸其諱者未嘗不感結流涕長兄絜爲之娉妻剋日成婚訏聞而逃匿事息乃還本州刺史張稷辟爲主簿不就主者檄召訏乃挂檄於樹而逃訏善玄言尤精釋典曾與族兄劉歊聽講於鍾山諸寺

因共卜築宋熙寺東澗有終焉之志天監十七年卒於歊舍時年三十一臨終執歊手曰氣絶便斂斂畢卽埋靈筵一不須立勿設饗祀無求繼嗣歊從而行之宗人至友相與刊石立銘謚曰玄貞處士

劉歊字士光訏族兄也祖乘民宋冀州刺史父聞慰齊正員郎世爲二千石皆有清名歊幼有識慧四歲喪父與羣兒同處獨不戲弄六歲誦論語毛詩意所不解便能問難十一讀莊子逍遙篇曰此可解耳客因問之隨問而答皆有情理家人每異之及長博學有文才不娶不仕與族弟訏並隱居求志遨遊林澤以山水書籍相娛而已常欲避人世以母老不忍違離每隨兄霽杳從宦少時好施務周人之急人或遺之亦不距也久而歎曰受人者必報不則有愧於人吾固無以報人豈可常有愧乎天監十七年無何而著革終論其辭曰死生之事聖人罕言之矣孔子曰精氣爲物遊魂爲變知鬼神之情狀與天地相似而不違其言約其旨妙其事隱其意深未可以臆斷難得而精覈聊肆狂瞽請試言之夫形慮合而爲生魂質離而稱死合則起動離則休寂當其動也人皆知

其神及其寂也物莫測其所趣皆知則不言而義顯莫測則逾辯而理微是以勛華曠而莫陳姬孔抑而不說前達往賢互生異見季札云骨肉歸於土魂氣無不之莊周云生爲徭役死爲休息尋此二說如或相反何者氣無不之神有也死爲休息神無也原憲云夏后氏用明器示民無知也殷人用祭器示人有知也周人兼用之示民疑也考之記籍驗之前志有無之辯不可歷言若稽諸內教判乎釋部則諸子之言可尋三代之禮無越何者神爲生本形爲生具死者神離此具而即非彼具也雖死者不可復反而精靈遞變未嘗滅絕當其離此之日識用廓然故夏后明器示其弗反即彼之時魂靈知滅故殷人祭器顯其猶存不存則合乎莊周猶存則同乎季札各得一隅無傷厥義設其實也則亦無故周人有兼用之禮尼父發遊魂之唱不其然乎若廢偏擕之論探中途之旨則不仁不智之譏於是乎可息夫形也者無知之質也神也者有知之性也有知不獨存依無知以自立故形之於神逆旅之館耳及其死也神去此而適彼也神已去此館何用存速朽得理也神已適彼祭何所祭祭則失理而姬

孔之教不然者其有以乎豈禮樂之興出於澆薄俎豆綴兆生於俗弊施靈筵
陳棺椁設饋奠建丘隴蓋欲令孝子有追思之地耳夫何補於已遷之神乎故
上古衣之以薪葬之中野可謂尊盧赫胥皇雄炎帝蹈於失理哉是以子羽沉
川漢伯方壙文楚黃壤士安麻索此四子者得理也忘教也若從四子而遊則
平生之志得矣然積習生常難卒改革一朝肆志儻不見從今欲翦截煩厚務
存儉易進不裸尸退異常俗不傷存者之念有合至人之道孔子云斂首足形
還葬而無椁斯亦貧者之禮也余何陋焉且張奐止用幅巾王肅唯盥手足范
冉殮畢便葬奚珍無設筵几文度故舟爲椁子廉牛車載柩叔起誡絕墳隴康
成使無卜吉此數公者尚或如之況於吾人而尚華泰今欲髣髴景行以爲軌
則儻合中庸之道庶免徒費之譏氣絕不須復魂盥洗而斂以一千錢市治棺
單故裙衫衣巾枕履此外送往之具棺中常物及餘閣之祭一不得有所施世
多信李彭之言可謂惑矣余以孔釋爲師差無此惑斂訖載以露車歸於舊山
隨得一地地足爲埳埳足容棺不須塼甓不勞封樹勿設祭饗勿置几筵無用

茅君之虛座伯夷之杅水其蒸嘗繼嗣言象所絕事止余身無傷世教家人長幼內外姻戚凡厥友朋爰及寓所咸願成余之志幸勿奪之明年疾卒時年三十二歊幼時嘗獨坐空室有一老公至門謂歊曰心力勇猛能精死生但不得久滯一方耳因彈指而去歊既長精心學佛有道人釋寶誌者時人莫測也遇歊於興皇寺驚起曰隱居學道清淨登佛如此三說歊未死之春有人爲其庭中栽柿歊謂兄子弇曰吾不見此實爾其勿言至秋而亡人以爲知命親故誄其行迹謚曰貞節處士

庾詵字彥寶新野人也幼聰警篤學經史百家無不該綜緯候書射棋算機巧並一時之絕而性託夷簡特愛林泉十畝之宅山池居半蔬食弊衣不治產業嘗乘舟從田舍還載米一百五十石有人寄載三十石既至宅寄載者曰君三十斛我百五十石詵嘿然不言恣其取足鄰人有被誣爲盜者被治劾妄款詵矜之乃以書質錢二萬令門生詐爲其親代之酬備鄰人獲免謝詵詵曰吾矜天下無辜豈期謝也其行多如此類高祖少與詵善雅推重之及起義署爲平

西府記室參軍詵不屈平生少所遊狎河東柳惲欲與之交詵距而不納後湘東王臨荊州板爲鎭西府記室參軍不就普通中詔曰明勅振滯爲政所先旌賢求士夢佇斯急新野庾詵止足棲退自事却掃經史文藝多所貫習頴川庾承先學通黃老該涉釋教並不競不營安玆枯槁可以鎭躁敦俗詵可黃門侍郎承先可中書侍郎勒州縣時加敦遣庶能屈志方冀鹽梅詵稱疾不赴晚年以後尤遵釋教宅內立道場環繞禮懺六時不輟誦法華經每日一遍後夜中忽見一道人自稱願公容止甚異呼詵爲上行先生授香而去中大通四年因晝寢忽驚覺曰願公復來不可久住顏色不變言終而卒時年七十八舉室咸聞空中唱上行先生已生彌陁淨域矣高祖聞而下詔曰旌善表行前王所敦新野庾詵荊山珠玉江陵杞梓靜侯南度固有名德獨貞苦節孤芳素履奄隨運往惻愴于懷宜諡貞節處士以顯高烈詵所撰帝曆二十卷易林二十卷續伍端休江陵記一卷晉朝雜事五卷總抄八十卷行於世子曼倩字世華亦早有令譽世祖在荊州辟爲主簿遷中錄事每出世祖常目送之謂劉之遴曰荊

南信多君子雖美歸田鳳清屬桓階賞德標奇未過此子後轉諮議參軍所著
喪服儀文字體例莊老義疏注算經及七曜曆術幷所製文章凡九十五卷子
季才有學行承聖中仕至中書侍郎江陵陷隨例入關
張孝秀字文逸南陽宛人也少仕州爲治中從事史遭母憂服闋爲建安王別
駕頃之遂去職歸山居于東林寺有田數十頃部曲數百人率以力田盡供山
衆遠近歸慕赴之如市孝秀性通率不好浮華常冠穀皮巾躡蒲履手執幷櫚
皮麈尾服寒食散盛冬能臥於石博涉羣書專精釋典善談論工隸書凡諸藝
能莫不明習普通三年卒時年四十二室中皆聞有非常香氣太宗聞甚傷悼
焉與劉慧斐書述其貞白云
庾承先字子通頴川鄢陵人也少沉靜有志操是非不涉於言喜愠不形於色
人莫能窺也弱歲受學於南陽劉虬彊記敏識出於羣輩玄經釋典靡不該悉
九流七略咸所精練郡辟功曹不就乃與道士王僧鎮同遊衡岳晚以弟疾還
鄉里遂居于土臺山鄱陽忠烈王在州欽其風味要與遊處又令講老子遠近

名僧咸來赴集論難鋒起異端競至承先徐相酬答皆得所未聞忠烈王尤加欽重徵州主簿湘東王聞之亦板爲法曹參軍並不赴中大通三年廬山劉慧斐至荊州承先與之有舊往從之荊陝學徒因請承先講老子湘東王親命駕臨聽論議終日深相賞接留連月餘日乃還山王親祖道幷贈篇什隱者美之其年卒時年六十

陳吏部尚書姚察曰世之誣處士者多云純盜虛名而無適用蓋有負其實者若諸葛璩之學術阮孝緒之簿閥其取進也豈難哉終於隱居固亦性而已矣

梁書卷五十一

梁書卷五十一考證

阮孝緒傳非得一之士闕彼明智體之之徒獨懷鑒識○臣人龍體之疑當作體貳二字見南齊書

梁書卷五十一考證

梁書卷五十二

唐　散　騎　常　侍　姚　思　廉　撰

列傳第四十六

止足

顧憲之　陶季直　蕭眎素

易曰亢之為言也知進而不知退知存而不知亡知進退存亡而不失其正者其唯聖人乎傳曰知足不辱知止不殆然則不知夫進退不違乎止足殆辱之累期月而至矣古人之進也以康世濟務也以弘道厲俗也然其進也光寵夷易故愚夫之所乾沒其退也苦節艱貞故庸曹之所忌憚雖禍敗危亡陳乎耳目而輕舉高蹈寡乎前史漢世張良功成身退病臥却粒比於樂毅范蠡至乎顛狽斯為優矣其後薛廣德及二疏等去就以禮有可稱焉魚豢魏略知足傳方田徐於管胡則其道本異謝靈運晉書止足傳先論晉世文士之避亂者殆非其人唯阮思曠遺榮好遁遠殆辱矣宋書止足傳有羊欣王微咸其流亞齊

時沛國劉瓛字子珪辭祿懷道棲遲養志不戚戚於貧賤不躭躭於富貴儒行之高者也梁有天下小人道消賢士大夫相招在位其量力守志則當世罔聞時或有致事告老或有寡志少欲國史書之亦以爲止足傳云

顧憲之字士思吳郡吳人也祖覬之宋鎮軍將軍湘州刺史憲之未弱冠州辟議曹從事舉秀才累遷太子舍人尚書比部郎撫軍主簿元徽中爲建康令時有盜牛者被主所認盜者亦稱己牛二家辭證等前後令莫能決憲之至覆其狀謂二家曰無爲多言吾得之矣乃令解牛任其所去牛逕還本主宅盜者始伏其辜發姦擿伏多如此類時人號曰神明至於權要請託長吏貪殘據法直繩無所阿縱性又清儉彊力爲政甚得民和故京師飲酒者得醇旨輒號爲顧建康言醑清且美焉遷車騎功曹晉熙王友齊高帝執政以爲驃騎錄事參軍遷太尉西曹掾齊臺建爲中書侍郎齊高帝卽位除衡陽內史先是郡境連歲疾疫死者太半棺木尤貴悉裹以葦席棄之路傍憲之下車分告屬縣求其親黨悉令殯葬其家人絕滅者憲之爲出公祿使綱紀營護之又土俗山民有病

輒云先人爲禍皆開冢剖棺水洗枯骨名爲除祟憲之曉喻爲陳生死之別事不相由風俗遂改時刺史王奐新至唯衡陽獨無訟者乃歎曰顧衡陽之化至矣若九郡率然吾將何事還爲太尉從事中郎出爲東中郎長史行會稽郡事山陰人呂文度有寵於齊武帝於餘姚立邸頗縱橫憲之至郡即表除之文度後還葬母郡縣爭赴弔憲之不與相聞文度深銜之卒不能傷也遷南中郎巴陵王長史加建威將軍行婺州事時司徒竟陵王於宣城臨成定陵三縣界立屯封山澤數百里禁民樵採憲之固陳不可言甚切直王答之曰非君無以聞此德音卽命無禁還給事黃門侍郎兼尙書吏部郎中宋世其祖覬之嘗爲吏部於庭植嘉樹謂人曰吾爲憲之種耳至是憲之果爲此職出爲征虜長史行南兗州事遭母憂服闋建武中復除給事黃門侍郎領步兵校尉未拜仍遷太子中庶子領吳邑中正出爲寧朔將軍臨川內史未赴改授輔國將軍晉陵太守頃之遇疾陳解還鄉里永元初徵爲廷尉不拜除豫章太守有貞婦萬晞者少孀居無子事舅姑尤孝父母欲奪而嫁之誓死不許憲之賜以束帛表其節

義中興二年義師平建康高祖爲揚州牧徵憲之爲别駕從事史比至高祖已
受禪憲之風疾漸篤固求還吳天監二年就家授太中大夫憲之雖累經宰郡
資無擔石及歸環堵不免飢寒八年卒於家年七十四臨終爲制以勅其子曰
夫出生入死理均晝夜生既不知所從死亦安識所往延陵所云精氣上歸于
天骨肉下歸于地魂氣則無所不之良有以也雖復茫昧難徵要若非妄百年
之期迅若馳隙吾今豫爲終制瞑目之後念並遵行勿違吾志也莊周澹臺達
生者也王孫士安矯俗者也吾進不及達退無所矯常謂中都之制允理愜情
衣周於身示不違禮棺周於衣足以蔽臭入棺之物一無所須載以輴車覆以
麤布爲使人勿惡也漢明帝天子之尊猶祭以杅水脯糗范史雲烈士之高亦
奠以寒水乾飯況吾卑庸之人其可不節衷也喪易寧戚自是親親之情禮奢
寧儉差可得由吾意不須常施靈筵可止設香燈使致哀者有憑耳朔望祥忌
可權安小牀暫設几席唯下素饌勿用牲牢蒸嘗之祀貴賤罔替備物難辦多
致疎怠祀先人自有舊典不可有闕自吾以下祀止用蔬食時果勿同於上世

也示令子孫四時不忘其親耳孔子云雖菜羹瓜祭必齊如也本貴誠敬豈求備物哉所著詩賦銘讚并衡陽郡記數十篇

陶季直丹陽秣陵人也祖愍祖宋廣州刺史父景仁中散大夫季直早慧愍祖甚愛異之愍祖嘗以四函銀列置於前令諸孫各取季直時甫四歲獨不取人問其故季直曰若有賜當先父伯不應度及諸孫是故不取愍祖益奇之五歲喪母哀若成人初母未病令於外染衣卒後家人始贖季直抱之號慟聞者莫不酸感及長好學淡於榮利起家桂陽王國侍郎北中郎鎮西行參軍並不起時人號曰聘君父憂服闋尚書令劉秉領丹陽尹引爲後軍主簿領郡功曹出爲望蔡令頃之以病免時劉秉袁粲以齊高帝權勢日盛將圖之秉素重季直欲與之定策季直以袁劉儒者必致顛殞固辭不赴俄而秉等伏誅齊初爲尚書比部郎時褚淵爲尚書令與季直素善頻以爲司空司徒主簿委以府事淵卒尚書令王儉以淵有至行欲諡爲文孝公季直請曰文孝是司馬道子諡恐其人非具美不如文簡儉從之季直又請儉爲淵立碑終始營護甚有吏節時

人美之遷太尉記室參軍出爲冠軍司馬東莞太守在郡號爲清和還除散騎侍郎領左衞司馬轉鎭西諮議參軍齊武帝作相誅鋤異己季直不能阿意明帝頗忌之乃出爲輔國長史北海太守邊職上佐素士罕爲之者或勸季直造門致謝明帝既見便留之以爲驃騎諮議參軍兼尙書左丞仍遷建安太守政尙清靜百姓便之還爲中書侍郎遷游擊將軍兼廷尉梁臺建遷給事黃門侍郎常稱仕至二千石始願畢矣無爲務人間之事乃辭疾還鄕里天監初就家拜太中大夫高祖曰梁有天下遂不見此人十年卒于家時年七十五季直素清苦絕倫又屛居十餘載及死家徒四壁子孫無以殯斂聞者莫不傷其志焉

蕭眎素蘭陵人也祖思話宋征西儀同三司父惠明吳興太守皆有盛名眎素早孤貧爲叔父惠休所收卹起家爲齊司徒法曹行參軍遷著作佐郎太子舍人尙書三公郎丞元末爲太子洗馬梁臺建高祖引爲中尉驃騎記室參軍天監初爲臨川王友復爲太子中舍人丹陽尹丞初拜高祖賜錢八萬眎素一朝散之親友又遷司徒左西屬南徐州治中性靜退少嗜欲好學能清言榮利不

閑於口喜怒不形於色在人間及居職並任情通率不自矜高天然簡素士人以此咸敬之及在京口便有終焉之志乃於攝山築室會徵爲中書侍郎遂辭不就因還山宅獨居屏事非親戚不得至其籬門妻太尉王儉女久與別居遂無子八年卒親故迹其事行謚曰貞文先生

史臣曰顧憲之陶季直引年者也蕭眎素則宦情鮮焉比夫懷祿耽寵婆娑人世則殊間矣

梁書卷五十二

梁書卷五十三

唐　散　騎　常　侍　姚　思　廉　撰

列傳第四十七

良吏

庾　華　沈　瑀　范述曾　丘仲孚　孫　謙

伏　暅　何　遠

昔漢宣帝以爲政平訟理其惟良二千石乎前史亦云今之郡守古之諸侯也故長吏之職號爲親民是以導德齊禮移風易俗咸必由之齊末昏亂政移羣小賦調雲起徭役無度守宰多倚附權門互長貪虐掊克聚斂侵愁細民天下搖動無所厝其手足高祖在田知民疾苦及梁臺建仍下寬大之書昏時雜調咸悉除省於是四海之內始得息肩逮踐皇極躬覽庶事日昃聽政求民之瘼乃命輶軒以省方俗置肺石以達窮民務加隱卹舒其急病元年始去人貲計丁爲布身服浣濯之衣御府無文飾宮掖不過綾綵無珠璣錦繡太官撤牢饌

每日膳菜蔬飲酒不過三醆以儉先海內每選長吏務簡廉平皆召見御前親勗治道始擢尚書殿中郎到溉爲建安內史左民侍郎劉𩠊爲晉安太守溉等居官並以廉潔著又著令小縣有能遷爲大縣大縣有能遷爲二千石於是山陰令丘仲孚治有異績以爲長沙內史武康令何遠清公以爲宣城太守剖符爲吏者往往承風焉若新野庾華諸任職者以經術潤飾吏政或所居流惠或去後見思蓋後來之良吏也綴爲良吏篇云

庾華字休野新野人也父深之宋應州刺史華年十歲遭父憂居喪毁瘠爲州黨所稱弱冠爲州迎主簿舉秀才累遷安西主簿尚書殿中郎驃騎功曹史博涉羣書有口辯齊永明中與魏和親以華兼散騎常侍報使還拜散騎侍郎知東宮管記事鬱林王卽位廢掌中書詔誥出爲荊州別駕仍遷西中郎諮議參軍復爲州別駕前後綱紀皆致富饒華再爲之淸身率下杜絕請託布被蔬食妻子不免飢寒明帝聞而嘉焉手敕褒美州里榮之遷司徒諮議參軍通直散騎常侍高祖平京邑霸府建引爲驃騎功曹參軍遷尚書左丞出爲輔國長史

會稽郡丞行郡府事時承凋弊之後百姓凶荒所在穀貴米至數千人多流散
華撫循甚有治理唯守公祿清節逾厲至有經日不舉火太守襄陽王聞而饋
之華謝不受天監元年卒停屍無以殯柩不能歸高祖聞之詔賜絹百匹米五
十斛初華爲西楚望族早歷顯官鄉人樂藹有幹用素與華不平互相陵競藹
事齊豫章王嶷嶷薨藹仕不得志自步兵校尉求助戍歸荆州時華爲州別駕
益忽藹及高祖踐阼藹以西朝勳爲御史中丞華始得會稽行事既恥之矣會
職事微有譴高祖以藹其鄉人也使宣旨誨之華大憤故發病卒

沈瑀字伯瑜吳興武康人也叔父昶事宋建平王景素景素謀反昶先去之及
敗坐繫獄瑀詣臺陳請得免罪由是知名起家州從事奉朝請嘗詣齊尚書右
丞殷瀰瀰與語及政事甚器之謂曰觀卿才幹當居吾此職司徒竟陵王子良
聞瑀名引爲府參軍領揚州部傳從事時建康令沈徽孚恃勢陵瑀瑀以法繩
之衆憚其彊子良甚相知賞雖家事皆以委瑀子良薨瑀復事刺史始安王遙
光嘗被使上民丁速而無怨遙光謂同使曰爾何不學沈瑀所爲乃令專知州

獄事湖熟縣方山埭高峻冬月公私行侶以爲艱難明帝使瑀行治之瑀乃開四洪斷行客就作三日立辦揚州書佐私行詐稱州使不肯就作瑀鞭之三十書佐歸訴遙光遙光曰沈瑀必不枉鞭汝覆之果有詐明帝復使瑀築赤山塘所費減材官所量數十萬帝益善之永泰元年爲建德令教民一丁種十五株桑四株柿及梨栗女丁半之人咸歡悅頃之成林去官還京師兼行選曹郎隨陳伯之軍至江州會義師圍郢城瑀說伯之迎高祖伯之泣曰余子在都不得出城不能不愛之瑀曰不然人情匈匈皆思改計若不早圖衆散難合伯之遂舉衆降瑀從在高祖軍中初瑀在竟陵王家素與范雲善齊末嘗就雲宿夢坐屋梁柱上仰見天中字曰范氏宅至是瑀爲高祖說之高祖曰雲得不死此夢可驗及高祖卽位雲深薦瑀自暨陽令擢兼尚書右丞時天下初定陳伯之表瑀催督運轉軍國獲濟高祖以爲能遷尚書駕部郎兼右丞如故瑀薦族人沈僧隆僧照有吏幹高祖並納之以母憂去職起爲振武將軍餘姚令縣大姓虞氏千餘家請謁如市前後令長莫能絕自瑀到非訟所通其有至者悉立之堦

下以法繩之縣南又有豪族數百家子弟縱橫遞相庇廕厚自封植百姓甚患之瑀召其老者爲石頭倉監少者補縣僮皆號泣道路自是權右屏跡瑀初至富吏皆鮮衣美服以自彰別瑀怒曰汝等下縣吏何自擬貴人耶悉使著芒屩麤布侍立終日足有蹉跌輒加榜棰瑀微時嘗自至此鬻瓦器爲富人所辱故因以報焉由是士庶駭怨然瑀廉白自守故得遂行其志後王師北伐徵瑀爲建威將軍督運漕尋兼都水使者頃之遷少府卿出爲安南長史尋陽太守江州刺史曹景宗疾篤瑀行府州事景宗卒仍爲信威蕭穎達長史太守如故瑀性崛彊每忤穎達穎達銜之天監八年因入諮事辭又激厲穎達作色曰朝廷用君作行事耶瑀出謂人曰我死而後已終不能傾側面從是日於路爲盜所殺時年五十九多以爲穎達害焉子續累訟之遇穎達亦尋卒事遂不窮竟續乃布衣蔬食終其身

范述曾字子玄吳郡錢唐人也幼好學從餘杭呂道惠受五經略通章句道惠學徒常有百數獨稱述曾曰此子必爲王者師齊文惠太子竟陵文宣王幼時

高帝引述曾爲之師友起家爲宋晉熙王國侍郎齊初至南郡王國郎中令遷尙書主客郎太子步兵校尉帶開陽令述曾爲人謇諤在官多所諫爭太子雖不能全用然亦弗之罪也竟陵王深相器重號爲周舍時太子左衛率沈約亦以述曾方汲黯以父母年老乞還就養乃拜中散大夫明帝卽位除游擊將軍出爲永嘉太守爲政清平不尙威猛民俗便之所部橫陽縣山谷嶮峻爲逋逃所聚前後二千石討捕莫能息述曾下車開示恩信凡諸凶黨繈負而出編戶屬籍者二百餘家自是商賈流通居民安業在郡勵志清白不受饋遺明帝甚嘉之下詔褒美焉徵爲游擊將軍郡送故舊錢二十餘萬述曾一無所受始之郡不將家屬及還吏無荷擔者民無老少皆出拜辭號哭聞于數十里東昏時拜中散大夫還鄉里高祖踐阼乃輕舟出詣闕仍辭還東高祖詔曰中散大夫范述曾昔在齊世忠直奉主往蒞永嘉治身廉約宜加禮秩以厲清操可太中大夫賜絹二十匹述曾生平得奉祿皆以分施及老遂壁立無所資以天監八年卒時年七十九注易文言著雜詩賦數十篇

丘仲孚字公信吳興烏程人也少好學從祖靈鞠有人倫之鑒常稱爲千里駒也齊永明初選爲國子生舉高第未調還鄉里家貧無以自資乃結羣盜爲之計畫劫掠三吳仲孚聰明有智略羣盜畏而服之所行皆果故亦不發太守徐嗣召補主簿歷揚州從事太學博士于湖令有能名太守呂文顯當時倖臣陵詆屬縣仲孚獨不爲之屈以父喪去職明帝即位起爲烈武將軍曲阿令值會稽太守王敬則舉兵反乘朝廷不備反問始至而前鋒已居曲阿仲孚謂吏民曰賊乘勝雖銳而烏合易離今若收船艦鑿長崗埭瀉瀆水以阻其路得留數日臺軍必至則大事濟矣敬則軍至值瀆涸果頓兵不得進遂敗散仲孚以距守有功遷山陰令居職甚有聲稱百姓爲之謠曰二傅沈劉不如一丘前世傳琰父子沈憲劉玄明相繼宰山陰並有政績言仲孚皆過之也齊末政亂頗有贓賄爲有司所舉將收之仲孚竊逃逕還京師詣闕會赦得不治高祖踐阼復爲山陰令仲孚長於撥煩善適權變吏民敬服號稱神明治爲天下第一起遷車騎長史長沙內史視事未期徵爲尚書右丞遷左丞仍擢爲衛尉卿恩任甚

厚初起雙闕以仲孚領大匠事畢出爲安西長史南郡太守遷雲麾長史江夏太守行郢州州府事遭母憂起攝職坐事除名復起爲司空參軍俄遷豫章內史在郡更勵清節頃之卒時年四十八詔曰豫章內史丘仲孚重試大邦責以後效非直悔吝云亡實亦政績克舉不幸殞喪良以傷惻可贈給事黃門侍郎仲孚喪將還豫章老幼號哭攀送車輪不得前仲孚爲左丞撰皇典二十卷南宮故事百卷又撰尚書具事雜儀行於世焉

孫謙字長遜東莞莒人也少爲親人趙伯符所知謙年十七伯符爲豫州刺史引爲左軍行參軍以治幹稱父憂去職客居歷陽躬耕以養弟妹鄉里稱其敦睦宋江夏王義恭聞之引爲行參軍歷仕大司馬太宰二府出爲句容令清慎彊記縣人號爲神明泰始初事建安王休仁休仁以爲司徒參軍言之明帝擢爲明威將軍巴東建平二郡太守郡居三峽恆以威力鎮之謙將述職敕募千人自隨謙曰蠻夷不賓蓋待之失節耳何煩兵役以爲國費固辭不受至郡布恩惠之化蠻獠懷之競餉金寶謙慰喻而遣一無所納及掠得生口皆放還家

俸秩出吏民者悉原除之郡境翕然威信大著視事三年徵還爲撫軍中兵參軍元徽初遷梁州刺史辭不赴職遷越騎校尉征北司馬府主簿建平王將稱兵患謙彊直託事遣使京師然後作亂及建平誅遷左軍將軍齊初爲寧朔將軍錢唐令治煩以簡獄無繫囚及去官百姓以謙在職不受餉遺追載縑帛以送之謙却不受每去官輒無私宅常借官空車廄居焉永明初爲冠軍長史江夏太守坐被代輒去郡繫尚方頃之免爲中散大夫明帝將廢立欲引謙爲心膂使兼衞尉給甲仗百人謙不願處際會輒散甲士帝雖不罪而弗復任焉出爲南中郎司馬東昏永元元年遷字缺二大夫天監六年出爲輔國將軍零陵太守已衰老猶彊力爲政吏民安之先是郡多虎暴謙至絕迹及去官之夜虎即害居民謙爲郡縣常勤勸課農桑務盡地利收入常多於鄰境九年以年老徵爲光祿大夫既至高祖嘉其清潔甚禮異焉每朝見猶請劇職自效高祖笑曰朕使卿智不使卿力十四年詔曰光祿大夫孫謙清慎有聞白首不怠高年舊齒宜加優秩可給親信二十人并給扶謙自少及老歷二縣五郡所在廉潔居

身儉素牀施籧篨屏風冬則布被莞席夏日無幬帳而夜臥未嘗有蚊蚋人多異焉年逾九十彊壯如五十者每朝會輒先衆到公門力於仁義行己過人甚遠兄靈慶常病寄於謙謙出行還問起居靈慶曰向飲冷熱不調卽時猶渴謙退遣其妻有彭城劉融者行乞疾篤無所歸友人輿送謙舍謙開廳事以待之及融死以禮殯葬之衆咸服其行義十五年卒官時年九十二詔賻錢三萬布五十匹高祖爲舉哀甚悼惜之謙從子廉便辟巧宦齊時已歷大縣尚書右丞天監初沈約范雲當朝用事廉傾意奉之及中書舍人黃睦之等亦尤所結附凡貴要每食廉必日進滋旨皆手自煎調不辭勤劇遂得爲列卿御史中丞晉陵吳興太守時廣陵高爽有險薄才客於廉廉委以文記爽嘗有求不稱意乃爲屐謎以喻廉曰刺鼻不知嚏蹋面不知嗔齧齒作步數持此得勝人譏其不計耻辱以此取名位也

伏暅字玄耀曼容之子也幼傳父業能言玄理與樂安任昉彭城劉曼俱知名起家齊奉朝請仍兼太學博士尋除東陽郡丞秩滿爲鄞令時曼容已致仕故

頻以外職處暅令其得養焉齊末始爲尚書都官郎仍爲衞軍記室參軍高祖踐阼遷國子博士父憂去職服闋爲車騎諮議參軍累遷司空長史中書侍郎前軍將軍兼五經博士與吏部尚書徐勉中書侍郎周捨總知五禮事出爲永陽內史在郡清潔治務安靜郡民何貞秀等一百五十四人詣州言狀湘州刺史以聞詔勘有十五事爲吏民所懷高祖善之徵爲東陽太守在郡清恪如永陽時民賦稅不登者輒以太守田米助之郡多麻苧家人乃至無以爲繩其屬志如此屬縣始新遂安海寧並同時生爲立祠徵爲國子博士領長水校尉時始興內史何遠累著清績高祖詔擢爲黃門侍郎俄遷信武將軍監吳郡暅自以名輩素在遠前爲吏俱稱廉白遠累見擢暅遷階而已意望不滿多託疾居家尋求假到東陽迎妹喪因留會稽築宅自表解高祖詔以爲豫章內史暅乃出拜治書御史虞曒奏曰臣聞失忠與信一心之道以虧貌是情非兩觀之誅宜及未有陵犯名教要冒君親而可緯俗經邦者也風聞豫章內史伏暅去歲啓假以迎妹喪爲解因停會稽不去入東之始貨宅賣車以此而推則是本無

還意暅歷典二邦少免貪濁此自爲政之本豈得稱功常謂人才品望居何遠之右而遠以清公見擢名位轉隆暅深誹怨形於辭色與居歎咤寤寐失圖天高聽卑無私不照去年十二月二十一日詔曰國子博士領長水校尉伏暅爲政廉平宜加將養勿使恚望致虧士風可豫章內史豈有人臣奉如此之詔而不亡魂破膽歸罪有司擢髮抽腸少自論謝而循奉憮然了無異色暅識見所到足達此旨而冒寵不辭忝斯苟得故以士流解體行路沸騰辨跡求心無一可恕竊以暅踉蹡落魄三十餘年皇運勃興咸與維始除舊布新濯之江漢一紀之間三世隆顯曾不能少懷感激仰答萬分反覆拙謀成茲巧罪不忠不敬於斯已及請以暅大不敬論以事詳法應棄市刑輒收所近獄洗結以法從事如法所稱暅即主臣謹案豫章內史臣伏暅含疵表行藉悖成心語嘿一違資敬兼盡幸屬昌時擢以不次溪壑可盈志欲無滿要君東走豈曰止足之歸負志解巾異乎激處之致甘此脂膏孰非荼苦佩茲龜組豈殊縲紲宜明風憲肅正衡書臣等參議請以見事免暅所居官凡諸位任一皆削除有詔勿治暅遂

得就郡視事三年徵爲給事黃門侍郎領國子博士未及起普通元年卒於郡時年五十九尚書右僕射徐勉爲之墓誌其一章曰東區南服愛結民胥相望伏闕繼軌奏書或臥其轍或扳其車或圖其像或式其閭思耿借寇曷以尚諸

初暅父曼容與樂安任瑤皆暱於齊太尉王儉瑤子昉及暅並見知頃之昉才遇稍盛齊末昉已爲司徒右長史暅猶滯於參軍事及其終也名位略相侔暅性儉素車服麤惡外雖退靜內不免心競故見譏於時能推薦後來常若不及少年士子或以此依之

何遠字義方東海郯人也父慧炬齊尚書郎遠釋褐江夏王國侍郎轉奉朝請永元中江夏王寶玄於京口爲護軍將軍崔慧景所奉入圍宮城遠豫其事事敗乃亡抵長沙宣武王王深保匿焉遠求得桂陽王融保藏之既而發覺收捕者至遠逾垣以免融及遠家人皆見執融遂遇禍遠家屬繫尚方遠亡渡江使其故人高江產共聚衆欲迎高祖義師東昏黨聞之使捕遠等衆復潰散遠因降魏入壽陽見刺史王肅欲同義舉肅不能用乃求迎高祖肅許之遣兵援送

得達高祖高祖見遠謂張弘策曰何遠美丈夫而能破家報舊德未易人也板
輔國將軍隨軍東下既破朱雀軍以爲建康令高祖踐阼爲步兵校尉以奉迎
勳封廣興男邑三百戶遷建武將軍後軍鄱陽王恢錄事參軍遠與恢素善在
府盡其志力知無不爲恢亦推心仗之恩寄甚密頃之遷武昌太守遠本倜儻
尙輕俠至是乃折節爲吏杜絕交遊饋遺秋毫無所受武昌俗皆汲江水盛夏
遠患水溫每以錢買民井寒水不取錢者則摙水還之其佗事率多如此跡雖
似僞而能委曲用意焉車服尤弊素器物無銅漆江左多水族甚賤遠每食不
過乾魚數片而已然性剛嚴吏民多以細事受鞭罰者遂爲人所訟徵下廷尉
被劾數十條當時士大夫坐法皆不受立遠度己無贓就立三七日不款猶以
私藏禁仗除名後起爲鎭南將軍武康令愈厲廉節除淫祀正身率職民甚稱
之太守王彬巡屬縣諸縣盛供帳以待焉至武康遠獨設糗水而已彬去遠送
至境進斗酒隻鵝爲別彬戲曰卿禮有過陸納將不爲古人所笑乎高祖聞其
能擢爲宣城太守自縣爲近畿大郡近代未之有也郡經寇抄遠盡心綏理復

著名迹期年遷樹功將軍始興內史時泉陵侯淵朗爲桂州緣道剽掠入始興界草木無所犯遠在官好開途巷修葺牆屋民居市里城隍廄庫所過若營家焉田秩俸錢並無所取歲暮擇民尤窮者充其租調以此爲常然其聽訟猶人不能過絕而性果斷民不敢非畏而惜之所至皆生爲立祠表言治狀高祖每優詔答焉天監十六年詔曰何遠前在武康已著廉平復莅二邦彌盡清白政先治道惠留民愛雖古之良二千石無以過也宜升內榮以顯外績可給事黃門侍郎遠卽還仍爲仁威長史頃之出爲信武將軍監吳郡在吳頗有酒失遷東陽太守遠處職疾彊富如仇讎視貧細如子弟特爲豪右所畏憚在東陽歲餘復爲受罰者所謗坐免歸遠耿介無私曲居民閒絕請謁不造詣與貴賤書疏抗禮如一其所會遇未嘗以顏色干人以此多爲俗士所惡其清公實爲天下第一居數郡見可欲終不變其心妻子飢寒如下貧者及去東陽歸家經年歲口不言榮辱士類益以此多之其輕財好義周人之急言不虛妄蓋天性也每戲語人云卿能得我一妄語則謝卿以一縑衆共伺之不能記也後復起爲

征西諮議參軍中撫司馬普通二年卒時年五十二高祖厚贈賜之

陳吏部尚書姚察曰前史有循吏何哉世使然也漢武役繁姦起循平不能故有苛酷誅戮以勝之亦多怨濫矣梁興破觚爲圓斲雕爲樸教民以孝悌勸之以農桑於是桀黠化爲由余輕薄變爲忠厚淳風已洽民自知禁堯舜之民比屋可封信矣若夫酷吏於梁無取焉

梁書卷五十三

梁書卷五十四

唐　散　騎　常　侍　姚　思　廉　撰

列傳第四十八

諸夷

海南諸國　東夷　西北諸戎

海南諸國大抵在交州南及西南大海洲上相去近者三五千里遠者二三萬里其西與西域諸國接漢元鼎中遣伏波將軍路博德開百越置日南郡其徼外諸國自武帝以來皆朝貢後漢桓帝世大秦天竺皆由此道遣使貢獻及吳孫權時遣宣化從事朱應中郎康泰通焉其所經及傳聞則有百數十國因立記傳晉代通中國者蓋尠故不載史官及宋齊至者有十餘國始爲之傳自梁革運其奉正朔修貢職航海歲至踰於前代矣今採其風俗粗著者綴爲海南傳云

林邑國者本漢日南郡象林縣古越裳之界也伏波將軍馬援開漢南境置此

縣其地縱廣可六百里城去海百二十里去日南界四百餘里北接九德郡其南界水步道二百餘里有西國夷亦稱王馬援植兩銅柱表漢界處也其國有金山石皆赤色其中生金金夜則出飛狀如螢火又出瑇瑁貝齒吉貝沉木香吉貝者樹名也其華成時如鵝毳抽其緒紡之以作布潔白與紵布不殊亦染成五色織爲斑布也沉木者土人斫斷之積以歲年朽爛而心節獨在置水中則沉故名曰沉香次不沉不浮者曰棧香也漢末大亂功曹區達殺縣令自立爲王傳數世其後王無嗣立外甥范熊熊死子逸嗣晉成帝咸康三年逸死奴文篡立文本日南西捲縣夷帥范稚家奴常牧牛於山澗得鱧魚二頭化而爲鐵因以鑄刀鑄成文向石而呪曰若斫石破者文當王此國因舉刀斫石如斷芻藁文心獨異之范稚常使之商賈至林邑因教林邑王作宮室及兵車器械王寵任之後乃讒王諸子各奔餘國及王死無嗣文僞於隣國迓王子置毒於漿中而殺之遂脅國人自立舉兵攻旁小國皆吞滅之有衆四五萬人時交州刺史姜莊使所親韓戢謝稚前後監日南郡並貪殘諸國患之穆帝永和三年

臺遣夏侯覽爲太守侵刻尤甚林邑先無田土貪日南地肥沃常欲略有之至是因民之怨遂舉兵襲日南殺覽以其屍祭天留日南三年乃還林邑交州刺史朱藩後遣督護劉雄戍日南文復屠滅之進寇九德郡殘害吏民遣使告藩願以日南北境橫山爲界藩不許又遣督護陶緩李衢討之文歸林邑尋復屯日南五年文死子佛立猶屯日南征西將軍桓溫遣督護滕畯九真太守灌邃帥交廣州兵討之佛嬰城固守邃令畯盛兵於前邃帥勁卒七百人自後踰壘而入佛衆驚潰奔走邃追至林邑佛乃請降哀帝昇平初復爲寇暴刺史温放之討破之安帝隆安三年佛孫須達復寇日南執太守炅源又進寇九德執太守曹炳交趾太守杜瑗遣都護鄧逸等擊破之即以瑗爲刺史義熙三年須達復寇日南殺長史瑗遣海邏督護阮斐討破之斬獲甚衆九年須達復寇九真行郡事杜慧期與戰斬其息交龍王甄知及其將范健等生俘須達息鄁能及虜獲百餘人自瑗卒後林邑無歲不寇日南九德諸郡殺傷甚多交州遂致虛弱須達死子敵真立其弟敵鎧攜母出奔敵真追恨不能容其母弟捨國而之

天竺禪位於其甥國相藏驎固諫不從其甥既立而殺藏驎藏驎子又攻殺之而立敵鎧同母異父之弟曰文敵文敵後爲扶南王子當根純所殺大臣范諸農平其亂而自立爲王諸農死子陽邁立宋永初二年遣使貢獻以陽邁爲林邑王陽邁死子咄立慕其父復曰陽邁其國俗居處爲閣名曰于闌門戶皆北向書樹葉爲紙男女皆以橫幅吉貝繞腰以下謂之干漫亦曰都縵穿耳貫小鐶貴者著革屣賤者跣行自林邑扶南以南諸國皆然也其王著法服加瓔珞如佛像之飾出則乘象吹螺擊鼓罩吉貝繖以吉貝爲幡旗國不設刑法有罪者使象蹹殺之其大姓號婆羅門嫁娶必用八月女先求男由賤男而貴女也同姓還相婚姻使婆羅門引壻見婦握手相付咒曰吉利吉利以爲成禮死者焚之中野謂之火葬其寡婦孤居散髮至老國王事尼乾道鑄金銀人像大十圍元嘉初陽邁侵暴日南九德諸郡交州刺史杜弘文建牙欲討之聞有代乃止八年又寇九德郡入四會浦口交州刺史阮彌之遣隊主相道生帥兵赴討攻區粟城不剋乃引還爾後頻年遣使貢獻而寇盜不已二十三年使交州刺

史檀和之振武將軍宗慤伐之和之遣司馬蕭景憲爲前鋒陽邁聞之懼欲輸金一萬斤銀十萬斤還所略日南民戶其大臣𢘿僧達諫止之乃遣大帥范扶龍戍其北界區栗城景憲攻城剋之斬扶龍首獲金銀雜物不可勝計乘勝逕進即剋林邑陽邁父子並挺身逃奔獲其珍異皆是未名之寶又銷其金人得黃金數十萬斤和之後病死見胡神爲祟孝武建元大明中林邑王范神成累遣長史奉表貢獻明帝泰豫元年又遣使獻方物齊永明中范文贊累遣使貢獻天監九年文贊子天凱奉獻白猴詔曰林邑王范天凱介在海表乃心款至遠修職貢良有可嘉宜班爵號被以榮澤可持節督緣海諸軍事威南將軍林邑王十年十三年天凱累遣使獻方物俄而病死子弼毳跋摩立奉表貢獻普通七年王高式勝鎧遣使獻方物詔以爲持節督緣海諸軍事綏南將軍林邑王大通元年又遣使貢獻中大通二年行林邑王高式律陁羅跋摩遣使貢獻詔以爲持節督緣海諸軍事綏南將軍林邑王六年又遣使獻方物

扶南國在日南郡之南海西大灣中去日南可七千里在林邑西南三千餘里

城去海五百里有大江廣十里西北流東入於海其國輪廣三千餘里土地洿下而平博氣候風俗大較與林邑同出金銀銅錫沉木香象牙孔翠五色鸚鵡其南界三千餘里有頓遜國在海崎上地方千里城去海十里有五王並羈屬扶南頓遜之東界通交州其西界接天竺安息徼外諸國往還交市所以然者頓遜迴入海中千餘里漲海無崖岸船舶未曾得逕過也其市東西交會日有萬餘人珍物寶貨無所不有又有酒樹似安石榴采其花汁停甕中數日成酒頓遜之外大海洲中又有毗騫國去扶南八千里傳其王身長丈二頭長三尺自古來不死莫知其年王神聖國中人善惡及將來事王皆知之是以無敢欺者南方號曰長頸王國俗有室屋衣服噉粳米其人言語小異扶南有山出金金露生石上無所限也國法刑罪人並於王前噉其肉國內不受估客有往者亦殺而噉之是以商旅不敢至王常樓居不血食不事鬼神其子孫生死如常人唯王不死扶南王數遣使與書相報答常遺扶南王純金五十人食器形如圓盤又如瓦塸名爲多羅受五升又如椀者受一升王亦能作天竺書書可三

千言說其宿命所由與佛經相似並論善事又傳扶南東界即大漲海海中有大洲洲上有諸薄國國東有馬五洲復東行漲海千餘里至自然大洲其上有樹生火中洲左近人剝取其皮紡績作布極得數尺以爲手巾與焦麻無異而色微青黑若小垢洿則投火中復更精潔或作燈炷用之不知盡扶南國俗本躶文身被髮不制衣裳以女人爲王號曰柳葉年少壯健有似男子其南有徼國有事鬼神者字混填夢神賜之弓乘賈人舶入海混填晨起即詣廟於神樹下得弓便依夢乘船入海遂入扶南外邑柳葉人衆見舶至欲取之混填即張弓射其舶穿度一面矢及侍者柳葉大懼舉衆降混填混填乃教柳葉穿布貫頭形不復露遂治其國納柳葉爲妻生子分王七邑其後王混盤況以詐力間諸邑令相疑阻因舉兵攻并之乃遣子孫中分治諸邑號曰小王盤況年九十餘乃死立中子盤盤以國事委其大將范蔓盤盤立三年死國人共舉蔓爲王蔓勇健有權略復以兵威攻伐旁國咸服屬之自號扶南大王乃治作大船窮漲海攻屈都昆九稚典孫等十餘國開地五六千里次當伐金鄰國蔓遇疾遣

太子金生代行蔓姊子旃時爲二千人將因篡蔓自立遣人詐金生而殺之蔓
死時有乳下兒名長在民閒至年二十乃結國中壯士襲殺旃旃大將范尋又
殺長而自立更繕治國內起觀閣遊戲之朝旦中晡三四見客民人以焦蔗龜
鳥爲禮國法無牢獄有罪者先齋戒三日乃燒斧極赤令訟者捧行七步又以
金鐶雞卵投沸湯中令探取之若無實者手即焦爛有理者則不又於城溝中
養鱷魚門外圈猛獸有罪者輒以餵猛獸及鱷魚魚獸不食爲無罪三日乃放
之鱷大者長二丈餘狀如鼉有四足喙長六七尺兩邊有齒利如刀劍常食魚
遇得麞鹿及人亦噉之蒼梧以南及外國皆有之吳時遣中郎康泰宣化從事
朱應使於尋國國人猶裸唯婦人著貫頭泰應謂曰國中實佳但人褻露可怪
耳尋始令國內男子著橫幅橫幅今干縵也大家乃截錦爲之貧者乃用布晉
武帝太康中尋始遣使貢獻穆帝升平元年王竺旃檀奉表獻馴象詔曰此物
勞費不少駐令勿送其後王憍陳如本天竺婆羅門也有神語曰應王扶南憍
陳如心悅南至盤盤扶南人聞之舉國欣戴迎而立焉復改制度用天竺法憍

陳如死後王持梨陁跋摩宋文帝世奉表獻方物齊永明中王闍邪跋摩遣使貢獻天監二年跋摩復遣使送珊瑚佛像并獻方物詔曰扶南王憍陳如闍邪跋摩介居海表世纂南服厥誠遠著重譯獻賝宜蒙酬納班以榮號可安南將軍扶南王今其國人皆醜黑拳髮所居不穿井數十家共一池引汲之俗事天神天神以銅爲像二面者四手四面者八手手各有所持或小兒或鳥獸或日月其王出入乘象嬪侍亦然王坐則偏踞翹膝垂左膝至地以白疊敷前設金盆香爐於其上國俗居喪則剃除鬚髮死者有四葬水葬則投之江流火葬則焚爲灰燼土葬則瘞埋之鳥葬則棄之中野人性貪吝無禮義男女恣其奔隨十年十三年跋摩累遣使貢獻其年死庶子留陁跋摩殺其嫡弟自立十六年遣使竺當抱老奉表貢獻十八年復遣使送天竺旃檀瑞像婆羅樹葉并獻火齊珠鬱金蘇合等香普通元年中大通二年大同元年累遣使獻方物五年復遣使獻生犀又言其國有佛髮長一丈二尺詔遣沙門釋雲寶隨使往迎之先是三年八月高祖改造阿育王寺塔出舊塔下舍利及佛爪髮髮青紺色衆僧

以手伸之隨手長短放之則旋屈爲蠡形案僧伽經云佛髮青而細猶如藕莖絲佛三昧經云我昔在宮沐頭以尺量髮長一丈二尺放已右旋還成蠡文則與高祖所得同也阿育王即鐵輪王王閻浮提一天下佛滅度後一日一夜役鬼神造八萬四千塔此即其一也吳時有尼居其地爲小精舍孫綝尋毀除之塔亦同泯吳平後諸道人復於舊處建立焉晉中宗初渡江更修飾之至簡文咸安中使沙門安法師程造小塔未及成而亡弟子僧顯繼而修立至孝武太元九年上金相輪及承露其後西河離石縣有胡人劉薩何遇疾暴亡而心下猶暖其家未敢便殯經十日更蘇說云有兩吏見錄向西北行不測遠近至十八地獄隨報重輕受諸楚毒見觀世音語云汝緣未盡若得活可作沙門洛下齊城丹陽會稽並有阿育王塔可往禮拜若壽終則不墮地獄語竟如墮高巖忽然醒寤因此出家名慧達遊行禮塔次至丹陽未知塔處乃登越城四望見長干里有異氣色因就禮拜果是育王塔所屢放光明由是定知必有舍利乃集衆就掘之入一丈得三石碑並長六尺中一碑有鐵函函中有銀函函中又

有金函盛三舍利及爪髮各一枚髮長數尺卽遷舍利近北對簡文所造塔西造一層塔十六年又使沙門僧尙伽爲三層卽高祖所開者也初穿土四尺得龍窟及昔人所捨金銀鐶釧釵鑷等諸雜寶物可深九尺許方至石磉磉下有石函函內有鐵壺以盛銀坩坩內有金鏤罌盛三舍利如粟粒大圓正光潔函內又有琉璃椀內得四舍利及髮爪爪有四枚並爲沉香色至其月二十七日高祖又到寺禮拜設無㝵大會大赦天下是日以金鉢盛水泛舍利其最小者隱鉢不出高祖禮數十拜舍利乃於鉢內放光旋回久之乃當鉢中而止高祖問大僧正慧念今日見不可思議事不慧念答曰法身常住湛然不動高祖曰弟子欲請一舍利還臺供養至九月五日又於寺設無㝵大會遣皇太子王侯朝貴等奉迎是日風景明和京師傾屬觀者百數十萬人所設金銀供具等物並留寺供養幷施錢一千萬爲寺基業至四年九月十五日高祖又至寺設無㝵大會豎二刹各以金罌次玉罌重盛舍利及爪髮內七寶塔中又以石函盛寶塔分入兩刹下及王侯妃主百姓富室所捨金銀鐶釧等珍寶充積十一年

十一月二日寺僧又請高祖於寺發般若經題爾夕二塔俱放光明敕鎮東將
軍邵陵王綸製寺大功德碑文先是二年改造會稽鄮縣塔開舊塔出舍利遣
光宅寺釋敬脫等四僧及舍人孫照蹔迎還臺高祖禮拜竟卽送還縣入新塔
下此縣塔亦是劉薩何所得也晉咸和中丹陽尹高悝行至張侯橋見浦中五
色光長數尺不知何怪乃令人於光處掊視之得金像未有光趺悝乃下車載
像還至長干巷首牛不肯進悝乃令馭人任牛所之牛徑牽車至寺悝因留像
付寺僧每至中夜常放光明又聞空中有金石之響經一歲捕魚人張係世於
海口忽見有銅花趺浮出水上係世取送縣縣以送臺乃施像足宛然合會簡
文咸安元年交州合浦人董宗之採珠沒水於底得佛光豔交州押送臺以施
像又合焉自咸和中得像至咸安初歷三十餘年光趺始具初高悝得像後西
域胡僧五人來詣悝曰昔於天竺得阿育王造像來至鄴下值胡亂埋像於河
邊今尋覓失所五人嘗一夜俱夢見像曰已出江東爲高悝所得悝乃送此五
僧至寺見像噓欷涕泣像便放光照燭殿宇又瓦宮寺慧邃欲模寫像形寺主

僧尙慮虧損金色謂邃曰若能令像放光回身西向乃可相許慧邃便懇到拜請其夜像卽轉坐放光回身西向明旦便許模之像趺先有外國書莫有識者後有三藏䢼求跋摩識之云是阿育王爲第四女所造也及大同中出舊塔舍利敕市寺側數百家宅地以廣寺域造諸堂殿幷瑞像周回閣等窮於輪奐焉其圖諸經變並吳人張繇運手繇丹青之工一時冠絕

盤盤國宋文帝元嘉孝武孝建大明中並遣使貢獻大通元年其王使使奉表曰揚州閻浮提震旦天子萬善莊嚴一切恭敬猶如天淨無雲明耀滿目天子身心清淨亦復如是道俗濟濟並蒙聖王光化濟度一切永作舟航臣聞之慶善我等至誠敬禮常勝天子足下稽首問訊今奉薄獻願垂哀受中大通元年五月累遣使貢牙像及塔幷獻沉檀等香數十種六年八月復使送菩提國真舍利及畫塔幷獻菩提樹葉詹糖等香

丹丹國中大通二年其王遣使奉表曰伏承聖主至德仁治信重三寶佛法興顯衆僧殷集法事日盛威嚴整肅朝望國執慈愍蒼生八方六合莫不歸服化

隣諸天非可言喻不任慶善若蹔奉見尊足謹奉送牙像及塔各二軀并獻火齊珠吉貝雜香藥等大同元年復遣使獻金銀瑠璃雜寶香藥等物

干陁利國在南海洲上其俗與林邑扶南略同出斑布吉貝檳榔檳榔特精好爲諸國之極宋孝武世王釋婆羅那憐陁遣長史竺留陁獻金銀寶器天監元年其王瞿曇修跋陁羅以四月八日夢見一僧謂之曰中國今有聖主十年之後佛法大興汝若遣使貢奉敬禮則土地豐樂商旅百倍若不信我則境土不得自安修跋陁羅初未能信既而又夢此僧曰汝若不信我當與汝往觀之乃於夢中來至中國拜覲天子既覺心異之陁羅本工畫乃寫夢中所見高祖容質飾以丹青仍遣使并畫工奉表獻玉盤等物使人既至模寫高祖形以還其國比本畫則符同焉因盛以寶函日加禮敬後跋陁死子毗邪跋摩立十七年遣長史毗員跋摩奉表曰常勝天子陛下諸佛世尊常樂安樂六通三達爲世間尊是名如來應供正覺遺形舍利造諸塔像莊嚴國土如須彌山邑居聚落次第羅滿城郭館宇如忉利天宮具足四兵能伏怨敵國土安樂無諸患難人

民和善受化正法慶無不通猶處雪山流注雪水八味清淨百川洋溢周回屈曲順趨大海一切衆生咸得受用於諸國土殊勝第一是名震旦大梁揚郡天子仁廕四海德合天心雖人是天降生護世功德寶藏救世大悲爲我尊生威儀具足是故至誠敬禮天子足下稽首問訊奉獻金芙蓉雜香藥等願垂納受

普通元年復遣使獻方物

狼牙脩國在南海中其界東西三十日行南北二十日行去廣州二萬四千里土氣物產與扶南略同偏多棧沉婆律香等其俗男女皆袒而被髮以吉貝爲干縵其王及貴臣乃加雲霞布覆胛以金繩爲絡帶金鐶貫耳女子則被布以瓔珞繞身其國累塼爲城重門樓閣王出乘象有幡毦旗鼓罩白蓋兵衛甚設國人說立國以來四百餘年後嗣衰弱王族有賢者國人歸之王聞知乃加囚執其鏁無故自斷王以爲神因不敢害乃斥逐出境遂奔天竺天竺妻以長女俄而狼牙王死大臣迎還爲王二十餘年死子婆伽達多立天監十四年遣使阿撤多奉表曰大吉天子足下離淫怒癡哀愍衆生慈心無量端嚴相好身光

明朗如水中月普照十方眉間白毫其白如雪其色照曜亦如月光諸天善神之所供養以垂正法寶梵行衆增莊嚴都邑城閣高峻如乾陁山樓觀羅列道途平正人民熾盛快樂安穩著種種衣猶如天服於一切國爲極尊勝天王愍念羣生民人安樂慈心深廣律儀清淨正法化治供養三寶名稱宣揚布滿世界百姓樂見如月初生譬如梵王世界之主人天一切莫不歸依敬禮大吉天子足下猶如現前忝承先業慶嘉無量今遣使問訊大意欲自往復畏大海風波不達今奉薄獻願大家曲垂領納

婆利國在廣州東南海中洲上去廣州二月日行國界東西五十日行南北二十日行有一百三十六聚土氣暑熱如中國之盛夏穀一歲再熟草木常榮海出文螺紫貝有石名蚶貝羅初採之柔軟及刻削爲物乾之遂大堅彊其國人披吉貝如帊及爲都縵王乃用斑絲布以瓔珞繞身頭著金冠高尺餘形如弁綴以七寶之飾帶金裝劍偏坐金高坐以銀蹬支足侍女皆爲金花雜寶之飾或持白毦拂及孔雀扇王出以象駕輿輿以雜香爲之上施羽蓋珠簾其導從

吹螺擊鼓王姓憍陳如自古未通中國問其先及年數不能記焉而言白淨王夫人卽其國女也天監十六年遣使奉表曰伏承聖王信重三寶興立塔寺校飾莊嚴周徧國土四衢平坦清淨無穢臺殿羅列狀若天宮壯麗微妙世無與等聖主出時四兵具足羽儀導從布滿左右都人士女麗服光飾市廛豐富充積珍寶王法清整無相侵奪學徒皆至三乘競集敷說正法雲布雨潤四海流通交會萬國長江渺漫清泠深廣有生咸資莫能消穢陰陽和暢災厲不作大梁揚都聖王無等臨覆上國有大慈悲子育萬民平等忍辱怨親無二加以周窮無所藏積靡不照燭如日之明無不受樂猶如淨月宰輔賢良羣臣貞信盡忠奉上心無異想伏惟皇帝是我眞佛臣是婆利國主今敬稽首禮聖王足下惟願大王知我此心此心久矣非適今也山海阻遠無緣自達今故遣使獻金席等表此丹誠普通三年其王頻伽復遣使珠貝智貢白鸚鵡青蟲兜鍪瑠璃器吉貝螺杯雜香藥等數十種

中天竺國在大月支東南數千里地方三萬里一名身毒漢世張騫使大夏見

邛竹杖蜀布國人云市之身毒身毒卽天竺蓋傳譯音字不同其實一也從月支高附以西南至西海東至槃越列國數十每國置王其名雖異皆身毒也漢時羈屬月支其俗土著與月支同而卑濕暑熱民弱畏戰弱於月支國臨大江名新陶源出崐崙分爲五江總名曰恆水其水甘美下有眞鹽色正白如水精土俗出犀象貂鼲瑇瑁火齊金銀鐵金縷織成金皮罽細摩白疊好裘毾㲪火齊狀如雲母色如紫金有光耀別之則薄如蟬翼積之則如紗縠之重沓也其西與大秦安息交市海中多大秦珍物珊瑚琥珀金碧珠璣琅玕鬱金蘇合蘇合是合諸香汁煎之非自然一物也又云大秦人採蘇合先笮其汁以爲香膏乃賣其滓與諸國賈人是以展轉來達中國不大香也鬱金獨出罽賓國華色正黃而細與芙蓉華裏被蓮者相似國人先取以上佛寺積日香槁乃糞去之賈人從寺中徵顧以轉賣與佗國也漢桓帝延熹九年大秦王安敦遣使自日南徼外來獻漢世唯一通焉其國人行賈往往至扶南日南交趾其南徼諸國人少有到大秦者孫權黃武五年有大秦賈人字秦論來到交趾交趾太守吳

邈遣送詣權權問方土謠俗論具以事對時諸葛恪討丹陽獲黝歙短人論見之曰大秦希見此人權以男女各十人差吏會稽劉咸送論咸於道物故論乃徑還本國漢和帝時天竺數遣使貢獻後西域反叛遂絕至桓帝延熹二年四年頻從日南徼外來獻魏晉世絕不復通唯吳時扶南王范旃遣親人蘇物使其國從扶南發投拘利口循海大灣中正西北入歷灣邊數國可一年餘到天竺江口逆水行七千里乃至焉天竺王驚曰海濱極遠猶有此人卽呼令觀視國內仍差陳宋等二人以月支馬四匹報旃遣物等還積四年方至其時吳遣中郎康泰使扶南及見陳宋等具問天竺土俗云佛道所興國也人民敦厖土地饒沃其王號茂論所都城郭水泉分流繞于渠塹下注大江其宮殿皆雕文鏤刻街曲市里屋舍樓觀鍾鼓音樂服飾香華水陸通流百賈交會奇玩珍瑋恣心所欲左右嘉維舍衞葉波等十六大國去天竺或二三千里共尊奉之以爲在天地之中也天監初其王屈多遣長史竺羅達奉表曰伏聞彼國據江傍海山川周固衆妙悉備莊嚴國土猶如化城宮殿莊飾街巷平坦人民充滿歡

娛安樂大王出遊四兵隨從聖明仁愛不害衆生國中臣民循行正法大王仁聖化之以道慈悲羣生無所遺棄常修淨戒式導不及無上法船沉弱以濟百官氓庶受樂無恐諸天護持萬神侍從天魔降服莫不歸仰王身端嚴如日初出仁澤普潤猶如大雲於彼震旦最爲殊勝臣之所住國土首羅天守護令國安樂王王相承未曾斷絶國中皆七寶形像衆妙莊嚴臣自修檢如化王法臣名屈多奕世王種惟願大王聖體和平今以此國羣臣民庶山川珍重一切歸屬五體投地歸誠大王使人竺達多由來忠信是故今遣大王若有所須珍奇異物悉當奉送此之境土便是大王之國王之法令善道悉當承用願二國信使往來不絶此信返還願賜一使具宣聖命備勑所宜款至之誠望不空返所白如允願加採納今奉獻琉璃唾壺雜香吉貝等物

師子國天竺旁國也其地和適無冬夏之異五穀隨人所種不須時節其國舊無人民止有鬼神及龍居之諸國商估來共市易鬼神不見其形但出珍寶顯其所堪價商人依價取之諸國人聞其土樂因此競至或有停住者遂成大國

晉義熙初始遣獻玉像經十載乃至像高四尺二寸玉色潔潤形製殊特殆非人工此像歷晉宋世在瓦官寺寺先有徵士戴安道手製佛像五軀及顧長康維摩畫圖世人謂爲三絕至齊東昏遂毁玉像前截臂次取身爲嬖妾潘貴妃作釵釧宋元嘉六年十二年其王刹利摩訶遣使貢獻大通元年後王伽葉伽羅訶梨邪使奉表曰謹白大梁明主雖山海殊隔而音信時通伏承皇帝道德高遠覆載同於天地明照齊乎日月四海之表無有不從方國諸王莫不奉獻以表慕義之誠或泛海三年陸行千日畏威懷德無遠不至我先王以來唯以修德爲本不嚴而治奉事正法道天下欣人爲善慶若己身欲與大梁共弘三寶以度難化信還伏聽告敕今奉薄獻願垂納受

東夷之國朝鮮爲大得箕子之化其器物猶有禮樂云魏時朝鮮以東馬韓辰韓之屬世通中國自晉過江泛海東使有高句驪百濟而宋齊閒常通職貢梁興又有加焉扶桑國在昔未聞也普通中有道人稱自彼而至其言元本尤悉故并錄焉

高句驪者其先出自東明東明本北夷㯷離王之子離王出行其侍兒於後任娠離王還欲殺之侍兒曰前見天上有氣如大雞子來降我因以有娠王囚之後遂生男王置之豕牢豕以口氣嘘之不死王以爲神乃聽收養長而善射王忌其猛復欲殺之東明乃奔走南至淹滯水以弓擊水魚鼈皆浮爲橋東明乘之得渡至夫餘而王焉其後支別爲句驪種也其國漢之玄菟郡也在遼東之東去遼東千里漢魏世南與朝鮮穢貊東與沃沮北與夫餘接漢武帝元封四年滅朝鮮置玄菟郡以高句驪爲縣以屬之句驪地方可二千里中有遼山遼水所出其王都於丸都之下多大山深谷無原澤百姓依之以居食澗水雖土著無良田故其俗節食好治宮室於所居之左立大屋祭鬼神又祠零星社稷人性凶急喜寇抄其官有相加對盧沛者古鄒加主簿優台使者皁衣先人尊卑各有等級言語諸事多與夫餘同其性氣衣服有異本有五族有消奴部絕奴部慎奴部雚奴部桂婁部本消奴部爲王微弱桂婁部代之漢時賜衣幘朝服鼓吹常從玄菟郡受之後稍驕不復詣郡但於東界築小城以受之至今猶

名此城爲幘溝婁溝婁者句驪名城也其置官有對盧則不置沛者有沛者則
不置對盧其俗喜歌舞國中邑落男女每夜羣聚歌戲其人潔清自喜善藏釀
跪拜申一脚行步皆走以十月祭天大會名曰東明其公會衣服皆錦繡金銀
以自飾大加主簿頭所著似幘而無後其小加著折風形如弁其國無牢獄有
罪者則會諸加評議殺之沒入妻子其俗好淫男女多相奔誘已嫁娶便稍作
送終之衣其死葬有槨無棺好厚葬金銀財幣盡於送死積石爲封列植松柏
兄死妻嫂其馬皆小便登山國人尙氣力便弓矢刀矛有鎧甲習戰鬭沃沮東
穢皆屬焉王莽初發高驪兵以伐胡不欲行彊迫遣之皆亡出塞爲寇盜州郡
歸咎於句驪侯騶嚴尤誘而斬之王莽大悅更名高句驪爲下句驪當此時爲
侯矣光武八年高句驪王遣使朝貢始稱王至殤安之閒其王名宮數寇遼東
玄菟太守蔡風討之不能禁宮死子伯固立順和之閒復數犯遼東寇抄靈帝
建寧二年玄菟太守耿臨討之斬首虜數百級伯固乃降屬遼東公孫度之雄
海東也伯固與之通好伯固死子伊夷摸立伊夷摸自伯固時已數寇遼東又

受亡胡五百餘戶建安中公孫康出軍擊之破其國焚燒邑落降胡亦叛伊夷
摸伊夷摸更作新國其後伊夷摸復擊玄菟玄菟與遼東合擊大破之伊夷摸
死子位宮立位宮有勇力便鞍馬善射獵魏景初二年遣太傅司馬宣王率衆
討公孫淵位宮遣主簿大加將兵千人助軍正始三年位宮寇西安嘉平五年
幽州刺史毋丘儉將萬人出玄菟討位宮位宮將步騎二萬人逆軍大戰於沸
流位宮敗走儉軍追至峴懸車束馬登丸都山屠其所都斬首虜萬餘級位宮
單將妻息遠竄六年儉復討之位宮輕將諸加奔沃沮儉使將軍王頎追之絕
沃沮千餘里到肅愼南界刻石紀功又到丸都山銘不耐城而還其後復通中
夏晉永嘉亂鮮卑慕容廆據昌黎大棘城元帝授平州刺史句驪王乙弗利頻
寇遼東廆不能制弗利死子劉代立康帝建元元年慕容廆子晃率兵伐之劉
與戰大敗單馬奔走晃乘勝追至丸都焚其宮室掠男子五萬餘口以歸孝武
太元十年句驪攻遼東玄菟郡後燕慕容垂遣弟農伐句驪復二郡垂死子寶
立以句驪王安爲平州牧封遼東帶方二國王安始置長史司馬參軍官後略

有遼東郡至孫高璉晉安帝義熙中始奉表通貢職歷宋齊並授爵位年百餘歲死子雲齊隆昌中以爲使持節散騎常侍都督營平二州征東大將軍樂浪公高祖卽位進雲車騎大將軍天監七年詔曰高驪王樂浪郡公雲乃誠款著貢驛相尋宜隆秩命式弘朝典可撫東大將軍開府儀同三司持節常侍都督王並如故十一年十五年累遣使貢獻十七年雲死子安立普通元年詔安纂襲封爵持節督營平二州諸軍事寧東將軍七年安卒子延立遣使貢獻詔以延襲爵中大通四年六年大同元年七年累奉表獻方物太清二年延卒詔以其子襲延爵位

百濟者其先東夷有三韓國一曰馬韓二曰辰韓三曰弁韓弁韓辰韓各十二國馬韓有五十四國大國萬餘家小國數千家總十餘萬戶百濟卽其一也後漸彊大兼諸小國其國本與句驪在遼東之東晉世句驪既略有遼東百濟亦據有遼西晉平二郡地矣自置百濟郡晉太元中王須義熙中王餘映宋元嘉中王餘毗並遣獻生口餘毗死立子慶慶死子牟都立都死立子牟太齊永明

中除大都督百濟諸軍事鎮東大將軍百濟王天監元年進太號征東將軍尋
爲高句驪所破衰弱者累年遷居南韓地普通二年王餘隆始復遣使奉表稱
累破句驪今始與通好而百濟更爲彊國其年高祖詔曰行都督百濟諸軍事
鎮東大將軍百濟王餘隆守藩海外遠修貢職迺誠款到朕有嘉焉宜率舊章
授茲榮命可使持節都督百濟諸軍事寧東大將軍百濟王五年隆死詔復以
其子明爲持節督百濟諸軍事綏東將軍百濟王號所治城曰固麻謂邑曰檐
魯如中國之言郡縣也其國有二十二檐魯皆以子弟宗族分據之其人形長
衣服淨潔其國近倭頗有文身者今言語服章略與高驪同行不張拱拜不申
足則異呼帽曰冠襦曰復衫袴曰褌其言參諸夏亦秦韓之遺俗云中大通六
年大同七年累遣使獻方物幷請涅盤等經義毛詩博士幷工匠畫師等敕並
給之太清三年不知京師寇賊猶遣使貢獻既至見城闕荒毀並號慟涕泣侯
景怒囚執之及景平方得還國

新羅者其先本辰韓種也辰韓亦曰秦韓相去萬里傳言秦世亡人避役來適

馬韓馬韓亦割其東界居之以秦人故名之曰秦韓其言語名物有似中國人名國爲邦弓爲弧賊爲寇行酒爲行觴相呼皆爲徒不與馬韓同又辰韓王常用馬韓人作之世相係辰韓不得自立爲王明其流移之人故也恆爲馬韓所制辰韓始有六國稍分爲十二新羅則其一也其國在百濟東南五千餘里其地東濱大海南北與句驪百濟接魏時曰新盧宋時曰新羅或曰斯羅其國小不能自通使聘普通二年王名募泰始使使隨百濟奉獻方物其俗呼城曰健牟羅其邑在內曰啄評在外曰邑勒亦中國之言郡縣也國有六啄評五十二邑勒土地肥美宜植五穀多桑麻作縑布服牛乘馬男女有別其官名有子賁旱支齊旱支謁旱支壹告支奇貝旱支其冠曰遺子禮襦曰尉解袴曰柯半靴曰洗其拜及行與高驪相類無文字刻木爲信語言待百濟而後通焉

倭者自云太伯之後俗皆文身去帶方萬二千餘里大抵在會稽之東相去絕遠從帶方至倭循海水行歷韓國乍東乍南七千餘里始度一海海闊千餘里名瀚海至一支國又度一海千餘里名未盧國又東南陸行五百里至伊都國

又東南行百里至奴國又東行百里至不彌國又南水行二十日至投馬國又南水行十日陸行一月日至邪馬臺國卽倭王所居其官有伊支馬次曰彌馬獲支次曰奴往鞮民種禾稻紵麻蠶桑織績有薑桂橘椒蘇出黑雉真珠青玉有獸如牛名山鼠又有大蛇吞此獸蛇皮堅不可斫其上有孔乍開乍閉時或有光射之中蛇則死矣物產略與儋耳朱崖同地温暖風俗不淫男女皆露紒富貴者以錦繡雜采爲帽似中國胡公頭食飲用籩豆其死有棺無槨封土作冢人性皆嗜酒俗不知正歲多壽考多至八九十或至百歲其俗女多男少貴者至四五妻賤者猶兩三妻婦人無婬妬無盜竊少諍訟若犯法輕者沒其妻子重則滅其宗族漢靈帝光和中倭國亂相攻伐歷年乃共立一女子卑彌呼爲王彌呼無夫壻挾鬼道能惑衆故國人立之有男弟佐治國自爲王少有見者以婢千人自侍唯使一男子出入傳教令所處宮室常有兵守衛至魏景初三年公孫淵誅後卑彌呼始遣使朝貢魏以爲親魏王假金印紫綬正始中卑彌呼死更立男王國中不服更相誅殺復立卑彌呼宗女臺與爲王其後復立

男王並受中國爵命晉安帝時有倭王贊贊死立弟彌彌死立子濟濟死立子
興興死立弟武齊建元中除武持節督新羅任那伽羅秦韓慕韓六國諸軍事
鎮東大將軍高祖即位進武號征東將軍其南有侏儒國人長三四尺又南黑
齒國裸國去倭四千餘里船行可一年至又西南萬里有海人身黑眼白裸而
醜其肉美行者或射而食之
文身國在倭國東北七千餘里人體有文如獸其額上有三文文直者貴文小
者賤土俗歡樂物豐而賤行客不齎糧有屋宇無城郭其王所居飾以金銀珍
麗繞屋爲壍廣一丈實以水銀雨則流于水銀之上市用珍寶犯輕罪者則鞭
杖犯死罪則置猛獸食之有枉則猛獸避而不食經宿則赦之
大漢國在文身國東五千餘里無兵戈不攻戰風俗並與文身國同而言語異
扶桑國者齊永元元年其國有沙門慧深來至荊州說云扶桑在大漢國東二
萬餘里地在中國之東其土多扶桑木故以爲名扶桑葉似桐而初生如笋國
人食之實如梨而赤績其皮爲布以爲衣亦以爲綿作板屋無城郭有文字以

扶桑皮爲紙無兵甲不攻戰其國法有南北獄若犯輕者入南獄重罪者入北獄有赦則赦南獄不赦北獄在北獄者男女相配生男八歲爲奴生女九歲爲婢犯罪之身至死不出貴人有罪國乃大會坐罪人於坑對之宴飲分訣若死別焉以灰繞之其一重則一身屏退二重則及子孫三重則及七世名國王爲乙祁貴人第一者爲大對盧第二者爲小對盧第三者爲納咄沙國王行有鼓角導從其衣色隨年改易甲乙年青丙丁年赤戊己年黃庚辛年白壬癸年黑有牛角甚長以角載物至勝二十斛車有馬車牛車鹿車國人養鹿如中國畜牛以乳爲酪有桑梨經年不壞多蒲桃其地無鐵有銅不貴金銀市無租估其婚姻壻往女家門外作屋晨夕灑掃經年而女不悅卽驅之相悅乃成婚婚禮大抵與中國同親喪七日不食祖父母喪五日不食兄弟伯叔姑姊妹三日不食設靈爲神像朝夕拜奠不制縗經嗣王立三年不視國事其俗舊無佛法宋大明二年罽賓國嘗有比丘五人游行至其國流通佛法經像教令出家風俗遂改慧深又云扶桑東千餘里有女國容貌端正色甚潔白身體有毛髮長委

地至二三月競入水則任娠六七月產子女人胸前無乳項後生毛根白毛中有汁以乳子一百日能行三四年則成人矣見人驚避偏畏丈夫食鹹草如禽獸鹹草葉似邪蒿而氣香味鹹天監六年有晉安人渡海爲風所飄至一島登岸有人居止女則如中國而言語不可曉男則人身而狗頭其聲如吠其食有小豆其衣如布築土爲牆其形圓其戶如竇云

西北諸戎漢世張騫始發西域之迹甘英遂臨西海或遣侍子或奉貢獻于時雖窮兵極武僅而克捷比之前代其略遠矣魏時三方鼎跱日事干戈晉氏平吳以後少獲寧息徒置戊己之官諸國亦未賓從也繼以中原喪亂胡人遞起西域與江東隔礙重譯不交呂光之涉龜茲亦猶蠻夷之伐蠻夷非中國之意也自是諸國分并勝負強弱難得詳載明珠翠羽雖仞於後宮蒲梢龍文希入於外署有梁受命其奉正朔而朝闕庭者則仇池宕昌高昌鄧至河南龜茲于闐滑諸國焉今綴其風俗爲西北戎傳云

河南王者其先出自鮮卑慕容氏初慕容奕洛干有二子庶長曰吐谷渾嫡曰

廆洛干卒廆嗣位吐谷渾避之西徙廆追留之而牛馬皆西走不肯還因遂徙
上隴度枹罕出涼州西南至赤水而居之其地則張掖之南隴西之西在河之
南故以爲號其界東至壘川西鄰于闐北接高昌東北通秦嶺方千餘里蓋古
之流沙地焉乏草木少水潦四時恆有冰雪唯六七月雨雹甚盛若晴則風飄
沙礫常蔽光景其地有麥無穀有青海方數百里放牝馬其側輒生駒土人謂
之龍種故其國多善馬有屋宇雜以百子帳即穹廬也著小袖袍小口袴大頭
長裙帽女子披髮爲辮其後吐谷渾孫葉延頗識書記自謂曾祖奕洛干始封
昌黎公吾蓋公孫之子也禮以王父字爲國氏因姓吐谷渾亦爲國號至其末
孫阿犲始受中國官爵弟子慕延宋元嘉末又自號河南王慕延死從弟拾寅
立乃用書契起城池築宮殿其小王並立宅國中有佛法拾寅死子度易侯立
易侯死子休留代立齊永明中以代爲使持節都督西秦河沙三州鎮西將軍
護羌校尉西秦河二州刺史梁興進代爲征西將軍代死子休運籌襲爵位天
監十三年遣使獻金裝馬腦鍾二口又表於益州立九層佛寺詔許焉十五年

又遣使獻赤舞龍駒及方物其使或歲再三至或再歲一至其地與益州鄰常通商賈民慕其利多往從之教其書記爲之辭譯稍桀黠矣普通元年又奉獻方物籌死子呵羅真立大通三年詔以爲寧西將軍護羌校尉西秦河二州刺史真死子佛輔襲爵位其世子又遣使獻白龍駒於皇太子

高昌國闞氏爲主其後爲河西王沮渠茂虔弟無諱襲破之其王闞爽奔于芮芮無諱據之稱王一世而滅國人又立麴氏爲王名嘉元魏授車騎將軍司空公都督秦州諸軍事秦州刺史金城郡開國公在位二十四年卒謚曰昭武王子子堅使持節驃騎大將軍散騎常侍都督瓜州諸軍事瓜州刺史河西郡開國公儀同三司高昌王嗣位其國蓋車師之故地也南接河南東連燉煌西次龜茲北鄰敕勒置四十六鎮交河田地高寧臨川橫截柳婆洿林新興由寧始昌篤進白刀等皆其鎮名官有四鎮將軍及雜號將軍長史司馬門下校郎中兵校郎通事舍人通事令史諮議校尉主簿國人言語與中國略同有五經歷代史諸子集面貌類高驪辮髮垂之於背著長身小袖袍縵襠袴女子頭髮辮

而不垂著錦纈纓珞環釧姻有六禮其地高燥築土爲城架木爲屋土覆其上
寒暑與益州相似備植九穀人多噉麨及羊牛肉出良馬蒲陶酒石鹽多草木
草實如璽璽中絲如細纑名爲白疊子國人多取織以爲布布甚軟白交市用
焉有朝烏者旦旦集王殿前爲行列不畏人日出然後散去大同中子堅遣使
獻鳴鹽枕蒲陶良馬氍毹等物
滑國者車師之別種也漢永建元年八滑從班勇擊北虜有功勇上八滑爲後
部親漢侯自魏晉以來不通中國至天監十五年其王厭帶夷栗陁始遣使獻
方物普通元年又遣使獻黃師子白貂裘波斯錦等物七年又奉表貢獻元魏
之居桑乾也滑猶爲小國屬芮芮後稍彊大征其旁國波斯盤盤罽賓焉耆龜
茲疏勒姑墨于闐句盤等國開地千餘里土地温暖多山川樹木有五穀國人
以麨及羊肉爲糧其獸有師子兩脚駱駝野驢有角人皆善射著小袖長身袍
用金玉爲帶女人被裘頭上刻木爲角長六尺以金銀飾之少女子兄弟共妻
無城郭氈屋爲居東向開戶其王坐金牀隨太歲轉與妻並坐接客無文字以

木爲契與旁國通則使旁國胡爲胡書羊皮爲紙無職官事天神火神每日則出戶祀神而後食其跪一拜而止葬以木爲槨父母死其子截一耳葬訖卽吉其言語待河南人譯然後通

周古柯國滑旁小國也普通元年使使隨滑來獻方物呵跋檀國亦滑旁小國也凡滑旁之國衣服容貌皆與滑同普通元年使使隨滑使來獻方物胡蜜丹國亦滑旁小國也普通元年使使隨滑使來獻方物白題國王姓支名史稽毅其先蓋匈奴之別種胡也漢灌嬰與匈奴戰斬白題騎一人今在滑國東去滑六日行西極波斯土地出粟麥瓜菓食物略與滑同普通三年遣使獻方物

龜茲者西域之舊國也後漢光武時其王名弘爲莎車王賢所殺滅其族賢使其子則羅爲龜茲王國人又殺則羅匈奴立龜茲貴人身毒爲王由是屬匈奴然龜茲在漢世常爲大國所都曰延城魏文帝初卽位遣使貢獻晉太康中遣子入侍太元七年秦主苻堅遣將呂光伐西域至龜茲龜茲王帛純載寶出奔光入其城城有三重外城與長安城等室屋壯麗飾以琅玕金玉光立帛純弟

震爲王而歸自此與中國絶不通普通二年王尼瑞摩珠那勝遣使奉表貢獻

于闐國西域之屬也後漢建武末王俞爲莎車王賢所破徙爲驪歸王以其弟君得爲于闐王暴虐百姓患之永平中其種人都末殺君得大人休莫霸又殺都末自立爲王霸死兄子廣得立後擊虜莎車王賢以歸殺之遂爲彊國西北諸小國皆服從其地多水潦沙石氣溫宜稻麥蒲桃有水出玉名曰玉河國人善鑄銅器其治曰西山城有屋室市井菓蓏菜蔬與中國等尤敬佛法王所居室加以朱畫王冠金幘如今胡公帽與妻並坐接客國中婦人皆辮髮衣裘袴其人恭相見則跪其跪則一膝至地書則以木爲筆札以玉爲印國人得書戴於首而後開札魏文帝時王山習獻名馬天監九年遣使獻方物十三年又獻波羅婆步鄣十八年又獻瑠璃罌大同七年又獻外國刻玉佛

渴盤陁國于闐西小國也西鄰滑國南接罽賓國北連沙勒國所治在山谷中城周迴十餘里國有十二城風俗與于闐相類衣吉貝布著長身小袖袍小口袴地宜小麥資以爲糧多牛馬駱駝羊等出好氈金玉王姓葛沙氏中大同元

年遣使獻方物
末國漢世且末國也勝兵萬餘戶北與丁零東與白題西與波斯接土人翦髮著氈帽小袖衣爲衫則開頸而縫前多牛羊騾驢其王安末深盤普通五年遣使來貢獻
波斯國其先有波斯匿王者子孫以王父字爲氏因爲國號國有城周迴三十二里城高四丈皆有樓觀城內屋宇數百千間城外佛寺二三百所西去城十五里有土山山非過高其勢連接甚遠中有鷲鳥噉羊土人極以爲患國中有優鉢曇花鮮華可愛出龍駒馬鹹池生珊瑚樹長一二尺亦有琥珀馬腦真珠玫瑰等國內不以爲珍市買用金銀婚姻法下聘訖女壻將數十人迎婦壻著金線錦袍師子錦袴戴天冠婦亦如之婦兄弟便來捉手付度夫婦之禮於茲永畢國東與滑國西及南俱與婆羅門國北與汎慄國接中大通二年遣使獻佛牙
宕昌國在河南之東南益州之西北隴西之西羌種也宋孝武世其王梁瑾忽

始獻方物天監四年王梁彌博來獻甘草當歸詔以爲使持節都督河涼二州諸軍事安西將軍東羌校尉河涼二州刺史隴西公宕昌王佩以金章彌博死子彌泰立大同十年復授以父爵位其衣服風俗與河南略同

鄧至國居西涼州界羌別種也世號持節平北將軍西涼州刺史宋文帝時王象屈耽遣使獻馬天監元年詔以鄧至王象舒彭爲督西涼州諸軍事號安北將軍五年舒彭遣使獻黃耆四百斤馬四匹其俗呼帽曰突何其衣服與宕昌同

武興國本仇池楊難當自立爲秦王宋文帝遣裴方明討之難當奔魏其兄子文德又聚衆茄盧宋因授以爵位魏又攻之文德奔漢中從弟僧嗣又自立復戍茄盧卒文德弟文度立以弟文洪爲白水太守屯武興宋世以爲武都王武興之國自於此矣難當族弟廣香又攻殺文度自立爲陰平王茄盧鎮主卒子炅立炅死子崇祖立崇祖死子孟孫立齊永明中魏氏南梁州刺史仇池公楊靈珍據泥切山歸款齊世以靈珍爲北梁州刺史仇池公文洪死以族人集始

爲北秦州刺史武都王天監初以集始爲使持節都督秦雍二州諸軍事輔國將軍平羌校尉北秦州刺史武都王靈珍爲冠軍將軍孟孫爲假節督沙州刺史陰平王集始死子紹先襲爵位二年以靈珍爲持節督隴右諸軍事左將軍北梁州刺史仇池王十年孟孫死詔贈安沙將軍北雍州刺史子定襲封爵紹先死子智慧立大同元年剋復漢中智慧遣使上表求率四千戶歸國詔許焉即以爲東益州其國東連秦嶺西接宕昌去宕昌八百里南去漢中四百里北去岐州三百里東去長安九百里本有十萬戶世世分減其大姓有符氏姜氏言語與中國同著烏皁突騎帽長身小袖袍小口袴皮鞾地植九穀婚姻備六禮知書疏種桑麻出紬絹精布漆蠟椒等山出銅鐵

芮芮國蓋匈奴別種魏晉世匈奴分爲數百千部各有名號芮芮其一部也自元魏南遷因擅其故地無城郭隨水草畜牧以穹廬爲居辮髮衣錦小袖袍小口袴深雍鞾其地苦寒七月流澌亙河宋昇明中遣王洪軌使焉引之共伐魏齊建元元年洪軌始至其國國王率三十萬騎出燕然山東南三千餘里魏人

閉關不敢戰後稍侵弱永明中爲丁零所破更爲小國而南移其居天監中始破丁零復其舊土始築城郭名曰木末城十四年遣使獻烏貂裘普通元年又遣使獻方物是後數歲一至焉大同七年又獻馬一匹金一斤其國能以術祭天而致風雪前對皎日後則泥潦橫流故其戰敗莫能追及或於中夏爲之則曀而不雨問其故以暵云

史臣曰海南東夷西北戎諸國地窮邊裔各有疆域若山奇海異怪類殊種前古未聞往諜不記故知九州之外八荒之表辯方物土莫究其極高祖以德懷之故朝貢歲至美矣

梁書卷五十四

梁書卷五十四考證

海南諸國傳敘自武帝以來皆朝貢○朝貢南本作獻見

林邑國傳陽邁死子咄立纂其父復曰陽邁○纂疑作纂然考南史亦同此

扶南國傳十六年又使沙門僧尚伽爲三層○伽南史作加

中天竺國傳積日香稿○稿應作槁

滑國傳自魏晉以來不通中國○監本來字下缺三字今增入

梁書卷五十四考證

梁書卷五十五

唐　散　騎　常　侍　姚　思　廉　撰

列傳第四十九

豫章王綜　武陵王紀　臨賀王正德　河東王譽

豫章王綜字世謙高祖第二子也天監三年封豫章郡王邑二千戶五年出爲使持節都督南徐州諸軍事仁威將軍南徐州刺史尋進號北中郎將十年遷都督郢司霍三州諸軍事雲麾將軍郢州刺史十三年遷安右將軍領石頭戍軍事十五年遷西中郎將兼護軍將軍又遷安前將軍丹陽尹十六年復爲北中郎將南徐州刺史普通二年入爲侍中鎮右將軍置佐史初其母吳淑媛自齊東昏宮得幸於高祖七月而生綜宮中多疑之者及淑媛寵衰怨望遂陳疑似之說故綜懷之既長有才學善屬文高祖御諸子以禮朝見不甚數綜恆怨不見知每出藩淑媛恆隨之鎮至年十五六尚裸袒嬉戲於前晝夜無別內外咸有穢議綜在徐州政刑酷暴又有勇力手制奔馬常微行夜出無有期度每

高祖有敕疏至輒忿恚形於顏色羣臣莫敢言者恆於別室祀齊氏七廟又微
服至曲阿拜齊明帝陵然猶無以自信聞俗說以生者血瀝死者骨滲卽爲父
子綜乃私發齊東昏墓出骨瀝臂血試之幷殺一男取其骨試之皆有驗自此
常懷異志四年出爲使持節都督南兗兗徐青冀五州諸軍事平北將軍南兗
州刺史給鼓吹一部聞齊建安王蕭寶寅在魏遂使人入北與之相知謂爲叔
父許舉鎮歸之會大舉北伐六年魏將元法僧以彭城降高祖乃令綜都督衆
軍鎮于彭城與魏將安豐王元延明相持高祖以連兵旣久慮有釁生敕綜退
軍綜懼南歸則無因復與寶寅相見乃與數騎夜奔于延明魏以爲侍中太尉
高平公丹陽王邑七千戶錢三百萬布絹三千匹雜彩千匹馬五十匹羊五百
口奴婢一百人綜乃改名纘字德文追爲齊東昏服斬衰於是有司奏削爵土
絕屬籍改其姓爲悖氏俄有詔復之封其子直爲永新侯邑千戶大通二年蕭
寶寅在魏據長安反綜自洛陽北遁將赴之爲津吏所執魏人殺之時年四十
九初綜旣不得志嘗作聽鍾鳴悲落葉辭以申其志大略曰聽鍾鳴當知在帝

城參差定難數歷亂百愁生去聲懸窮窕來嚮急徘徊誰憐傳漏子辛苦建章臺聽鍾鳴聽聽非一所懷瑾握瑜空擲去攀松折桂誰相許昔朋舊愛各東西譬如落葉不更齊漂漂孤鴈何所棲依依別鶴夜半啼聽鍾鳴聽此何窮極二十有餘年淹留在京域窺明鏡罷容色雲悲海思徒揜抑其悲落葉云悲落葉連翩下重疊落且飛從横去不歸悲落葉落葉悲人生譬如此零落不可持悲落葉落葉何時還凡昔共根本無復一相關當時見者莫不悲之

武陵王紀字世詢高祖第八子也少勤學有文才屬辭不好輕華甚有骨氣天監十三年封爲武陵郡王邑二千戶歷位寧遠將軍琅邪彭城二郡太守輕車將軍丹陽尹出爲會稽太守尋以其郡爲東揚州仍爲刺史加使持節東中郎將徵爲侍中領石頭戍軍事出爲宣惠將軍江州刺史徵爲使持節宣惠將軍都督揚南徐二州諸軍事揚州刺史尋改授持節都督益梁等十三州諸軍事安西將軍益州刺史加鼓吹一部大同十一年授散騎常侍征西大將軍開府儀同三司初天監中震太陽門成字曰紹宗梁位唯武王解者以爲武王者武

陵王也於是朝野屬意焉及太清中侯景亂紀不赴援高祖崩後紀乃僭號於蜀改年曰天正立子圓照爲皇太子圓正爲西陽王圓滿竟陵王圓普南譙王圓肅宜都王以巴西梓潼二郡太守永豐侯撝爲征西大將軍益州刺史封秦郡王司馬王僧略直兵參軍徐怦並固諫紀以爲貳於己皆殺之永豐侯撝歎曰王不免矣夫善人國之基也今反誅之不亡何待又謂所親曰昔桓玄年號大亨識者謂之二月了而玄之敗實在仲春今年曰天正在文爲一止其能久乎太清五年夏四月紀帥軍東下至巴郡以討侯景爲名將圖荊陝聞西魏侵蜀遣其將南梁州刺史譙淹迴軍赴援五月日西魏將尉遲迥帥衆逼涪水潼州刺史楊乾運以城降之迥分軍據守即趨成都丁丑紀次于西陵舳艫翳川旌甲曜日軍容甚盛世祖命護軍將軍陸法和於硤口夾岸築二壘鎮江以斷之時陸納未平蜀軍復逼物情恇擾世祖憂焉法和告急旬日相繼世祖乃拔任約於獄以爲晉安王司馬撤禁兵以配之并遣宣猛將軍劉棻共約西赴六月約築連城攻絕鐵鏁世祖復於獄拔謝答仁爲步兵校尉配衆一旅上赴法

和世祖與紀書曰：皇帝敬問假黃鉞太尉武陵王自九黎侵軼三苗寇擾天長喪亂獯醜馮陵虔劉象魏黍離王室朕枕戈東望泣血西浮殞愛子於二方無諸侯之八百身被屬甲手貫流矢俄而風樹之酷萬恨始纏霜露之悲百憂繼集扣心飲膽志不圖全直以宗社綴旒鯨鯢未翦嘗膽待旦龔行天罰獨運四聰坐揮八柄雖復結壇待將褰帷納士拒赤壁之兵無謀於魯肅燒烏巢之米不訪於荀攸才智將殫金貝殆竭傍無寸助險阻備嘗遂得斬長狄於駒門挫蚩尤於楓木怨恥既雪天下無塵經營四方專賚一力方與岳牧同茲清靜隆暑炎赫弟比何如文武具僚當有勞弊今遣散騎常侍光州刺史鄭安忠指宣往懷仍令喻意於紀許其還蜀專制岷方紀不從命報書如家人禮庚申紀將侯叡率衆緣山將規進取任約謝答仁與戰破之既而陸納平諸軍並西赴世祖又與紀書曰甚苦大智季月煩暑流金爍石聚蚊成雷封狐千里以茲玉體辛苦行陣乃眷西顧我勞如何自獯醜憑陵羯胡叛換吾年爲一日之長屬有平亂之功膺此樂推事歸當璧儻遣使乎良所遲也如曰不然於此投筆友于

兄弟分形共氣兄肥弟瘦無復相代之期讓棗推梨長罷懽愉之日上林靜拱聞四鳥之哀鳴宣室披圖嗟萬始之長逝心乎愛矣書不盡言大智紀之別字也紀遣所署度支尚書樂奉業至于江陵論和緝之計依前喻還蜀世祖知紀必破遂拒而不許丙戌巴與人符昇徐子初等斬紀硤口城主公孫晃降于衆軍王琳宋簉任約謝答仁等因進攻侯叡陷其三壘於是兩岸十餘城遂俱降將軍樊猛獲紀及其第三子圓滿俱殺之於硤口時年四十六有司奏請絶其屬籍世祖許之賜姓饕餮氏初紀將僭號妖怪非一其最異者內寢柏殿柱繞節生花其莖四十有六靃靡可愛狀似荷花識者曰王敦杖花非佳事也紀年號天正與蕭棟暗合僉曰天字二人也正字一止也棟紀僭號各一年而滅

臨賀王正德字公和臨川靖惠王第三子也少麤險不拘禮節初高祖未有男養之爲子及高祖踐極便希儲貳後立昭明太子封正德爲西豐侯邑五百戶自此怨望恆懷不軌睥睨宮扆覬幸災變普通六年以黃門侍郎爲輕車將軍置佐史頃之遂逃奔于魏有司奏削封爵七年又自魏逃歸高祖不之過也復

其封爵仍除征虜將軍中大通四年爲信武將軍吴郡太守徵爲侍中撫軍將軍置佐史封臨賀郡王邑二千戶又加左衛將軍而凶暴日甚招聚亡命侯景知其有姦心乃密令誘說厚相要結遺正德書曰今天子年尊姦臣亂國憲章錯謬政令顛倒以景觀之計日必敗況大王屬當儲貳中被廢辱天下義士竊所痛心在景愚忠能無忿慨今四海業業歸心大王大王豈得顧此私情棄茲億兆景雖不武實思自奮願王允副蒼生鑒斯誠款正德覽書大喜曰侯景意暗與我同此天贊也遂許之及景至江正德潛運空舫詐稱迎荻以濟景焉朝廷未知其謀猶遣正德守朱雀航景至正德乃引軍與景俱進景推正德爲天子改年爲正平元年景爲丞相臺城沒復太清之號降正德爲大司馬正德有怨言景聞之慮其爲變矯詔殺之

河東王譽字重孫昭明太子第二子也普通二年封枝江縣公大通三年改封河東郡王邑二千戶除寧遠將軍石頭戍軍事出爲琅邪彭城二郡太守還除侍中輕車將軍置佐史出爲南中郎將湘州刺史未幾侯景寇京邑譽率軍入

援至青草湖臺城沒有詔班師譽還湘鎮時世祖軍于武城新除雍州刺史張纘密報世祖曰河東起兵岳陽聚米共為不逞將襲江陵世祖甚懼因步道間還遣諮議周弘直至譽所督其糧衆譽曰各自軍府何忽隸人前後使三反譽並不從世祖大怒乃遣世子方等征之反為譽所敗死又令信州刺史鮑泉討譽并與書陳示禍福許其遷善譽不答修浚城池為拒守之計謂鮑泉曰敗軍之將勢豈語勇欲前即前無所多說泉軍于石槨寺譽帥衆逆擊之不利而還泉進軍于橘洲譽又盡銳攻之不剋會已暮士卒疲弊泉因出擊大敗之斬首三千級溺死者萬餘人譽於是焚長沙郭邑驅居民於城內鮑泉度軍圍之譽幼而驍勇兼有膽氣能撫循士卒甚得衆心及被圍既久雖外內斷絕而備守猶固後世祖又遣領軍將軍王僧辯代鮑泉攻譽僧辯築土山以臨城內日夕苦攻矢石如雨城中將士死傷者太半譽窘急乃潛裝海船將潰圍而出會其麾下將慕容華引僧辯入城譽顧左右皆散遂被執謂守者曰勿殺我得一見七官申此讒賊死亦無恨主者曰奉命不許遂斬之傳首荊鎮世祖反其首以

葬焉初譽之將敗也私引鏡照面不見其頭又見長人蓋屋兩手據地瞰其齋

又見白狗大如驢從城而出不知所在譽甚惡之俄而城陷

史臣曰蕭綜蕭正德並悖逆猖狂自致夷滅宜矣太清之寇蕭紀據庸蜀之資

遂不勤王赴難申臣子之節及賊景誅翦方始起兵師出無名成其釁禍嗚呼

身當管蔡之罰蓋自貽哉

梁書卷五十五

唐　散　騎　常　侍　姚　思　廉　撰

列傳第五十

侯景

侯景字萬景朔方人或云鴈門人少而不羈見憚鄉里及長驍勇有旅力善騎射以選爲北鎮戍兵稍立功效魏孝昌元年有懷朔鎮兵鮮于修禮於定州作亂攻沒郡縣又有柔玄鎮兵吐斤洛周率其黨與復寇幽冀與修禮相合衆十餘萬後修禮見殺部下潰散懷朔鎮將葛榮因收集之攻殺吐斤洛周盡有其衆謂之葛賊四年魏明帝殂其后胡氏臨朝天柱將軍尒朱榮自晉陽入弑胡氏幷誅其親屬景始以私衆見榮榮甚奇景卽委以軍事會葛賊南逼榮自討命景先驅至河內擊大破之生擒葛榮以功擢爲定州刺史大行臺封濮陽郡公景自是威名遂著頃之齊神武帝爲魏相又入洛誅尒朱氏景復以衆降之仍爲神武所用景性殘忍酷虐馭軍嚴整然破掠所得財寶皆班賜將士故咸

爲之用所向多捷總攬兵權與神武相亞魏以爲司徒南道行臺擁衆十萬專制河南及神武疾篤謂子澄曰侯景狡猾多計反覆難知我死後必不爲汝用乃爲書召景景知之慮及於禍太清元年乃遣其行臺郎中丁和來上表請降曰臣聞股肱體合則四海和平上下猜貳則封疆幅裂故周邵同德越常之貢來臻飛惡離心諸侯所以背叛此蓋成敗之所由古今如畫一者也臣昔與魏丞相高王並肩戮力共平災釁扶危戴主匡弼社稷中興以後無役不從天平及此有事先出攻城每陷野戰必殄筋力消於鞍甲忠貞竭於寸心乘藉機運位階鼎輔宜應誓死罄節仰報時恩隕首流腸溘焉罔貳何言翰墨一旦論此臣所恨義非死所壯士弗爲臣不愛命但恐死之無益耳而丞相旣遭疾患政出子澄澄天性險忌觸類猜嫉諂諛迭進共相構毀而部分未周累信賜召不顧社稷之安危惟恐私門之不植甘言厚幣規滅忠梗其父若殞將何賜容懼讒畏戮拒而不返遂觀兵汝潁擁旆周韓乃與豫州刺史高成廣州刺史郎椿襄州刺史李密兗州刺史邢子才南兗州刺史石長宣齊州刺史許季良東豫

州刺史丘元征洛州刺史朱渾願揚州刺史樂恂北荆州刺史梅季昌北揚州刺史元神和等皆河南牧伯大州帥長各陰結私圖剋相影會秣馬潛戈待時即發函谷以東瑕丘以西咸願歸誠聖朝息肩有道戮力同心死無二志惟有青徐數州僅須折簡一驛走來不勞經略且臣與高氏釁隙已成臨患賜徵前已不赴縱其平復終無合理黄河以南臣之所職易同反掌附化不難羣臣顒仰聽臣而唱若齊宋一平徐事燕趙伏惟陛下天網宏開方同書軌聞茲寸款惟應霈然丁和既至高祖召羣臣廷議尚書僕射謝舉及百辟等議皆云納侯景非宜高祖不從是議而納景及齊神武卒其子澄嗣是爲文襄帝高祖乃下詔封景河南大將軍使持節董督河南南北諸軍事入行臺承制輒行如鄧禹故事給鼓吹一部齊文襄遣大將軍慕容紹宗圍景於長社景請西魏爲援西魏遣其五城王元慶等率兵救之紹宗乃退景復請兵於司州刺史羊鴉仁鴉仁遣長史鄧鴻率兵至汝水元慶軍又夜遁於是據懸瓠項城求遣刺史以鎮之詔以羊鴉仁爲豫司二州刺史移鎮懸瓠西陽太守羊思建爲殷州刺史鎮

項城魏既新喪元帥景又舉河南內附齊文襄慮景與西南合從方爲己患乃
以書喻景曰蓋聞位爲大寶守之未易仁誠重任終之實難或殺身成名或去
食存信比性命於鴻毛等節義於熊掌夫然者舉不失德動無過事進不見惡
退無謗言先王與司徒契闊夷險孤子相於偏所眷屬繾綣衿期綢繆寤語義
貫終始情存歲寒司徒自少及長從微至著共相成生非無恩德既爵冠通侯
位標上等門容駟馬室饗萬鍾財利潤於鄉黨榮華被於親戚意氣相傾人倫
所重感於知己義在忘軀眷爲國士者乃立漆身之節饋以壺飧者便致扶輪
之效若然尚不能已況其重於此乎幸以故舊之義欲持子孫相託方爲秦晉
之匹共成劉范之親假使日往月來時移世易門無強蔭家有幼孤猶加璧不
遺分宅相濟無忘先德以恤後人況聞負杖行歌便已狼顧犬噬於名無所成
於義無所取不蹈忠臣之跡自陷叛人之地力不足以自強勢不足以自保率
烏合之衆爲累卵之危西求救於黑秦南請援於蕭氏以狐疑之心爲首鼠之
事入則秦人不容歸則吳人不信當今相視未見其可不知終久持此安歸相

推本心必不應爾當是不逞之人曲爲口端之說遂懷市虎之疑乃致投杼之惑耳比來舉止事已可見人相疑誤想自覺知合門大小並付司寇近者聊命偏師前驅致討南兗揚州應時剋復卽欲乘機長驅懸瓠屬以炎暑欲爲後圖方憑國靈龔行天罰器械精新士馬彊盛內外感德上下齊心三令五申可蹈湯火若使旗鼓相望埃塵相接勢如沃雪事等注螢夫明者去危就安智者轉禍爲福寧使我負人不使人負我當開從善之門決改先迷之路今刷心盪意除嫌去惡想猶致疑未便見信若能卷甲來朝垂櫜還闕者當授豫州刺史卽使終君之世所部文武更不追攝進得保其祿位退則不喪功名君門眷屬可以無恙寵妻愛子亦送相還仍爲通家卒成親好所不食言有如皎日君既不能東封函谷南向稱孤受制於人威名頓盡空使兄弟子姪足首異門垂髮戴白同之塗炭聞者酸鼻見者寒心矧伊骨肉能無愧也孤子今日不應方遣此書但見蔡遵道云司徒本無歸西之心深有悔禍之意聞西兵將至遣遵道向崤中參其多少少則與其同力多則更爲其備又云房長史在彼之日司徒嘗

欲遣書啓將改過自新已差李龍仁垂欲發遣聞房已遠遂復停發未知遵道此言爲虛爲實但既有所聞不容不相盡告吉凶之理想自圖之景報書曰蓋聞立身揚名者義也在躬所寶者生也苟事當其義則節士不愛其軀刑罰斯舛則君子實重其命昔微子發狂而去殷陳平懷智而背楚者良有以也僕鄉曲布衣本乖藝用初逢天柱賜忝帷幄之謀晚遇永熙委以干戈之任出身爲國綿歷二紀犯危履難豈避風霜遂得躬被衮衣口餐玉食富貴當年光榮身世何爲一旦舉旌旆援桴鼓而北面相抗者何哉實以畏懼危亡恐招禍害捐軀非義身名兩滅故耳何者往年之暮尊王遘疾神不祐善祈禱莫瘳遂使嬖幸擅威權閽寺肆詭惑上下相猜心腹離貳僕妻子在宅無事見圍段康之謀莫知所以盧潛入軍未審何故翼翼小心常懷戰慄有靦面目寧不自疑及迴師長社希自陳狀簡書未達斧鉞已臨既旌旗相對咫尺不送飛書每奏兼申鄙情而羣卒恃雄眇然不顧運戟推鋒專欲屠滅築圍堰水三板僅存舉目相看命懸晷刻不忍死亡出戰城下禽獸惡死人倫好生送地拘秦非樂爲也但

尊王平昔見與比肩共獎帝室雖形勢參差寒暑小異丞相司徒鴈行而已禍
祿官榮自是天爵勞而後受理不相干欲求吞炭何其謬也然竊人之財猶謂
爲盜祿去公室相爲不取今魏德雖衰天命未改祈恩私第何足關言賜示不
能東封函谷受制於人當似教僕賢祭仲而褻季氏無主之國在禮未聞動而
不法何以取訓竊以分財養幼事歸令終捨宅存孤誰云隙末復言僕衆不足
以自強危如累卵然紂有億兆夷人卒降十亂桀之百剋終自無後潁川之戰
即是殷監輕重由人非鼎在德苟能忠信雖弱必彊殷憂啓聖處危何苦況今
梁道邕熙招攜以禮被我獸文縻之好爵方欲苑五岳而池四海掃夷穢以拯
黎元東羈甌越西通汧隴吳楚剽勁帶甲千羣吳兵冀馬控弦十萬兼僕所部
義勇如林奮義取威不期而發大風一振枯幹必摧凝霜暫落秋蔕自殞此而
爲弱誰足稱彊又見誣兩端受疑二國斟酌物情一何至此昔陳平背楚歸漢
則王百里出虞入秦斯霸蓋昏明由主用捨在時奉禮而行神其庇也書稱士
馬精新剋日齊舉誇張形勝指期盪滅竊以寒飈白露節候乃同秋風揚塵馬

首何異徒知北方之力爭未識西南之合從苟欲徇意於前途不覺坑穽在其側若云去危令歸正朔轉禍以脫網羅彼旣嗤僕之愚迷此亦笑君之晦昧今已引二邦揚旌北討熊豹齊奮剋復中原荆襄廣賴已屬關右項城懸瓠亦奉南朝幸自取之何勞恩賜然權變不一理有萬途爲君計者莫若割地兩和二分鼎峙燕衞晉趙足相奉祿齊曹宋魯悉歸大梁使僕得輸力南朝北敦姻好東帛交行戎車不動僕立當世之功君卒祖禰之業各保疆界躬享歲時百姓乂寧四民安堵孰若驅農夫於隴畝抗勍敵於三方避干戈於首尾當鋒鏑於心腹縱太公爲將不能獲存歸之高明何以剋濟復尋來書云僕妻子悉拘司寇以之見要庶其可及當是見疑褊心未識大趣何者昔王陵附漢母在不歸太上囚楚乞羹自若矧伊妻子而可介意脫謂誅之有益欲止不能殺之無損徒復坑戮家累在君何關僕也而遵道所傳頗亦非謬但在縲紲恐不備盡故重陳辭更論款曲所望良圖時惠報旨然昔與盟主事等琴瑟讒人鬬之翻爲讎敵撫弦搦矢不覺傷懷裂帛還書知何能述十二月景率軍圍譙城不下退

攻城父拔之又遣其行臺左丞王偉左民郎中王則詣闕獻策求諸元子弟立爲魏主輔以北伐許之詔遣太子舍人元貞爲咸陽王須渡江許卽僞位乘輿副御以資給之齊文襄又遣慕容紹宗追景景退入渦陽馬尚有數千匹甲卒數萬人車萬餘輛相持於渦北景軍食盡士卒並北人不樂南渡其將暴顯等各率所部降於紹宗景軍潰散乃與腹心數騎自峽石濟淮稍收散卒得馬步八百人奔壽春監州韋黯納之景啓求貶削優詔不許仍以爲豫州牧本官如故景既據壽春遂懷反叛屬城居民悉召募爲軍士輒停責市估及田租百姓子女悉以配將卒又啓求錦萬匹爲軍人袍領軍朱异議以御府錦署止充頒賞遠近不容以供邊城戎服請送青布以給之景得布悉用爲袍衫因尙青色又以臺所給仗多不能精啓請東冶鍛工欲更營造敕並給之景自渦陽敗後多所徵求朝廷含弘未嘗拒絕先是豫州刺史貞陽侯淵明督衆軍圍彭城兵敗沒于魏至是遣使還述魏人請追前好二年二月高祖又與魏連和景聞之懼馳啓固諫高祖不從爾後表疏跋扈言辭不遜鄱陽王範鎮合肥及司州刺

史羊鴉仁俱累啓稱景有異志領軍朱异曰侯景數百叛虜何能爲役並抑不
奏聞而逾加賞賜所以姦謀益果又知臨賀王正德怨望朝廷密令要結正德
許爲內啓八月景遂發兵反攻馬頭木柵執太守劉神茂戊主曹璆等於是詔
郢州刺史鄱陽王範爲南道都督北徐州刺史封山侯正表爲北道都督司州
刺史柳仲禮爲西道都督通直散騎常侍裴之高爲東道都督同討景濟自歷
陽又令開府儀同三司丹陽尹邵陵王綸持節董督衆軍十月景留其中軍王
顯貴守壽春城出軍僞向合肥遂襲譙州助防董紹先開城降之執刺史豐城
侯泰高祖聞之遣太子家令王質率兵三千巡江遏防景進攻歷陽歷陽太守
莊鐵遣弟均率數百人夜斫景營不克均戰沒鐵又降之蕭正德先遣大船數
十艘僞稱載荻實裝濟景景至京口將渡慮王質爲梗俄而質無故退景聞之
尚未信也乃密遣覘之謂使者曰質若審退可折江東樹枝爲驗覘人如言而
返景大喜曰吾事辦矣乃自採石濟馬數百匹兵千人京師不之覺景卽分襲
姑孰執淮南太守文成侯寧遂至慈湖於是詔以揚州刺史宣城王大器爲都

督城內諸軍事都官尚書羊偘爲軍師將軍以副焉南浦侯推守東府城西豐公大春守石頭城輕車長史謝禧守白下既而景至朱雀航蕭正德先屯丹陽郡至是率所部與景合建康令庾信率兵千餘人屯航北見景至航命徹航始除一舶遂棄軍走南塘遊軍復閉航渡景皇太子以所乘馬授王質配精兵三千使授庾信質至領軍府與賊遇未陣便奔走景乘勝至闕下西豐公大春棄石頭城走景遣其儀同于子悅據之謝禧亦棄白下城走景於是百道攻城持火炬燒大司馬東西華諸門城中倉卒未有其備乃鑿門樓下水沃火久之方滅賊又斫東掖門將開羊偘鑿門扇刺殺數人賊乃退又登東宮牆射城內至夜太宗募人出燒東宮東宮臺殿遂盡景又燒城西馬廐士林館太府寺明日景又作木驢數百攻城城上飛石擲之所值皆碎破景苦攻不剋傷損甚多乃止攻築長圍以絕內外啓求誅中領軍朱异太子右衛率陸驗兼少府卿徐驎制局監周石珍等城內亦射賞格出外有能斬景首授以景位幷錢一億萬布絹各萬匹女樂二部十一月景立蕭正德爲帝卽僞位於儀賢堂改年曰正平

初童謠有正平之言故立號以應之景自爲相國天柱將軍正德以女妻之景又攻東府城設百尺樓車鉤城堞盡落城遂陷景使其儀同盧暉略率數千人持長刀夾城門悉驅城內文武裸身而出賊交兵殺之死者二千餘人南浦侯推是日遇害景使正德子見理儀同盧暉略守東府城景又於城東西各起一土山以臨城內城內亦作兩山以應之王公以下皆負土初景至便望克定京師號令甚明不犯百姓既攻城不下人心離阻又恐援軍總集衆必潰散乃縱兵殺掠交屍塞路富室豪家恣意裒剝子女妻妾悉入軍營及築土山不限貴賤晝夜不息亂加毆棰疲羸者因殺之以填山號哭之聲響動天地百姓不敢藏隱並出從之旬日之間衆至數萬景儀同范桃棒密遣使送款乞降會事泄見殺至是邵陵王綸率西豐公大春新塗將軍永安侯確超武將軍南安鄉侯駿前譙州刺史趙百超武州刺史蕭弄璋步兵校尉尹思合等馬步三萬發自京口直據鍾山景黨大駭具船舟咸欲逃散分遣萬餘人距綸綸大破之斬首千餘級旦日景復陳兵覆舟山北綸亦列陣以待之景不進相持會日暮景引

軍還南安侯駿率數十騎挑之景迴軍與戰駿退時趙伯超陳於玄武湖北見駿急不赴乃率軍前走衆軍因亂遂敗績綸奔京口賊盡獲輜重器甲斬首數百級生俘千餘人獲西豐公大春綸司馬莊丘惠達直閤將軍胡子約廣陵令霍儁等來送城下徇之逼云已擒邵陵王儁獨云王小小失利已全軍還京口城中但堅守援軍尋至賊以刀毆之儁言辭顏色如舊景義而釋之是日鄱陽世子嗣裴之高至後渚結營于蔡洲景分軍屯南岸十二月景造諸攻具及飛樓橦車登城車登堞車階道車火車並高數丈一車至二十輪陳於闕前百道攻城並用焉以火車焚城東南隅大樓賊因火勢以攻城城上縱火悉焚其攻具賊乃退又築土山以逼城城內作地道以引其土山賊又不能立焚其攻具還入于柵材官將軍宋嶷降賊因爲立計引玄武湖水灌臺城城外水起數尺闕前御街並爲洪波矣又燒南岸民居營寺莫不咸盡司州刺史柳仲禮衡州刺史韋粲南陵太守陳文徹宣猛將軍李孝欽等皆來赴援鄱陽世子嗣裴之高又濟江仲禮營朱雀航南裴之高營南苑韋粲營青塘陳文徹李孝欽屯丹

陽郡鄱陽世子嗣營小航南並緣淮造柵及曉景方覺乃登禪靈寺門樓望之
見韋粲營壘未合先渡兵擊之粲拒戰敗績景斬粲首徇于城下柳仲禮聞粲
敗不遑貫甲與數十騎馳赴之遇賊交戰斬首數百投水死者千餘人仲禮深
入馬陷泥亦被重創自是賊不敢濟岸邵陵王綸與臨成公大連等自東道集
于南岸荆州刺史湘東王繹遣世子方等兼司馬吳曄天門太守樊文皎下赴
京師營于湘子岸前高州刺史李遷仕前司州刺史羊鴉仁又率兵繼至既而
鄱陽世子嗣永安侯確羊鴉仁李遷仕樊文皎率衆渡淮攻賊東府城前柵破
之遂結營于青溪水東景遣其儀同宋子仙頓南平王第緣水西立柵相拒景
食稍盡至是米斛數十萬人相食者十五六初援兵至北岸百姓扶老攜幼以
候王師纔得過淮便競剝掠賊黨有欲自拔者聞之咸止賊之始至城中纔得
固守平蕩之事期望援軍既而四方雲合衆號百萬連營相持已月餘日城中
疾疫死者太半景自歲首以來乞和朝廷未之許至是事急乃聽焉請割江右
四州之地幷求宣城王大器出送然後解圍濟江仍許遣其儀同于子悅左丞

王偉入城爲質中領軍傅岐議以宣城王嫡嗣之重不容許之乃請石城公大
款出送詔許焉遂於西華門外設壇遣尚書僕射王克兼侍中上甲鄉侯韶兼
散騎常侍蕭瑳與于子悅王偉等登壇共盟左衞將軍柳津出西華門下景出
其柵門與津遙相對刑牲歃血南兗州刺史南康嗣王會理前青冀二州刺史
湘潭侯退西昌侯世子彧率衆三萬至于馬卬州景慮北軍自白下而上斷其
江路請悉勒聚南岸敕乃遣北軍進江潭苑景啓稱永安侯趙威方頻隔柵見
詬臣云天子自與汝盟我終當逐汝乞召入城卽當進發敕並召之景又啓云
西岸信至高澄已得壽春鍾離便無處安足權借廣陵譙州須征得壽春鍾離
卽以奉還朝廷初彭城劉邈說景曰大將軍頓兵已久攻城不拔今援衆雲集
未易而破如聞軍糧不支一月運漕路絕野無所掠嬰兒掌上信在於今未若
乞和全師而返此計之上者景然其言故請和後知援軍號令不一終無勤王
之効又聞城中死疾轉多必當有應之者景謀臣王偉又說曰王以人臣舉兵
背叛圍守宮闕已盈十旬逼辱妃主淩穢宗廟今日持此何處容身願王且觀

其變景然之乃抗表曰臣聞書不盡言言不盡意然則意非言不宣言非筆不
盡臣所以含憤蓄積不能默已者也竊惟陛下睿智在躬多才多藝昔因世季
龍翔漢沔夷凶翦亂克雪家怨然後踵武前王光宅江表憲章文武祖述堯舜
兼屬魏國淩遲外無勍敵故能西取華陵北封淮泗結好高氏輶軒相屬疆埸
無虞十有餘載躬覽萬機劬勞治道刊正周孔之遺文訓釋真如之祕奧享年
長久本枝盤石人君藝業莫之與京臣所以踴躍一隅望南風而歎息也豈圖
名與實爽聞見不同臣自委質策名前後事跡從來表奏已具之矣不勝憤懣
復爲陛下陳之陛下與高氏通和歲踰一紀舟車往復相望道路必將分災卹
患同休等戚寧可納臣一介之服貪臣汝頴之地便絕好河北檄詈高澄聘使
未歸陷之虎口揚兵擊鼓侵逼彭宋夫敵國相伐聞喪則止匹夫之交託孤寄
命豈有萬乘之主見利忘義若此者哉其失一也臣與高澄既有仇憾義不同
國歸身有道陛下授以上將任以專征歌鍾女樂車服弓矢臣受命不辭實思
報效方欲挂旆嵩華懸旌冀趙劉夷蕩滌一匡宇內陛下朝服濟江告成東岳

使大梁與軒黃等盛臣與伊呂比功垂裕後昆流名竹帛此實生平之志也而陛下欲分其功不能賜任使臣擊河北欲自舉徐方遣庸懦之貞陽任驕貪之胡趙裁見旗鼓鳥散魚潰慕容紹宗乘勝席卷渦陽諸鎮靡不棄甲疾雷不及掩耳散地不可固全使臣狼狽失據妻子爲戮斯實陛下負臣之深其失二也韋黯之守壽陽衆無一旅慕容凶銳欲飲馬長江非臣退保淮南其勢未之可測既而逃遁邊境獲寧令臣作牧此州以爲蕃捍方欲收合餘燼勞來安集勵兵秣馬剋申後戰封韓山之屍雪渦陽之恥陛下喪其精魄無復守氣便信貞陽謬啓復請通和臣頻陳執疑閉不聽飜覆若此童子猶且羞之況在人君二三其德其失三也夫畏懦逗留軍有常法子玉小敗見誅於楚王恢失律受戮于漢貞陽精甲數萬器械山積慕容輕兵衆無百乘不能拒抗身受囚執以帝之猶子而面縛敵庭實宜絕其屬籍以釁征鼓陛下曾無追責憐其苟存欲以微臣規相貿易人君之法當如是哉其失四也懸瓠大藩古稱汝潁臣舉州內附羊鴉仁固不肯入既入之後無故棄之陛下曾無嫌責使還居北司鴉仁棄

之既不爲罪臣得之不以爲功其失五也臣渦陽退衂非戰之罪實由陛下君臣相與見誤乃還壽春曾無悔色祇奉朝廷掩惡揚善鴉仁自知棄州切齒歎恨内懷慚懼遂啓臣欲反欲反當有形迹何所徵驗誣陷頓爾陛下曾無辯究默而信納豈有誣人莫大之罪而可並肩事主者乎其失六也趙伯超拔自無能任居方伯惟漁獵百姓多蓄士馬非欲爲國立功直是自爲富貴行貨權幸徼買聲名朱异之徒積受金貝遂使咸稱胡趙比昔關張誣掩天聽謂爲真實韓山之役女妓自隨裁聞敵鼓與妾俱逝不待貞陽故隻輪莫返論其此罪應誅九族而納賄中人還處州任伯超無罪臣功何論賞罰無章何以爲國其失七也臣御下素嚴無所侵物關市征稅咸悉停原壽陽之民頗懷優復裴之悌等助戍在彼憚臣檢制遂無故遁歸又啓臣欲反陛下不責違命離局方受其浸潤之譖處臣如此使何地自安其失八也臣雖才謝古人實頗更事撫民率衆自幼至長少來運動多無遺策及歸身有道罄竭忠規每有陳奏恆被抑遏朱异專斷軍旅周石珍總尸兵仗陸驗徐驎典司穀帛皆明言求貨非令不行

境外虛實定計於舍人之省舉將出師責奏於主者之命臣無賄於中故恆被抑折其失九也鄱陽之鎮合肥與臣鄰接臣推以皇枝每相祇敬而嗣王庸怯虛見備御臣有使命必加彈射或聲言臣反或啓臣纖介招攜當須以禮忠烈何以堪於此哉其失十也其餘條目不可具陳進退惟谷頻有表疏言直辭強有忤龍鱗遂發嚴詔便見討襲重華純孝猶逃凶父之杖趙盾忠賢不討殺君之賊臣何親何罪而能坐受殲夷韓信雄桀亡項霸漢末爲女子所烹方悔蒯通之說臣每覽書傳心常笑之豈容遵彼覆車而快陛下佞臣之手是以與晉陽之甲亂長江而直濟願得升赤墀踐文石口陳枉直指畫臧否誅君側之惡臣清國朝之粃政然後還守藩翰以保忠節實臣之至願也三月朔旦城內以景違盟舉烽鼓譟於是羊鴉仁柳敬禮鄱陽世子嗣進軍於東府城北柵壘未立爲景將宋子仙所襲敗績赴淮死者數千人賊送首級於闕下景又遣于子悅至更請和遣御史中丞沈浚至景所景無去意浚固責之景大怒既決石闕前水百道攻城晝夜不息城遂陷於是悉鹵掠乘輿服玩後宮嬪妾收王侯朝

士送永福省撤二宮侍衛使王偉守武德殿于子悅屯太極東堂矯詔大赦天下自爲大都督督中外諸軍事錄尚書其侍中使持節大丞相王如故初城中積屍不暇埋瘞又有已死而未斂或將死而未絕景悉聚而燒之臭氣聞十餘里尚書外兵郎鮑正疾篤賊曳出焚之宛轉火中久而方絕於是援兵並散景矯詔曰日者姦臣擅命幾危社稷賴丞相英發入輔朕躬征鎮牧守可各復本任降蕭正德爲侍中大司馬百官皆復其職景遣董紹先率兵襲廣陵南兗州刺史南康嗣王會理以城降之景以紹先爲南兗州刺史初北兗州刺史定襄侯祇與湘潭侯退及前潼州刺史郭鳳同起兵將赴援至是鳳謀以淮陰應景祇等力不能制並奔于魏景以蕭弄璋爲北兗州刺史州民發兵拒之景遣廂公丘子英直閤將軍羊海率衆赴援海斬子英率其軍降于魏魏遂據其淮陰景又遣儀同于子悅張大黑率兵入吳吳郡太守袁君正迎降子悅等既至破掠吳中多自調發逼掠女子毒虐百姓吳人莫不怨憤於是各立城柵拒守是月景移屯西洲遣儀同任約爲南道行臺鎮姑孰五月高祖崩于文德殿初臺

城既陷景先遣王偉陳慶入謁高祖高祖曰景今安在卿可召來時高祖坐文德殿景乃入朝以甲士五百人自衞帶劍升殿拜訖高祖問曰卿在戎日久無乃爲勞景默然又問卿何州人而敢至此乎景又不能對從者代對及出謂廂公王僧貴曰吾常據鞍對敵矢刃交下而意氣安緩了無怖心今日見蕭公使人自慴豈非天威難犯吾不可再見之高祖雖外跡已屈而意猶忿憤時有事奏聞多所譴却景深敬憚亦不敢逼景遣軍人直殿省內高祖問制局監周石珍曰是何物人對曰丞相高祖乃謬曰何物丞相對曰是侯丞相高祖怒曰是名景何謂丞相是後每所徵求多不稱旨至於御膳亦被裁抑遂憂憤感疾而崩景乃密不發喪權殯于昭陽殿自外文武咸莫知之二十餘日升梓宮於太極前殿迎皇太子卽皇帝位於是矯詔赦北人爲奴婢者冀收其力用焉又遣儀同來亮率兵攻宣城宣城內史楊華誘亮斬之景復遣其將李賢明討華華以郡降景遣儀同宋子仙等率衆東次錢塘新城戍戴僧易據縣拒之是月景遣中軍侯子鑒入吳軍收于子悅張大黑還京誅之時東揚州刺史臨成公大

連據州吳與太守張嵊據郡自南陵以上皆各據守景制命所行惟吳郡以西南陵以北而已六月景以儀同郭元建爲尚書僕射北道行臺總江北諸軍事鎮新秦郡人陸緝戴文舉等起兵萬餘人殺景太守蘇單于推前淮南太守文成侯寧爲王以拒景宋子仙聞而擊之緝等棄城走景乃分吳郡海鹽胥浦二縣爲武原郡至是景殺蕭正德於永福省封元羅爲西秦王元景龍爲陳留王諸元子弟封王者十餘人以柳敬禮爲使持節大都督隷大丞相參戎事景遣其中軍侯子鑒監行臺劉神茂等軍東討破吳興執太守張嵊父子送京師景並殺之景以宋子仙爲司徒任約爲領軍將軍尒朱季伯叱羅子通彭儁董紹先張化仁于慶魯伯和紇奚斤史安和時靈護劉歸義並爲開府儀同三司是月鄱陽嗣王範率兵次柵口江州刺史尋陽王大心要之西上景出頓姑孰範將裴之悌夏侯威生以衆降景十一月宋子仙攻錢塘戴僧易降景以錢塘爲臨江郡富陽爲富春郡以王偉元羅並爲儀同三司十二月宋子仙趙伯超劉神茂進攻會稽東揚州刺史臨成公大連棄城走遣劉神茂追擒之景以裴之

悌爲使持節平西將軍合州刺史以夏侯威生爲使持節平北將軍南豫州刺
史是月百濟使至見城邑丘墟於端門外號泣行路見者莫不灑淚景聞之大
怒送小莊嚴寺禁止不聽出入大寶元年正月景矯詔自加班劍四十人給前
後部羽葆鼓吹置左右長史從事中郎四人前江都令祖皓起兵於廣陵斬景
刺史董紹先推前太子舍人蕭勔爲刺史又結魏人爲援馳檄遠近將以討景
景聞之大懼卽日率侯子鑒等出自京口水陸並集皓嬰城拒守景攻城陷之
景車裂皓以徇城中無少長皆斬之以侯子鑒監南兗州事是月景召宋子仙
還京口四月景以元思虔爲東道行臺鎭錢塘以侯子鑒爲南兗州刺史文成
侯寧於吳西鄉起兵旬日之閒衆至一萬率以西上景廂公孟振侯子榮擊破
之斬寧傳首於景七月景以秦郡爲西兗州陽平郡爲北兗州任約盧暉略攻
晉熙郡殺鄱陽世子嗣景以王偉爲中書監任約進軍襲江州江州刺史尋陽
王大心降之世祖時聞江州失守遣衞軍將軍徐文盛率衆軍下武昌拒約景
又矯詔自進位爲相國封太山等二十郡爲漢王入朝不趨讚拜不名劍履上

殿如蕭何故事景以柳敬禮爲護軍將軍姜詢義爲相國左長史徐洪爲左司馬陸約爲右長史沈衆爲右司馬是月景率舟師上皖口十月盜殺武林侯諮於廣莫門諮常出入太宗臥內景黨不能平故害之景又矯詔曰蓋縣象在天四時取則於辰斗羣生育地萬物仰照於大明是以垂拱當扆則八紘共輳負圖正位則九域同歸故乃雲名水號之君龍官人爵之后莫不啓符河洛封禪岱宗奔走四夷來朝萬國逖聽虞夏厥道彌新爰及商周末之或改逮幽厲不競戎馬生郊惠懷失御胡塵犯蹕遂使豺狼肆毒侵穴伊瀍獫狁孔熾巢栖咸洛自晉鼎東遷多歷年代周原不復歲實永久雖宋祖經略中息遠圖齊號和親空勞冠蓋我大梁膺符作帝出震登皇浹寓歸仁綿區飲化開疆闢土跨瀚海以揚鑣來庭入覲等塗山而比轍玄龜出洛白雉歸豐烏塞同文胡天共軌不謂高澄跋扈虔劉魏邦扇動華夷不供王職遂乃狼顧北侵馬首南向值天厭昏僞醜徒數盡龍豹應期風雲會節相國漢王上德英姿蓋惟天授雄謨勇略出自懷抱珠魚表應辰昴叶暉剖析六韜錙銖四履騰文豹變鳳集虯翔奮

翼來儀負圖而降爰初秉律實先啓行奉茲廟算克除獯醜直以鼎湖上征六
龍宴駕干戈暫止九伐未申而惡稔貫盈元凶殞斃弟洋繼逆續長亂階異彼
洋音同茲薦食偷竊僞號心希舉斧豐水君臣奉圖乞援關河百姓泣血請師
咸願承奉國靈思覲王化朕以寡昧纂戎下武庶拯堯黎冀康禹跡且夫車服
以庸名因事著周師克殷鷹揚創自尙父漢征戎狄明友實始度遼況乃神規
叡算眇乎難測大功懋績事絕言象安可以習彼常名保茲守固相國可加宇
宙大將軍都督六合諸軍事餘悉如故以詔文呈太宗太宗驚曰將軍乃有宇
宙之號乎齊遣其將辛術圍陽平景行臺郭元建率兵赴援術退徐文盛入資
磯任約率水軍逆戰文盛大破之仍進軍大舉口時景屯於皖口京師虛弱南
康王會理及北兗州司馬成欽等將襲之建安侯賁知其謀以告景景遣收會
理與其弟祈陽侯通理柳敬禮成欽等並害之十二月景矯詔封賁爲竟陵王
賞發南康之謀也是月張彪起義於會稽攻破上虞景太守蔡臺樂討之不能
禁至是彪又破諸暨永興等諸縣景遣儀同田遷趙伯超謝答仁等東伐彪二

年正月彪遣別將寇錢塘富春田遷進軍與戰破之景以王克爲太師宋子仙爲太保元羅爲太傅郭元建爲太尉張化仁爲司徒任約爲司空于慶爲太子太師時靈護爲太子太保紇奚斤爲太子太傅王偉爲尚書左僕射索超世爲尚書右僕射北兗州刺史蕭邕謀降魏事泄景誅之是月世祖遣巴州刺史王珣等率衆下武昌助徐文盛任約以西臺益兵告急於景三月景自率衆二萬西上援約四月景次西陽徐文盛率水軍邀戰大破之景訪知郢州無備兵少又遣宋子仙率輕騎三百襲陷之執刺史方諸行事鮑泉盡獲武昌軍人家口徐文盛等聞之大潰奔歸江陵景乘勝西上初世祖遣領軍王僧辯率衆東下代徐文盛軍次巴陵會景至僧辯因堅壁拒之景設長圍築土山晝夜攻擊不克軍中疾疫死傷大半世祖遣平北將軍胡僧祐率兵二千人救巴陵景聞遣任約以精卒數千逆擊僧祐僧祐與居士陸法和退據赤亭以待之約至與戰大破之生擒約景聞之夜遁以丁和爲郢州刺史留宋子仙時靈護等助和守以張化仁閻洪慶守魯山城景還京師王僧辯乃率衆東下次漢口攻魯山及

郢城皆陷之自是衆軍所至皆捷景乃廢太宗幽於永福省作詔草成逼太宗寫之至先皇念神器之重思社稷之固歔欷嗚咽不能自止是日景迎豫章王棟即皇帝位升太極前殿大赦天下改元爲天正元年有回風自永福省吹其文物皆倒折見者莫不驚駭初景既平京邑便有篡奪之志以四方須定且未自立既巴陵失律江郢喪師猛將外殲雄心內沮便欲僭大號遂其姦心其謀臣王偉云自古移鼎必須廢立故景從之其太尉郭元建聞之自秦郡馳還諫景曰四方之師所以不至者政爲二宮萬福若遂行弑逆結怨海內事幾一去雖悔無及王偉固執不從景乃矯棟詔追尊昭明太子爲昭明皇帝豫章安王爲安皇帝金華敬妃爲敬皇后豫章國太妃王氏爲皇太后妃張氏爲皇后以劉神茂爲司空徐洪爲平南將軍秦晃之王曄李賢明徐永徐珍國宋長寶尹思合並爲儀同三司景以哀太子妃賜郭元建元建曰豈有皇太子妃而降爲人妾竟不與相見十月壬寅夜景遣其衞尉彭儁王修纂奉酒於太宗曰丞相以陛下處憂既久故令臣等奉進一觴太宗知其將弑乃大酣飲酒既醉還

寢修纂以帊盛土加於腹因崩焉斂用法服以薄棺密瘞於城北酒庫初太宗
久見幽縶朝士莫得接覲慮禍將及常不自安惟舍人殷不害後稍得入太宗
指所居殿謂之曰龐涓當死此下又曰吾昨夜夢吞土卿試爲思之不害曰昔
重耳饋塊卒反晉國陛下所夢將符是乎太宗曰儻幽冥有徵冀斯言不妄耳
至是見弒實以土焉是月景司空東道行臺劉神茂儀同尹思合劉歸義王曄
雲麾將軍桑乾王元頵等據東陽歸順仍遣元頵及別將李占趙惠朗下據建
德江口尹思合收景新安太守元義奪其兵張彪攻永嘉永嘉太守秦遠降彪
十一月景以趙伯超爲東道行臺鎭錢塘遣儀同田遷謝答仁等將兵東征神
茂景矯蕭棟詔自加九錫之禮置丞相以下百官陳備物於庭忽有野鳥翔於
景上赤足丹觜形似山鵲賊徒悉駭競射之不能中景以劉勸戚霸朱安王爲
開府儀同三司索九昇爲護軍將軍南兗州刺史侯子鑒獻白獐建康獲白鼠
以獻蕭棟歸之于景景以郭元建爲南兗州刺史太尉北行臺如故景又矯蕭
棟詔追崇其祖爲大將軍考爲丞相自加冕十有二旒建天子旌旗出警入蹕

乘金根車駕六馬備五時副車置旄頭雲罕樂儛八佾鍾簴宮懸之樂一如舊儀景又矯蕭棟詔禪位於己於是南郊柴燎于天升壇受禪文物並依舊儀以轀車牀載鼓吹槖駝負犧牲輦上置筌蹄垂脚坐景所帶劍水精標無故墮落手自拾之將登壇有兔自前而走俄失所在又白虹貫日景還升太極前殿大赦改元爲太始元年封蕭棟爲淮陰王幽于監省僞有司奏改警蹕爲永蹕避景名也改梁律爲漢律改左民尚書爲殿中尚書五兵尚書爲七兵尚書直殿主帥爲直寢景三公之官動置十數儀同尤多或匹馬孤行自執羈絆其左僕射王偉請立七廟景曰何謂爲七廟偉曰天子祭七世祖考故置七廟幷請七世之諱敕太常具祭祀之禮景曰前世吾不復憶惟阿爺名標衆聞咸竊笑之景黨有知景祖名周者自外悉是王偉制其名位以漢司徒侯霸爲始祖晉徵士侯瑾爲七世祖於是追尊其祖周爲大丞相父標爲元皇帝十二月謝答仁李慶等至建德攻元頵李占柵大破之執頵占送景景截其手足徇之經日乃死景二年正月朔臨軒朝會景自巴丘挫衂軍兵略盡恐齊人乘釁與西師掎

角乃遣郭元建率步軍趣小峴侯子鑒率舟師向濡須曜兵肥水以示武威子鑒至合肥攻羅城剋之郭元建侯子鑒俄聞王師既近燒合肥百姓邑居引軍退子鑒保姑孰元建還廣陵時謝答仁攻劉神茂神茂別將王華麗通並據外營降答仁劉歸義尹思合等懼各棄城走神茂孤危復降答仁王僧辯軍至蕪湖蕪湖城主宵遁景遣史安和宋長貴等率兵二千助子鑒守姑孰追田遷等還京師是月景黨郭長獻馬駒生角三月景往姑孰巡視壘柵又誡子鑒曰西人善水戰不可與爭鋒往年任約敗績良爲此也若得馬步一交必當可破汝但堅壁以觀其變子鑒乃捨舟登岸閉營不出僧辯等遂停軍十餘日賊黨大喜告景曰西師懼吾之強必欲遁逸不擊將失之景復命子鑒爲水戰之備子鑒乃率步騎萬餘人渡洲并引水軍俱進僧辯逆擊大破之子鑒僅以身免景聞子鑒敗大懼涕下覆面引衾以臥良久方起歎曰誤殺乃公僧辯進軍次張公洲景以盧暉略守石頭紇奚斤守捍國城悉逼百姓及軍士家累入臺城內僧辯焚景水柵入淮至禪靈寺渚景大驚乃緣淮立柵自石頭至朱雀航僧辯

及諸將遂於石頭城西步上連營立柵至于落星墩景大恐自率侯子鑒于慶史安和王僧貴等於石頭東北立柵拒守使王偉索超世呂季略守臺城宋長貴守延祚寺遣掘王僧辯父墓剖棺焚屍王僧辯等進營於石頭城北景列陣挑戰僧辯率衆軍奮擊大破之侯子鑒史安和王僧貴各棄柵走盧暉略紇奚斤並以城降景既退敗不入宮斂其散兵屯于闕下遂將逃竄王偉攬轡諫曰自古豈有叛天子今宮中衞士尚足一戰寧可便走棄此欲何所之景曰我在北打賀拔勝破葛榮揚名河朔與高王一種人今來南渡大江取臺城如返掌打邵陵王於北山破柳仲禮於南岸皆乃所親見今日之事恐是天亡乃好守城我當復一決耳仰觀石闕逡巡歎息久之乃以皮囊盛二子挂馬鞍與其儀同田遷范希榮等百餘騎東奔王偉委臺城竄逸侯子鑒等奔廣陵王僧辯遣侯瑱率軍追景景至晉陵劫太守徐永東奔吳郡進次嘉興趙伯超據錢塘拒之景退還吳郡達松江而侯瑱軍掩至景衆未陣皆舉幡乞降景不能制乃與腹心數十人單舸走推墮二子於水自滬瀆入海至壺豆洲前太子舍人羊鯤

殺之送屍于王僧辯傳首西臺曝屍於建康市百姓爭取屠膾噉食焚骨揚灰曾罹其禍者乃以灰和酒飲之及景首至江陵世祖命梟之於市然後煑而漆之付武庫景長不滿七尺而眉目疎秀性猜忍好殺戮刑人或先斬手足割舌劓鼻經日方死曾於石頭立大舂碓有犯法者皆擣殺之其慘虐如此自篡立後時著白紗帽而尚披青袍或以牙梳插髻牀上常設胡牀及筌蹄著靴垂脚坐或匹馬遊戲於宮內及華林園彈射烏鳥謀臣王偉不許輕出於是鬱怏更成失志所居殿常有鵂鶹鳥鳴景惡之每使人窮山野討捕焉普通中童謠曰青絲白馬壽陽來後景果乘白馬兵皆青衣所乘馬每戰將勝輒躑躅嘶鳴意氣駿逸其奔衂必低頭不前初中大同中高祖嘗夜夢中原牧守皆以地來降舉朝稱慶寤甚悅之旦見中書舍人朱异說所夢异曰此豈宇內方一天道前見其徵乎高祖曰吾爲人少夢昨夜感此良足慰懷及太清二年景果歸附高祖欣然自悅謂與神通乃議納之而意猶未決曾夜出視事至武德閤獨言我家國猶若金甌無一傷缺今便受地詎是事宜脫致紛紜非可悔也朱异接聲

而對曰聖明御宇上應蒼玄北土遺黎誰不慕仰爲無機會未達其心今侯景據河南十餘州分魏土之半輸誠送款遠歸聖朝豈非天誘其衷人奬其計原心審事殊有可嘉今若拒而不容恐絕後來之望此誠易見願陛下無疑高祖深納异言又信前夢乃定議納景及貞陽覆敗邊鎮恇擾高祖固已憂之曰吾今段如此勿作晉家事乎先是丹陽陶弘景隱於華陽山博學多識嘗爲詩曰夷甫任散誕平叔坐談空不意昭陽殿化作單于宮大同末人士競談玄理不習武事至是景果居昭陽殿天監中有釋寶誌曰掘尾狗子自發狂當死未死嚙人傷須臾之間自滅亡起自汝陰死三湘又曰山家小兒果攘臂太極殿前作虎視掘尾狗子山家小兒皆猴狀景遂覆陷都邑毒害皇室大同太醫令朱耽嘗直禁省無何夜夢犬羊各一在御坐覺而惡之告人曰犬羊者非佳物也今據御坐將有變乎既而天子蒙塵景登正殿焉及景將敗有僧通道人者意性若狂飲酒噉肉不異凡等世間遊行已數十載姓名鄉里人莫能知初言隱伏久乃方驗人並呼爲闍梨景甚信敬之景嘗於後堂與其徒共射時僧通在

坐奪景弓射景陽山大呼云得奴已景後又宴集其黨又召僧通僧通取肉揾鹽以進景問曰好不景答所恨太鹹僧通曰不鹹則爛臭果以鹹封其屍王偉陳留人少有才學景之表啓書檄皆其所製景既得志規摹簒奪皆偉之謀及囚送江陵烹於市百姓有遭其毒者並割炙食之

史臣曰夫道不恆夷運無常泰斯則窮通有數盛衰相襲時屯陽九蓋在兹焉若乃侯景小豎叛換本國識不周身勇非出類而王偉爲其謀主成此姦慝驅率醜徒陵江直濟長戟強弩淪覆宮闕禍纏宸極毒徧黎元肆其恣睢之心成其篡盜之禍嗚呼國之將亡必降妖孽雖曰人事抑乃天時昔夷羿亂夏犬戎厄周漢則莽卓流災晉則敦玄構禍方之羯賊有逾其酷悲夫

梁書卷五十六

考證跋語

編修臣人龍謹言唐貞觀三年詔姚思廉與魏徵同撰梁書思廉梁史官姚察子推其父意復採謝吳等所記以成是書徵惟裁其總論編次筆削則皆出於思廉蓋書成於一手業紹乎一家述作之盛與李百藥父子輝映一時亦猶史記之有談遷漢書之有彪固褚亮謂其苦志精勤洵不虛矣舊唐書經籍志及思廉本傳俱云五十卷新書則云五十六卷與今本合蓋嘉祐以來鏤版目次然也臣等奉

勅校刊深愧學殖淺陋謹將南史與本文詳加參校辨其訛舛條其同異錄爲

考證以附卷末云臣謹識

校刊職名

原任詹事臣陳浩洗馬臣陸宗楷編修臣孫人龍貢生臣楊茂遷等奉

敕恭校刊

西元二〇二四年三月一日重製一版

梁書 冊二（附考證）（唐姚思廉撰）

平裝二冊基本定價壹仟參佰元正
（郵運匯費另加）

發行人　張敏君
發行處　中華書局
臺北市內湖區舊宗路二段一八一巷八號五樓（5FL., No. 8, Lane 181, JIOU-TZUNG Rd., Sec 2, NEI HU, TAIPEI, 11494, TAIWAN）
客服電話：886-2-8797-8900
公司傳真：886-2-8797-8909
匯款帳戶：華南商業銀行西湖分行
179100026931
印　刷：維中科技有限公司
海瑞印刷品有限公司

No. N1045-2

國家圖書館出版品預行編目(CIP)資料

梁書/(唐)姚思廉撰. -- 重製一版. -- 臺北市 :
中華書局, 2024.03
冊 ; 公分
ISBN 978-626-7349-13-7(全套 : 平裝)

1.CST: 南朝史

623.5301 113002609